本书受国家社会科学基金项目（14CGL065）资助

环境约束、空间外溢效应与中国企业技术创新效率提升研究

Environmental Constraint, Spatial Spillover Effect and Technovation Efficiency of Chinese Enterprises

肖仁桥　钱　丽◎著

经济管理出版社
ECONOMY & MANAGEMENT PUBLISHING HOUSE

图书在版编目（CIP）数据

环境约束、空间外溢效应与中国企业技术创新效率提升研究/肖仁桥，钱丽著．—北京：经济管理出版社，2019.4
ISBN 978-7-5096-6445-2

Ⅰ.①环⋯　Ⅱ.①肖⋯②钱⋯　Ⅲ.①企业管理—技术革命—研究—中国　Ⅳ.①F279.23

中国版本图书馆 CIP 数据核字（2019）第 050577 号

组稿编辑：田乃馨
责任编辑：何　蒂　田乃馨　姜玉满
责任印制：黄章平
责任校对：赵天宇

出版发行：经济管理出版社
　　　　　（北京市海淀区北蜂窝 8 号中雅大厦 A 座 11 层　100038）
网　　址：www.E-mp.com.cn
电　　话：（010）51915602
印　　刷：北京虎彩文化传播有限公司
经　　销：新华书店
开　　本：720mm×1000mm/16
印　　张：11.5
字　　数：200 千字
版　　次：2019 年 4 月第 1 版　2019 年 4 月第 1 次印刷
书　　号：ISBN 978-7-5096-6445-2
定　　价：98.00 元

·版权所有　翻印必究·
凡购本社图书，如有印装错误，由本社读者服务部负责调换。
联系地址：北京阜外月坛北小街 2 号
电话：（010）68022974　邮编：100836

前　言

技术创新是促进产业结构优化升级的重要推动力，同时也是企业保持竞争优势的不竭源泉，企业需注重创新资源利用效率，从而促进经济社会健康发展。随着环境污染和资源消耗的加剧，有必要从环境约束角度分析中国各省份企业创新效率差异及成因。另外，我国区域经济发展不平衡，如何充分发挥不同地区企业间的技术溢出作用，具有重要的理论和现实意义。本书在梳理"环境约束下企业技术创新效率及其影响因素""空间外溢效应"等文献的基础上，对环境约束下中国各省份企业创新效率及影响因素进行理论与实证分析，进而探索我国企业绿色创新效率的空间溢出效应，并从提升企业创新效率、缩小技术差距以及发挥空间溢出效应等角度给出了一些政策建议。本书的特色之处在于将环境约束和空间溢出效应纳入技术创新研究框架，通过理论与实证分析探讨企业绿色创新效率的区域和行业差异、空间溢出效应及其影响机制，具体如下：

第一章绪论部分。介绍本书研究的背景，从技术创新与经济增长、环境约束与企业技术创新效率、环境约束下企业技术创新效率的影响因素、空间外溢效应与企业技术创新效率等方面对中国企业技术创新效率相关研究现状进行回顾。

第二章在文献回顾的基础上，基于并联网络视角探讨中国高技术制造企业创新效率及其影响机制，构建并联网络 DEA 模型测算分析 2007~2015 年中国各省份企业整体及各行业效率，分析全国及三大地区整体及分行业效率差异，并将其与传统 DEA 效率值进行对比。最后从行业角度对无效率值进行分解，寻找全国及各省份制造企业技术创新效率损失的真实根源与具体环节。

第三章将环境效应纳入企业技术创新效率研究框架，构建超效率 DEA 模型和评价指标体系，测算近十年环境约束下中国各省份工业企业创新效率值，并将考虑和不考虑环境因素两种情形下进行比较。采用投影分析法对样本投入产出量进行改进，得出 DEA 无效决策单元的投入冗余和产出不足率。最后，从企业内部和外部驱动等因素出发，利用动态面板 GMM 模型检验效率的影响因素。

第四章考虑创新资源在两阶段的共享关联性,并将单位GDP的工业碳排放量和"三废"污染物纳入两阶段绿色创新研究框架,利用共享投入关联两阶段DEA模型测度2008~2015年中国工业企业绿色研发和成果转化效率;从企业特征和区域环境等角度,利用动态GMM模型分析和检验两阶段效率的影响因素。然后,从区域技术差距视角出发,利用共同前沿理论和DEA模型分析比较了2003~2010年中国工业企业绿色创新效率的区域差异及技术差距,并按"生产技术差距"和"企业管理"两维度对中国各省份企业绿色创新无效率值进行分解。

第五章考虑两阶段创新的空间溢出效应,基于地理邻近和社会经济邻近的空间距离权重矩阵,利用莫兰指数法检验了2010~2016年中国高技术企业两阶段创新效率的空间相关性,并通过构建空间杜宾模型实证分析中国高技术企业整体与分行业两阶段效率的溢出效应及其影响因素。

第六章综合考虑环境约束和空间外溢效应两因素,首先将环境效应纳入研究框架内,测算考察期内中国各省份工业企业绿色科技研发和成果转化效率值。进而从空间外溢视角出发,分别以中国各省份企业绿色创新两阶段效率为被解释变量,以开放度、知识产权保护、政府支持、产业结构及人力资本水平等为解释变量,建立多种空间面板模型分析中国企业技术创新的空间溢出效应,并检验解释变量的影响,将其分解为直接效应和间接效应,寻找效率差异的成因。

第七章根据实证分析结果,提出一些切实可行的政策建议,如需将提高绿色创新效率作为企业发展战略重点,不断缩小区域企业间的技术差距,并提升企业内部管理水平。消除区域间的技术壁垒,加强诚信体系建设,充分发挥地区企业间的技术溢出效应。加强知识产权保护、扩大对外开放、优化金融环境和加强环境管制等,从而完善以市场为主导的绿色创新管理制度等。

第八章总结与展望。回顾本书所做的工作及结论,包括环境约束下企业创新效率研究、考虑空间外溢效应的我国企业创新效率研究等,然后,指出本书的局限性和未来值得继续研究的方向。

感谢钱丽副教授、丁娟和宋莹等研究生为本书的出版所做出文献整理、数据处理等贡献,由于我的水平有限,编写时间仓促,所以书中错误和不足之处在所难免,恳请广大读者批评指正。

肖仁桥
2018年12月31日

目 录

第一章　绪论 ··· 1

　第一节　研究背景 ····································· 1
　第二节　研究目的及意义 ······························· 3
　第三节　文献述评 ····································· 5
　第四节　研究内容 ···································· 20
　第五节　研究方法与技术路线 ·························· 22
　第六节　创新点 ······································ 24

第二章　中国企业技术创新效率研究——基于并联网络理论 ·· 26

　第一节　中国企业技术创新效率差异及并联网络理论分析 ·· 26
　第二节　研究模型 ···································· 29
　第三节　样本、变量及数据说明 ························ 32
　第四节　实证分析 ···································· 34
　本章小结 ·· 42

第三章　环境约束下企业技术创新效率及其影响因素研究 ···· 44

　第一节　环境约束下企业技术创新效率理论及影响机制 ···· 44
　第二节　环境约束下企业创新效率测度模型及指标体系 ···· 46
　第三节　环境约束下中国企业创新效率实证分析 ·········· 50
　第四节　环境约束下企业创新效率影响因素回归分析 ······ 59
　本章小结 ·· 63

第四章 环境约束下企业创新效率研究拓展——基于两阶段价值链视角 …… 65
第一节 环境约束、两阶段共享投入与企业创新效率 …………… 65
第二节 技术差距视角下企业两阶段绿色创新效率 ……………… 82
本章小结 …………………………………………………………… 95

第五章 考虑空间外溢效应的中国企业技术创新效率研究 …………… 97
第一节 创新效率的空间溢出理论及模型 ………………………… 97
第二节 样本变量及数据说明 …………………………………… 101
第三节 中国高技术企业创新效率结果分析 …………………… 105
第四节 企业技术创新效率的空间溢出效应实证分析 ………… 108
本章小结 ………………………………………………………… 114

第六章 环境约束下考虑空间外溢效应的中国区域企业技术创新效率研究 ………………………………………………………… 116
第一节 环境约束下工业企业创新效率及其空间溢出理论分析 …… 116
第二节 环境约束下中国工业企业创新效率测度与评价 ……… 118
第三节 工业企业绿色创新的空间溢出模型与指标选取 ……… 125
第四节 中国企业绿色创新效率的空间溢出效应实证分析 …… 129
本章小结 ………………………………………………………… 136

第七章 中国企业技术创新绩效提升的政策研究 …………………… 138
第一节 从战略高度提升企业绿色技术创新效率 ……………… 138
第二节 从技术溢出角度提升全国企业绿色创新水平 ………… 143
第三节 完善以市场为主导的绿色创新管理制度 ……………… 146

第八章 总结与展望 …………………………………………………… 154
第一节 简要结论 ………………………………………………… 154
第二节 研究不足与展望 ………………………………………… 157

参考文献 ……………………………………………………………… 159

第一章 绪论

第一节 研究背景

创新是国家经济社会发展的永恒动力,同时也是企业保持战略优势和核心竞争力的不竭源泉。当前世界各国都将技术创新作为国家发展的重要战略之一,旨在通过一系列财政税收、科技计划等政策,促进本国企业技术创新能力提升,从而保持或扩大在全球科技经济竞争中的优势。如美国自第二次世界大战结束以来,就陆续制订了一揽子科技计划,包括人类基因组计划、信息高速公路计划和国家纳米技术计划等。随着美国"9·11"袭击事件的爆发,为打击和预防恐怖袭击事件在本土发生,美国政府先后出台了生物监测、生物传感和生物盾牌等3个生物反恐计划。面对全球资源短缺和环境污染问题不断恶化,美国又提出氢能经济、未来发电、碳收存等计划。旨在通过科技计划项目,带动企业从事相关领域的研发和成果转化,迅速抢占高科技产业的制高点,赢得更大的行业话语权和控制权。在这些计划和政策的推动下,产生了一大批市值颇高的科技型企业,如IBM、"微软""高通""谷歌""苹果"以及"亚马逊"等。

为了应对国际激烈的科技竞争和国内日益增长的物质文化需求,我国政府也陆续出台了一系列科技计划,如1995年5月,江泽民同志在全国科技大会上的讲话中提出了实施"科教兴国"的战略,标志着技术创新开始受到政府和产业界的关注与重视。2006年出台《国家中长期科学和技术发展规划纲要(2006—2020年)》中,明确提出将技术创新作为国家重点发展战略,在制度层面上为国家创新型发展战略的实施提供了重要保障,同时也为企业创新能力的建设提供了优越环境。中国共产党第十九次全国代表大会明确提出:加快建设创新型国家。

创新是引领发展的第一动力,是建设现代化经济体系的战略支撑。要瞄准世界科技前沿,强化基础研究,实现前瞻性基础研究、引领性原创成果重大突破。进一步简政放权,激发创新创业活力,减少行政性干预,充分发挥市场机制在经济建设中的主导作用,为我国企业创新发展营造良好的社会氛围和制度环境。由此可见,技术创新已成为当前我国企业发展的必要条件。

近年来,我国企业创新投入持续增加,旨在通过研发投入的增加,提高企业技术创新能力。如在高技术制造业领域,中国科技统计年鉴数据显示,2000~2015年,我国高技术制造业研发经费从111.041亿元人民币增至2219.659亿元人民币,年均增长22.1%。然而,2017年汤森路透公布了2016年全球创新企业百强名单,美国和日本分别以39席和34席遥遥领先于其他国家,中国内地仅华为1家公司上榜。资料查询发现,我国99%的企业未申请过发明专利,50%以上的企业没有注册商标,国内代工型高科技产业基本采用国外成熟技术,自主知识产权匮乏,关键技术受制于人,明显缺乏国际竞争力。增加研发投入只是企业开展创新活动的必要条件,还需注重创新活动的产出与效率。另外,我国区域高技术制造业发展不平衡,2017年2月工业和信息化部公布了中国第一批制造业单项冠军示范企业名单,共有39家东部地区企业入围,而中西部地区企业仅有15家。2017年底公布的第二批制造业单项冠军,中西部与东部地区之间的差距进一步拉大,东部地区有55家企业入围,而中西部地区仅有16家。各地区高技术制造业因经济基础、经营环境不同,以及长期以来形成的区域间技术壁垒,使它们在创新生产技术方面存在差异。因而,探索中国企业技术创新效率的时空差异及影响因素,显得十分必要。

伴随着我国工业经济的不断发展,资源消耗与环境污染等问题变得日益严峻,传统的粗放式增长方式难以为继。习近平总书记在谈新时代坚持和发展中国特色社会主义的基本方略中明确指出:"必须树立和践行绿水青山就是金山银山的理念,坚持节约资源和保护环境的基本国策。"在全球资源环境紧张和经济增长放缓的背景下,世界各国都将绿色创新作为促进产业升级、实现经济可持续发展的主要动力,试图通过增加研发投入以提升企业绿色创新能力。最新发布的《2016年全球环境绩效指数报告》显示,中国在180个国家中列倒数第二,已成为世界PM2.5超标重灾区且据统计,2008~2015年中国单位工业GDP的工业二氧化碳排放量指标并未有较大幅度的改善。科技经济与生态环境之间的矛盾日益突出,人民生产、生活受到极大影响。需将环保理念引入传统技术创新活动中,引导企业向绿色创新发展方式转变。我国各地区经济发展不平衡，在企业绿色技术创新的过程中，各地区企业绿色创新资源利用方式和效率可能存在差异，不能一概而论。

在开放性市场经济环境下，一个地区的企业绿色技术创新活动可能会通过人才流动、知识交流和技术模仿等方式扩散到临近地区，从而使企业绿色创新收益以外溢的形式流向周边其他地区，有利于区域工业经济的稳定可持续发展（余泳泽、刘大勇，2013）。由于我国地域辽阔，各区域经济基础、产业结构以及资源禀赋等要素存在明显差异，工业企业绿色技术创新水平也可能有所不同。在当前资源有限、环境承载压力大、地区科技经济发展不均衡的背景下，学术界和政府部门均试图寻找促进区域间绿色技术知识共享与扩散的途径，以期最大化发挥绿色技术创新的正向溢出效应，实现区域创新资源高效配置及科技经济一体化发展。目前，关于技术创新溢出的相关研究成果较多，为我们提供了有益的参考，然而大部分研究主要集中于分析技术创新整体效率的溢出效应，而忽视了技术创新过程的阶段异质性特征，对创新空间溢出的研究还有待深入。不同阶段效率的溢出程度及方向是否存在差异？各自对创新整体效率影响有多大？人力资本、市场开放度、政府支持等因素对不同阶段创新溢出的影响程度如何？对上述问题的解决，有助于我国企业优化绿色创新资源投入、提高我国企业绿色技术创新水平，同时也有利于我国针对不同地区、不同省份制定有所差别的绿色创新政策，从而实现我国区域科技、经济与环境的协调发展。

第二节　研究目的及意义

一、研究目的

随着全球科技竞争日趋激烈以及国内环境污染问题的积重难返，企业绿色技术创新能力的高低直接关乎我国创新型国家发展战略能否顺利实施，也是实现创新、协调、绿色、开放、共享五大发展理念的重要保障。为了寻找制约我国企业技术创新效率提升的关键因素，有效促进企业绿色技术创新能力提升，本书拟将环境约束和空间外溢效应纳入统一的研究框架，对环境约束下中国各

省份企业技术创新效率及其空间溢出机制进行系统分析,主要解决以下几个关键问题:

(1) 将工业碳排放量等环境污染指标作为非期望产出纳入我国工业企业技术创新效率研究框架内,基于绿色创新过程和投入产出原理,构建超效率 DEA 模型测算环境约束下中国各省份企业创新效率值,并根据是否考虑环境因素,将工业企业创新资源利用模式分为高科技经济低生态环境等四种类型,确定各省份资源利用模式,最后,利用投影分析法寻找效率提升的路径。

(2) 考虑创新资源在两阶段间的共享关联性,构建共享投入关联型两阶段 DEA 模型分析 2008~2015 年环境约束下中国各省份工业企业科技研发和成果转化效率,并从企业管理和区域创新环境等方面分析和检验绿色创新效率的影响因素。考虑我国东部、中部和西部地区之间的技术差距,利用共同前沿 DEA 模型对中国各省份企业绿色创新两阶段效率差异及其技术差距进行测算分析,并将创新无效率值分解为生产技术差距无效和管理无效,寻找效率损失的真实根源。

(3) 考虑区域企业创新效率的空间溢出效应,在测算 2010~2016 年中国高技术企业两阶段效率值的基础上,利用莫兰指数分析我国区域企业创新效率的空间相关性,通过设置包括地理距离和社会经济距离在内的各种空间权重矩阵,利用空间计量模型(包括空间滞后模型、空间误差模型和空间杜宾模型等)分析整体与分行业效率的溢出效应及其影响因素。

(4) 将环境约束和空间溢出效应纳入统一的研究框架,首先利用超效率 DEA 模型测度分析中国各省份工业企业绿色创新整体及分阶段效率。进而从空间外溢视角出发,以绿色创新效率为被解释变量,以开放度、产业结构、政府支持、人力资本以及知识产权保护等为解释变量,建立多种空间面板模型分析中国企业创新的空间相关性,检验解释变量的影响,并将其分解为直接效应和间接效应,从而确定绿色创新效率空间溢出的成因。

(5) 系统分析中国企业技术创新效率的提升政策,结合上述研究结论,从下面几个要点出发,提出一些针对性的建议:将提升绿色技术创新效率作为企业发展战略重点;从技术溢出角度提升全国企业绿色创新水平;完善以市场为主导的绿色创新管理制度等。

二、理论意义

传统的研究主要从科技经济角度对我国企业技术创新效率进行测度分析,忽略了技术创新的环境影响,本书将环境效应纳入技术创新效率框架内,从创新资源利用的投入产出视角出发,利用非参数统计两阶段 DEA 模型建立我国企业绿色创新效率评估模型和指标体系,丰富了我国企业绿色创新效率相关理论研究。本书在绿色创新效率研究框架下,分别考虑区域间技术差距和创新资源在两阶段创新过程中的投入共享特征,系统分析我国企业绿色创新效率的区域差异、损失来源以及影响因素,有利于深刻认识中国工业企业绿色创新效率的真实水平和制约环节。另外,以往研究假设区域间相互独立,忽视了空间外溢效应,在开放型经济背景下,溢出是创新活动的重要特征。本书拟构建基于地理距离、经济社会距离等权重矩阵,利用莫兰指数检验绿色创新效率的空间相关性,并采用空间SEM、空间 SAR 以及空间 SDM 等多种空间面板模型系统分析我国企业创新效率的溢出效应及成因,探讨知识产权保护、开放度以及政府支持等变量对绿色创新两阶段效率的直接和间接(溢出)效应,从空间溢出效应视角丰富了我国企业绿色创新效率理论及实证研究,具有一定的理论意义。

三、实践意义

通过环境约束下我国企业技术创新效率差异的实证分析,可剖析我国企业技术创新和环境保护中存在的问题,有利于寻找企业技术创新活动改善和效率改进的途径,并引导企业向绿色发展方式转变。根据我国企业创新效率的空间溢出效应及其影响因素分析结果,可指导我国各区域企业根据自身要素优势,发挥技术创新的空间溢出效应,通过知识产权保护、扩大对外开放、加强人力资本水平的积累以及政府支持精准等方式,带动本地区以及邻近地区企业绿色创新效率提升,实现我国企业技术创新资源区域间流动共享和高效利用,从而促进经济社会的平稳和可持续发展。

第三节 文献述评

一、技术创新与经济增长

早期学者们较多关注技术创新对经济增长的推动作用。如创新主要有四种来源：干中学（Romer，1986）、人力资本（Lucas，1988）、R&D（Aghion 等，1992）和公共创新平台（Barro，1990）。Iyigun（2006）认为干中学与 R&D 活动会产生发明和创新，推动经济增长；李垣、汪应洛（1994）认为技术创新不足是我国经济波动的重要诱因；陈英（2004）提出，技术创新包括生产过程创新和产品创新，对于经济增长而言，生产过程创新是一种供给效应，而产品创新则是市场效应和需求效应。白俊红、王林东（2016）研究了创新驱动对中国经济增长质量的影响，发现创新驱动对全国以及东部地区经济增长质量具有显著的影响，但对中西部地区的影响并不明显。唐未兵等（2014）从技术创新、技术引进的比较角度出发，利用 1996～2011 年中国省级面板数据分析了两者对地区经济增长集约化水平的影响，发现技术创新对地区经济增长影响为负，而技术引进消化吸收和外资技术溢出对地区经济增长具有显著的促进作用。万建香、汪寿阳（2016）则分析了社会资本、技术创新对经济增长的作用机理，当社会资本、技术创新水平跨越门槛值后，地区资源对经济增长的诅咒效应减弱，甚至转化为福音。苏治、徐淑丹（2015）将技术进步分解为技术创新和技术效率，发现技术创新是近 20 年中国技术进步和经济增长的主要动力，而技术效率的作用不高，不过技术效率对技术创新起互为补充的作用。类似的研究还包括刘婷婷（2017）和张江雪等（2015）。

技术创新效率是技术创新产出与创新投入之比，对企业技术创新效率值进行测度与比较分析，有利于企业充分利用资源、向集约化发展方式转变，对企业竞争优势的形成具有深远影响（官建成、陈凯华，2009）。在技术创新效率的实证研究方面，Fernando 等（2011）和 Bos 等（2010）对西班牙食品企业和欧盟制造企业研发效率的研究发现，这些国家或地区企业存在不同程度的效率低下情形；Lu 等（2010）基于微观企业数据，利用 DEA – Tobit 模型对中国台湾地区高技术企业创新效率及其影响因素进行分析。Guan 和 Chen（2010）利用 DEA 模型测度中国各省份研发效率，从而提供多维度的指标信息。Thomas 等（2011）采用专利与研发经费比值、出版物与研发经费比值等指标测算了美国 50 个州的创新效率。池仁勇（2003）利用数据包络分析法（简称 DEA），以新产品研发经费、开发人员为投入，新产品销售份额、增长率等为产出变量，对浙江省 230 家企业技术创新效率进行分析，发现外资和民营企业效率相对较高。肖文、林高榜（2014）分别以新产品销售收入和专利申请数为产出指标，以研发经费内部支出和科技活动人员数为投入变量，并考虑企业规模等控制变量，利用随机前沿模型

（简称 SFA）的研究发现，中国 36 个工业行业创新效率均值在 0.5～0.6，非市场化导向创新效率明显高于市场化导向创新效率。张秀峰等（2016）利用 DEA 方法对广东省省部产学研合作项目研发效率分析发现，由港澳台企业主导的产学研合作研发效率最高，而国有企业主导的效率最低。谢子远、吴丽娟（2017）首先利用超效率 DEA 模型测算了中国工业企业创新效率值，然后分析了产业集聚水平对创新效率的非线性作用机理。

随着研究的不断深入，学者们开始从创新价值链视角，对企业技术创新活动的内在结构和运行机制进行深入分析。如 Hansen 和 Birkinshaw（2007）和 Roper 等（2008）认为企业技术创新活动是由多个相关联的子过程组成，包括：研究设计、"干中学"、测试、生产制造等，彼此相互联系，缺一不可。还有一些学者认为创新过程不仅是线性模式，还可能是市场需求拉动和创新技术推动相结合或者并行工程创新模式等（Salerno 等，2015）。在此基础上，Guan 和 Chen（2012）基于创新价值链视角出发，将国家创新系统效率分解为知识创新和成果商业化两个子阶段，知识创新阶段主要以高校和科研院所为载体，将研发经费、人力投入转化为专利、论文等科学技术的过程，成果商业化阶段则以企业为主体，是将已有科技成果转化为经济效益的过程。

两阶段价值链视角下的创新效率研究方面，余泳泽（2009）将技术创新活动分解为技术开发和经济转化两个子阶段，以专利申请数和授权数为中间产出，新产品产值和出口额作为最终产出，重复利用 DEA-CCR 模型测算 1995～2007 年中国各省份高技术产业创新效率，发现两阶段效率值都较低。冯锋等（2011）利用两阶段 DEA 模型测度分析了中国各省份科技投入产出效率差异。不过，他们将两阶段看作相互独立的子单元，Guan 和 Chen（2010）考虑两阶段间的关联性，利用两阶段关联型网络 DEA 模型测算中国各省份高技术产业创新效率。肖仁桥等（2012）利用链式关联型网络 DEA 模型对 2005～2009 年中国区域高技术产业创新效率进行测算与比较分析，并利用 Tobit 模型检验了创新效率的影响因素。叶锐等（2012）考虑初始投入资源在两阶段的共享性，构建共享投入关联型两阶段 DEA 模型测算 1999～2010 年中国各省份高技术产业效率，不仅可以测算效率值，还可以得出初始投入的分配结构和中间产出的转化信息。冯志军、陈伟（2014）考虑两阶段关联性和初始投入在两阶段的共享分配，构建资源约束型两阶段 DEA 模型测算中国高技术产业 17 个细分行业创新效率，发现大部分行业创新资源利用方式属于双低型或在某一环节效率低下。刘俊等（2017）基于创新两阶段视角，将我国区域创新分为技术开发和技术转化两个阶段，然后重复使用 SFA 模型测算 2004～2015 年中国各省份两阶段创新效率值，并分析城市化对效率值的影响，发现技术开发效率与城市化之间呈"U"型曲线关系。

二、环境约束与中国区域企业技术创新绩效

1. 环境约束下企业技术创新的概念及内涵

随着环境问题的日益突出，人类开始关注绿色生态化经济增长模式。在绿色经济发展的大背景下，传统技术创新面临新的挑战。World Watch Institute（1999）指出，世界各国都必须将规划本国城市放在长期发展战略的地位，实行生态化技术创新，走生态化可持续发展道路。James 等（1978）指出，如果没有绿色技术创新，就不可能实现真正的社会经济可持续发展。Dangelico 和 Pujari（2010）和陈劲等（2002）均提出，应当重视绿色技术创新对可持续发展的作用。Mirata 和 Emtairah（2005）认为绿色创新就是为了应对环境变化而对原有创新技术调整改进，使得技术成果促进环境友好。Frondel 等（2008）基于德国企业的面板数据分析了该国绿色技术创新的影响因素，发现技术能力的提高有助于该国企业经济和环境效益的提升，而技术能力的提高主要归因于企业研发投入的增加和环境规制工具的合理使用。Chen 等（2006）基于中国台湾地区企业数据，从绿色创新视角分析了企业创新绩效与企业合作之间的关系，发现绿色创新绩效越高的企业更倾向于企业之间合作，通过有效的合作开发，可以共同解决绿色技术发展中的问题。Horbach（2008）基于德国企业数据，也得到类似的研究结论，即从事绿色创新活动的企业更乐意与其他企业开展合作创新，并进行成果共享。Tariq 等（2017）指出，为了实现工业经济的绿色增长，需关注技术创新对环境的影响，并提出了绿色产品和流程创新的概念框架。环境约束下企业技术创新（或称绿色技术创新）是指在生产经营活动中依靠现代科学技术的力量研究开发绿色产品或进行绿色工艺改造，以节约资源和原材料、减少废弃物排放、改善生态环境，实现经济与环境协调发展的工艺或产品绿色化的活动过程（朱建峰等，2015；杨东、柴慧敏，2015）。其目的是同时获得经济效益、环境效益和社会效益。与传统的创新相比，环境约束下企业技术创新更加强调生态性，提出了企业在生产过程中对环境管理的新要求（田虹、潘楚林，2015）。可见绿色创新的理念要求企业不能一味追求经济绩效的最大化，还应该自觉履行企业的社会责任，降低经济发展的外部负效应。

从过程维度来看，绿色创新活动贯穿于整个创新系统的每一个环节，从绿色技术新概念的产生、绿色技术开发到绿色产品的商业化等，绿色创新是采用现代科技进行企业产品和工艺绿色化的一系列创新子过程的总称（Shu 等，2016）。产品的市场化是整个生产系统活动的目标，为实现产品市场化、获取更多的市场份额，企业绿色创新不仅要体现产品和工艺绿色化，还需要在组织构架、管理方式、商业模式以及营销手段等方面实现非技术绿色创新（Aguilera and Ortiz，2013；谢靖、廖涵，2017）。因此，综合现有文献来看，绿色创新是指在产品开发、制造、组织管理以及营销的全过程中，研究开发新技术、新思想、新政策，以便减少资源和能源消耗、降低环境污染，为社会带来环境效益，并且帮助企业提高投入产出效率以增加经济效益的创新活动总称。绿色创新也可称为生态创新、可持续创新和环境创新等（Bernauer 等，2006；张刚、张小军，2011），彼此虽有些许差异，但都是基于环境改善而一脉相承的。

2. 绿色技术创新绩效的内涵及测度水平相关研究

绿色创新绩效分为结果绩效和效率绩效，在绿色创新结果绩效方面，Arfi 等（2018）讨论内部和外部知识共享如何介入绿色创新，并分析它如何影响组织绩效。发现所有类型的外部知识都不能得出相同的绿色创新产出，在绿色创新过程中，对外部知识的吸收能力及其向内部技能的转化至关重要，知识转移风险会减弱绿色创新对企业绩效的积极影响。Lambertini 等（2017）研究发现，在一个生产导致污染且通过研发降低排放的行业中，当企业排污税是由承诺的监管机构内生设定时，绿色创新与竞争之间呈倒"U"型关系，且主要是由研发溢出效应驱动。Anthony 和 Rene（2009）等将环境创新绩效分为间接绩效、直接绩效和知识产出水平。间接绩效指的是资源利用率和生产率的提高，直接绩效主要由绿色创新产品销售收入、创新项目数等来反映，而知识产出则包括绿色专利数、专著数等。Pedro 等（2006）基于葡萄牙 1429 家制造业企业的数据，将能源消耗、材料消耗和生产成本等环境指标纳入企业创新绩效框架内，发现企业规模越大、对外出口额越多的企业，其技术创新绩效水平越高。Shu 等（2016）研究表明，绿色管理有利于中国企业突破性创新绩效的提升。毕克新等（2013）从经济绩效、生态绩效和社会绩效三个维度出发，构建包含 20 个二级指标的中国各省份绿色工艺创新评价指标体系，并利用投影寻踪法对 2004~2010 年各省份创新水平进行测度与区域差异分析，最后检验了技术推动、市场拉动等因素对绿色工艺创新绩效的影响。

传统粗放式的经济增长或技术创新只考虑产出大小，忽略了资源、经费、人员等投入对创新产出的影响，效率绩效的测算则包含了企业创新投入和产出等多重信息，在衡量企业技术创新能力以及资源高效利用方面具有明显优势，因而越来越受到学者们的青睐（韩晶，2012；官建成、陈凯华，2009）。结合效率绩效和绿色创新的概念，绿色创新效率是指在考虑环境污染的前提下，计算组织进行创新活动的产出与投入之比，反映了单位创新投入对创新产出的贡献程度。从投入产出角度构建绿色创新效率的评价指标体系，有助于组织减少投入冗余、提高创新资源分配效率，加快国家产业结构升级步伐，最终实现经济发展方式由粗放式向集约型转变。张江雪、朱磊（2012）从产值、资源和环境等方面衡量创新产出，并考虑剔除环境变量的影响，利用四阶段 DEA 模型测度绿色增长视角下的我国工业企业创新效率，发现政府对科技、环保投入力度等因素有利于创新效率提升。刘顺忠、官建成（2002）将万元 GDP 能耗纳入效率框架，以分析我国区域创新效率。冯志军（2013）将工业"三废"等非期望产出指标纳入创新效率研究框架，利用考虑要素"松弛"的 DEA – SBM 模型测度中国各省份及八大经济区工业企业绿色创新效率。韩晶（2012）运用 DEA 方法，对中国大陆 30 个省份的绿色创新效率进行了测算，结果发现东部地区的绿色创新效率明显高于中部、西部以及东北地区；姚西龙等（2015）也运用 DEA – RAM 模型测算了中国大陆 30 个省份的绿色创新效率，得出了中东部绿色创新转型效率高于西部的结论；钱丽等（2015）考虑我国东中西部地区企业之间的技术差距，利用共同前沿 DEA 模型测度分析我国各省份工业企业绿色研发和成果转化效率，并对绿色两阶段创新无效率值进行分解。王惠等（2016）以 2006 ~ 2012 年中国各省份高技术产业面板数据为研究样本，选取 DEA – SBM 模型测度绿色创新效率值，并利用门槛模型分析研发投入强度对效率的影响，发现研发投入强度对效率值具有双门槛效应。

3. 绿色技术创新效率评价指标体系研究

企业技术创新和生产活动不仅带来新产品销售收入等期望产出，还会产生污染排放等非期望产出，非期望产出的数量越少，越有利于创新效率的提高。因其与创新效率呈负向关系，所以处理方式较期望产出有所不同，研究中大多将其作为投入或取其倒数作为产出处理（冯志军，2013），指标体系如表 1 – 1 所示。

表 1-1　创新效率评价指标体系

指标	指标分类	指标明细
投入	人力	R&D 人员全时当量、R&D 人员数、科技活动人员数
	财力	R&D 经费内部支出、R&D 资本存量、引进消化吸收费用、引进消化吸收费用存量、科技活动经费内部支出等
	物力	微电子控制设备原价、仪器和设备原价等
	能源	能源消耗量、污染治理完成投资额等
期望产出	科技研发阶段	专利申请及授权数、发明专利拥有量、专利技术许可费、技术市场交易额、新产品开发项目数等
	成果转化阶段	新产品销售收入、新产品产值、综合能耗产出率、高技术产业产值占 GDP 比重、环保产业产值、工业总产值、主营业务收入、新产品销售收入占主营业务收入的比重等
非期望产出		单位工业增加值能耗、工业二氧化硫排放量、工业用水总量、环境污染指数、工业碳排放量、工业固体废弃物排放量、工业烟粉尘等

（1）投入指标。人力、财力和物力是绿色创新生产过程中必备的基本要素。人力要素通常用 R&D 人员数以及 R&D 人员全时当量等指标来衡量（张江雪、朱磊，2012）。财力要素的常用指标一般为 R&D 经费内部支出、科技活动经费内部支出及新产品开发经费（Sharma and Thomas，2008）等。由于绿色创新活动具有时滞性，曹霞、于娟（2015）等将研发资本存量纳入财力要素中。仪器和设备是创新活动的载体，其中微电子控制设备原价、仪器和设备原价等指标在衡量物力投入方面具有代表性。除以上三个方面外，考虑到绿色创新旨在降低污染和能耗，能源消耗量以及企业污染治理完成投资额等能源投入指标也常被用来衡量绿色创新投入（王惠等，2016）。现有文献在选取人力和财力指标时通常有两种倾向：一是 R&D 人员投入和 R&D 经费支出；二是科技活动人员投入和科技活动经费支出，然而很少有学者对上述两种选择的区别进行探讨。企业 R&D 活动和科技活动的范围如何界定？关于两者的统计口径有哪些相似和不同之处？虽然冯志军（2013）提出 R&D 活动对资源质量要求较高，而科技活动指标数据的数量较大，但是鲜有学者在研究中提及该如何根据决策单元的特点来进行选择。另外，研发经费存量的测算方法也存在一定的差异，大部分研究采用传统的永续盘存法（肖仁桥等，2015；Griliches，1980；Coe and Helpman，1995），利用研发价格指数平减之后进行折旧和存量测算。余泳泽（2015）提出借鉴美国商务部发布的美

国研发卫星账号中的测算方法，假设研发投入是一个连续投资过程，年底的研发投入会生成一半的存量，对原有的永续盘存法进行改进，等等。总之，研发经费存量和引进消化吸收费用存量的测算是一个值得继续探讨的问题。同样，物力投入中的先进设备指标界定、不同行业的物力指标选择标准等还有待研究。

（2）期望产出指标。该指标的选取分为两阶段。一是技术开发阶段的专利申请数、技术市场交易额、新产品开发项目数等。值得注意的是，研究中通常选取发明专利申请数，因为相较于另外两项专利（实用新型和外观设计）而言，发明专利更能反映创新成果的技术含量和市场认可度（肖仁桥等，2012；王鹏、曾坤，2012）。二是成果转化阶段的新产品产值、新产品销售收入、综合能耗产出率等，前两者分别反映了创新给企业带来的社会效益和经济效益，后者能在一定程度上反映企业的能源利用水平，即环境效益。创新不仅能够产生新产品，新技术的应用对企业以往产品和工艺的改进也有益处，因此部分学者在研究中增加了工业总产值等指标（肖仁桥等，2014），刘海鹰、邹志勇（2011）则在研究中引入了新产品销售收入占主营业务收入的比重等相对指标。官建成、史晓敏（2004）指出，不同行业的创新产品数存在较大差异（如石油行业和运输服务业之间），在这种情况下若直接采用创新产品数作为产出指标会使评价结果失去意义，因此研究中应尽量采用相对指标，如新产品销售收入占企业总销售收入的比重等。

（3）非期望产出指标。传统的创新效率评价只考虑经济效益，忽略技术创新对环境的影响。绿色创新则需要综合考虑创新带来的经济、环境和社会效益，引入非期望产出来评价创新的环境友好程度。环境污染指数、工业二氧化硫排放量和碳排放量等是学者们引用较多的非期望产出指标（吴超等，2018；陈诗一，2009）。孔晓妮、邓峰（2015）在上述指标的基础上增加了工业用水总量等指标。现实中，由于企业异质性，不同行业企业（如煤炭、钢铁与养殖业）产生的污染物也不同，因此非期望产出指标选取还需进行区分。

4. 绿色技术创新效率评价方法研究

效率评价主要以随机前沿分析（SFA）、数据包络分析（DEA）以及因子分析定权法等为主（肖文、林高榜，2014；白俊红等，2009）。目前，在绿色创新效率评价领域，SFA和DEA方法被广泛应用，两者均是通过构造生产前沿面，利用距离函数测量决策单元（DMU）之间的相对有效性，其主要区别在于是否需要设定生产函数形式（章成帅，2016）。绿色创新效率评价方法及特征见表1-2。

表1-2 绿色创新效率评价方法及特征

方法	特征
SFA	根据创新生产函数建立模型,需设定生产函数形式和误差分布,适合单产出决策单元的研究,且考虑随机因素的影响
DEA	适合多投入多产出的单元,不考虑生产函数形式;传统的DEA模型(如DEA-CCR和BBC)不考虑随机因素的影响
SUPER-SBM	考虑松弛测度,并且能区分哪些均为有效的决策单元
DEA-RAM	主要从投入产出松弛视角分析决策单元无效率的原因
三阶段DEA	将DEA和SFA二者结合起来,剔除了环境变量的影响
四阶段DEA	与三阶段DEA模型类似,不过,在第二步中,为了参数估计的一致性,利用Tobit模型进行影响因素分析
网络DEA(包括两阶段)	从系统子单元角度出发,将绿色创新过程分解为绿色研发和成果转化两个子阶段等

随机前沿分析是参数分析的一种,能够解决多投入单产出的效率测度问题,需要根据投入产出数据特征提前设定生产函数的具体形式。其最大的优点是能将误差项分为随机误差项(价格等)和技术无效率项(影响因素),既能分解创新无效率的影响因素,又能考虑随机误差的影响。但是由于其只能测量单一产出,在应用上受限,一般是通过替换产出指标、利用多角度测算效率值的方法开展研究。代表性文献包括肖文、林高榜(2014)、章成帅(2016)和苗成林等(2016)。数据包络分析(DEA)是以线性规划理论为基础、解决多投入多产出效率问题的一种非参数方法,它不需要事先设定生产函数的具体形式,直接根据样本数据构建生产前沿面(官建成、陈凯华,2009),从而避免了因生产函数形式设置不当而导致的效率测算结果失效问题的发生。

早期的绿色创新效率研究多运用传统的DEA(CCR或BCC)、DEA-SBM(冯志军,2013)以及DEA-Malmquist指数法(Hashimoto and Haneda,2008),虽然解决了投入产出松弛量和非期望产出的问题,但是只能区分有效单元和无效单元之间的效率差异。王惠等(2016)在研究高技术产业绿色创新效率时采用了Super-SBM模型,该模型在DEA-SBM的基础上得到了进一步扩展(Tone,2001;Zhou等,2013),能够对效率值均为1的决策单元进行区分比较。另外,我国区域经济发展不平衡,各地区在资源禀赋和科技水平等方面也存在较大差异,因此,分析外部环境对各地区绿色创新效率的影响十分必要。经过改进的

DEA-SBM 四阶段模型则恰好可用以分析政府环境保护力度、经济发达程度等外部环境因素对绿色创新效率的影响。不过，四阶段模型忽略了随机误差的影响，DEA 三阶段与之相比在效率分解（外部环境、随机误差、内部管理）上更具优势（张文丽，2015）。在探寻创新无效率因素的方法中，有一种 DEA-RAM 模型，其主要侧重从投入产出无效率的角度，分析企业绿色创新效率低下的原因（Cooper 等，1999；任耀等，2014；姚西龙等，2015）。

还有一部分学者基于创新价值链和网络 DEA 模型对效率进行分解和测算，将绿色创新活动看作由多个相关的内部子过程组成，各子过程的效率均对整体效率产生影响（Hansen and Birkinshaw，2007；Roper 等，2008；余泳泽，2013）。Guan and Chen（2010）将创新活动分为上游研发和下游成果转化两个阶段，构建两阶段网络 DEA 模型对中国各省份高技术产业创新整体与分阶段效率进行测度分析，并检验企业资金等因素对效率的影响，类似的研究还包括 Inge（2012）等。基于此，肖仁桥等（2014）运用关联型网络 DEA 模型对 2003~2010 年我国区域工业企业绿色创新整体和分阶段效率进行了测度，发现中国各省份在两阶段均存在不同程度的效率损失，类似的研究还包括陈凯华等（2013）。由此可知，若将技术创新活动看作整体进行处理，往往具有片面性。子阶段的效率分解使得研究结果进一步细化，可发现各地区企业不同阶段效率低下的具体环节，有利于针对性政策建议的生成。但分阶段绿色创新效率的文献并不多见，且在效率分解科学性以及影响因素系统分析方面，还有待进一步研究。

DEA 及其相关的拓展方法为绿色创新效率评价提供了良好的工具，但是 DEA 方法的原理是通过挖掘最优前沿来评价其他 DMU 的相对效率，属于自评思想，忽略了 DMU 之间的竞争合作关系，从而导致 DEA 存在权重限制过于宽松的问题，因此将博弈 DEA（考虑 DMU 之间的互相影响）理论引入绿色创新效率评价领域十分必要（任娟，2015；吴华清等，2010）。除了 DMU 之间具有博弈关系之外，其内部创新子阶段之间也存在某种主从关系，即科技研发和成果转化两个阶段对 DMU 的相对重要性会根据行业特点而发生变化，产品导向型的 DMU 可能会更看重成果转化阶段的创新效率，而技术导向型的 DMU 则相反，因此将博弈 DEA 与价值链创新相结合在未来的研究中具有重要意义。

综上，现有基于两阶段价值链视角的文献集中于传统创新研究（肖仁桥等，2012；朱建峰等，2015；Bernauer 等，2006），两阶段视角下绿色创新效率研究（官建成、陈凯华，2009）并不多见。首先，在测度方法（超效率 DEA 模型的运用较为少见，该模型在决策单元同为有效时也能进行比较，区分度更高）上也有待改进，并且鲜见从科技研发和成果转化两阶段出发，利用两阶段DEA模型对环境约束下我国企业技术创新效率的研究。其次，考虑创新系统内部结构、子单元之间的链式组合以及两阶段之间是否存在共享投入等问题，发现原始创新投入在科技研发和成果转化两阶段间存在资源共享的特征，即原始投入不仅对科技研发产出产生作用，而且会对成果转化阶段环境经济产出形成影响（叶锐等，2012；陈凯华、官建成，2011；Kao and Hwang，2010），因而采用共享投入关联视角的DEA模型，在考虑创新投入资源转化和初始投入在两阶段之间分配结构等信息的情形下，对工业企业两阶段创新效率进行测算，可能更为合适。最后，工业企业绿色技术创新的环境效益指标有待完善。已有文献往往基于传统的一阶段投入产出过程展开，环境效益指标主要为三废排放量或单位GDP能源消耗量（张江雪、朱磊，2012；冯志军，2013），而作为全球气候变暖首要原因的二氧化碳排放量较少被纳入研究框架，工业烟尘、粉尘的大量排放会导致雾霾等气候污染加重。以往创新投入过多关注自主研发经费人力投入，而引进消化吸收再创新（钱丽等，2015；吴晓波等，2011；Grossman and Helpman，1991）也是当前我国企业绿色创新主要活动之一，为此，有必要将我国工业企业碳排放量、"三废"污染物、工业烟尘、粉尘、二氧化硫排放量以及技术引进消化吸收等费用与传统创新指标放在一起，构建绿色创新效率测算指标体系。总之，环境约束下中国企业技术创新效率研究仍处于初步阶段，有待进一步深入研究。

三、环境约束下企业技术创新效率的影响因素

现有研究主要从外部环境和内部驱动因素展开论述。外部环境因素的研究依赖制度理论、市场理论、集聚经济理论和资源观理论（肖仁桥、丁娟，2017；张杰等，2011）。根据制度理论，政府环境政策包括政策规制和政策支持两个部分，以上两者均会对绿色创新绩效产生积极作用，但是需要依据企业绿色创新的发展阶段来制定具体的政策组合。有研究表明，虽然规制压力会促使企业进行绿色管理，但在绿色创新活动开展初期会增加企业的非生产性成本，从而导致经济绩效降低，此时辅之以合理的政策支持（财政拨款、税收优惠、政府采购等）才能对企业产生激励作用（Hashimoto and Haneda，2008；刘丙泉等，2018）。当企业绿色创新活动进入成熟期之后，企业绿色理念增强、研发积累增多，政府大量的资金支持会抵消企业内部资金对创新效率的促进作用（Wallsten，2000），导致资

源配置效率低下（何小钢，2014）。除了资金支持之外，政府还可以加强基础设施建设，促进高等院校和科研机构的高质量发展，为企业孕育创新人才、输入先进技术。同时，完善知识产权保护法，并加大相关法律法规的执行力度，为企业实施创新战略营造良好的制度环境（戴魁早、刘友金，2016；Jefferson 等，2006）。

基于市场理论的影响因素包括以下三个方面：第一，创新活动的资金有可能来自外部金融机构的风险投资基金，与政府资助不同，金融机构通常会投资规模大、创新实力好的企业。这类企业即使在没有金融支持的情况下也能凭借其自身优势完成创新，也就是说，金融机构的支持资源并没能够分配到真正对外部资金有需求的中小企业中去（Olson，2013），因此政府需要完善金融监管体系，引导金融机构将贷款资源投向具有良好发展前景的科技型中小企业（王鹏、曾坤，2015）；第二，企业实施绿色创新活动会受顾客、供应商等利益相关者对绿色需求的影响（陈劲，2012；Chen and Hung，2014）。上游供应商的绿色供应会在源头上对企业的生产提出保护环境的要求，而下游顾客对健康的需求同样会促使企业增加对绿色产品的提供；第三，从能源和产业结构角度来看，能源消耗量和以"高污染"的重工业为主的产业结构制约着我国部分地区创新绩效的提升。有研究表明，适当提高能源的市场价格有利于减少企业的能源需求，促进地区产业结构的合理化调整，使环境与经济发展逐渐相协调（姚西龙等，2014）。

开放式创新、集聚经济和资源观理论则强调知识溢出对创新绩效的促进作用（王惠等，2015）。企业与顾客、供应商等合作伙伴进行信息交流和知识共享，将更利于企业创新资源及管理技巧的获取（曹琦、樊明太，2016）。基于协同创新视角的研究也证明实现开放、合作和共享的创新模式、促进创新价值链之间的技术扩散和环境合作能够有效地提高企业的关系资本和创新效率（陈劲，2012；Chen and Hung，2014）。在经济全球化的背景下，外商投资却具有双重作用，一方面外商进入能帮助本土企业吸收更多的绿色技术（Franke and Rose，2005），但另一方面有研究表明存在本国企业成为外商"污染避难所"的可能（Javorcik and Spatareanu，2005；戴静等，2014），分析外资进入是否对本地区环境产生不利影响，将有利于政府制定相应引资政策。

在内部驱动因素方面，企业伦理、内部人员素质、知识存量、技术水平、研发投入以及内部管理水平等因素构成了企业绿色创新活动的基础。企业环境伦理的高低体现了企业对绿色创新活动的重视程度，它通过企业家精神、企业责任和环境承诺等方面对创新绩效产生正向影响。其中主动追求创新的企业家精神以及为社会服务的企业责任会促进绿色创新动力的形成（Chang and Chen，2013），而环境承诺则会通过绿色适应能力的部分中介作用，提高企业遵守环境法规的能力（Chang，2016）。Amore 等（2016）基于美国上市公司数据的研究发现，绿色专利数随公司治理水平的提高而增加，而且在机构股权占比较低的企业中，这一促进作用变得更加显著。人力资本是企业创新活动的基本要素，高水平的员工素质将有利于企业劳动生产率和 R&D 项目活跃度的提高。绿色知识存量对技术水平的提高也有显著的促进作用，但是技术水平并不会直接促成创新绩效的提高，而是需要通过加大技术推广力度、完善技术市场交易环境等措施来实现从技术研发到创新绩效的转化（杨东、柴慧敏，2015；黄齐等，2015）。企业对绿色创新的投入程度能显著提高其绿色创新绩效水平，包括研发资金投入、R&D 项目投入、人员教育投入、治理环境污染投入等。需注意的是，研发投入强度需与企业规模相匹配。当企业处于中小规模时，由于资金、资源等方面限制，研发成本过高容易导致绿色创新活动出现中断，因此规模较小的企业更应该注重投入产出比例的优化，避免出现大规模投入冗余。最后，企业内部绿色环境管理系统也会帮助企业降低成本，从而提高企业创新绩效水平（Khanna 等，2009）。

综上，学者们更多将目光聚焦于外部环境因素，对企业内部驱动因素的研究不够深入，且哪种因素对绿色创新效率的驱动效果更为明显，还有待验证。同时，外部因素与内部因素的交互作用研究比较缺乏，比如政府环境规制是否会促进企业环境伦理对企业绿色创新效率的正向效应等。以上文献考虑传统创新和一阶段创新效率的影响因素（肖文、林高榜，2014；张江雪、朱磊，2012；冯志军，2013），如政府支持、研发管理和市场竞争度等，较少分析其对绿色研发和成果转化效率的影响差异性，并且创新氛围（冯伟等，2014）、知识产权保护（Maskus，1998）、环保投入（李婉红，2017）、外商投资（张伟等，2011；宋马林、王舒鸿，2013；涂正革，2009）等也可能是制约效率提升的关键因素。因此，有必要对我国企业绿色创新两阶段效率的影响因素进行系统分析和检验。

四、空间外溢效应与企业技术创新效率

上述研究假设区域间相互独立，忽视了空间外溢效应，而实际各地区企业间的创新要素资源流动（Almeida and Kogut，1999；Autant 等，2007）、模仿学习交流（Kim，1980；吴友、刘乃全，2016）、技术合作（Bathlet 等，2004；李靖、何宜丽，2016）以及国际贸易投资（Blomstrom and Kokko，1998）等因素和机

制，使得地区间企业尤其是相邻地区间的企业创新活动产生空间溢出和扩散效应。溢出是创新活动的重要特征（张贵、温科，2017；赵仓喜、徐鹏辉，2011），多数学者已经证实了区域创新具有显著的空间溢出效应。Coe和Helpman（1995）指出一国的研发会对其贸易伙伴的全要素生产率产生影响；Moreno等（2005）研究了欧洲17个国家创新活动的空间分布，发现了技术溢出在区域知识创造和扩散过程中的作用，因而需考虑技术创新活动的空间溢出效应。另外，Jaffe（1989）、Fritscha和Frankeb（2004）研究表明区域内高校和科研单位对企业创新产出的外溢效应是显著的。企业间因模仿创新（Segerstrom，1991）、技术转让以及FDI技术扩散（Moreno等，2005；魏守华等，2010）导致溢出，企业与企业之间创新外溢也是普遍存在的。在创新外溢的空间距离研究方面，Audretsch and Feldman（1996）最先探讨了技术创新活动的空间集聚与知识溢出之间的关系；在此基础上，Keller（2002）证明了R&D活动的空间相关性，并计算出了技术外溢随地理距离衰减的平均距离；Verspagen和Schoenmakers（2004）利用27个跨国公司的数据验证了技术创新具有地域空间的根植性特征。然而，以上文献仅考虑空间地理距离因素，未考虑社会经济等距离因素对创新空间溢出的影响。更为重要的是，以上研究主要基于发达国家的实情，考虑空间外溢的中国企业创新效率研究则并不多见。

在对中国区域技术创新的空间溢出实证研究方面，吴玉鸣、何建坤（2008）利用空间自相关与集群分析的计量模型，对2000~2002年中国省际创新集群及其影响因素进行分析；符淼（2009）的研究发现，中国区域创新溢出的密集区域为800公里以内，当空间距离为800公里以上时，技术溢出效应快速下降；李靖等（2010）从地理特征和社会经济特征两方面建立空间权重矩阵和模型考察1998~2007年中国区域创新的空间相关性，发现中国区域创新存在显著正向相关性。王家庭（2012）运用空间交叉回归模型对中国大陆30个省区市技术创新空间溢出与区域工业增长的关系进行了验证，结果显示区域工业经济的空间相关性大部分是由技术创新的空间溢出效应引起的。刘和东（2013）采用地理距离和社会经济距离权重矩阵，以发明专利授权数为被解释变量，构建空间计量回归模型分析中国大陆30个省份产学研合作外溢以及FDI技术外溢效应。然而，在早期的研究中，学术界多采用创新产出来衡量一个地区的创新水平，如产业产值（姚丽、谷国锋，2015）、专利申请及受理量等（郭嘉仪、张庆霖，2012）、绿色发明专利数（李婉红，2017），只能从单一结果层面衡量一个地区的创新水平，

第一章 绪论

并不能体现区域创新的全部信息。

随着研究的深入，创新溢出的另一个表现形式逐渐受到重视，即创新效率的溢出效应，它不仅能反映企业创新产出水平，还能计算出创新投入与产出之间的比值、体现创新资源配置的合理性，因此更具代表性。比如，黄奇等（2015）基于绿色增长理念深入研究了技术创新效率的空间溢出机制，发现中国工业企业绿色创新效率存在明显的空间集聚特征。余泳泽、刘大勇（2013）基于创新价值链视角，利用三阶段DEA模型测算我国区域创新各阶段效率值，并利用多种空间面板模型分析创新效率的空间溢出效应，发现各阶段效率均存在明显的空间外溢效应等。赵增耀等（2015）基于价值链活动，将创新过程分解为知识创新和产品创新两个相关联的子阶段，构建两阶段非合作博弈DEA模型测算中国区域创新整体和两阶段效率值，进而分析了中国区域创新效率的空间溢出效应。发现两阶段创新效率失衡问题明显，产品创新效率明显偏低，中国区域创新的空间相关性显著等。张贵等（2016）利用DEA模型测算长三角、京津冀等地区知识和产品创新效率，并利用空间计量模型验证了创新效率的正空间溢出效应。

上述文献为我们提供了重要参考，但吴玉鸣、何建坤（2008）、李靖等（2010）及李婉红（2017）关注的是创新产出的外溢效应，鲜见关注创新效率是否也存在外溢效应；研究对象是区域创新总体而非区域企业创新。余泳泽、刘大勇（2013）、赵增耀等（2015）、张贵等（2016）的研究考察了创新效率的外溢效应，但研究对象也是区域层面而非企业，且对企业创新外溢的影响因素分析尚不够系统，未来可从企业特征、产学研合作、政府及金融支持等方面对创新效率溢出的影响因素进行深入分析。

五、现有研究的不足

现有文献为本书提供了重要的理论方法基础和参考，但无论是理论触及的深度，还是研究纵横的广度，都存在一些不足之处，具体如下：

（1）现有研究主要关注技术创新的科技经济效应，而忽略了技术创新对环境的影响。需将碳排放量、工业"三废"等污染物纳入研究框架，从效率角度测算分析环境约束下中国各省份企业创新绩效差异，并将其与传统创新效率进行对比，进而分析技术创新与环境之间的关系，引导企业向绿色发展方式转变，此类研究并不多见。

（2）传统的创新效率差异分析仅停留在效率的简单测算结果分析，研究方法相对简单,使得结果往往平面化,无法确定效率损失的真实根源。需从企业创新内在结构和运行机理出发,利用数据包络分析法进行创新效率建模与实证分析。如①考虑高技术企业存在五种行业并联特征,构建并联网络 DEA 模型测算中国区域高技术企业整体与分行业创新效率的研究并不多见。需既考虑企业技术创新的整体性,又考虑各行业之间的关联性,在此基础上从行业差异角度进行无效率值分解。②基于创新价值链理论,环境约束下企业技术创新活动可分解绿色研发和绿色成果转化两个相关联的子过程,构建两阶段 DEA 模型测算分析中国工业企业绿色创新两阶段效率值的文献并不多见,对绿色创新效率的阶段特征、区域差异以及制约因素研究还有待进一步深入。

(3)现有企业创新效率研究关注区域间差异,但往往将各区域看作相互独立的单元。事实上,由于区域间人才等资源要素流动以及技术交流等活动的开展,使得空间溢出成为各地区企业创新效率提升的重要来源之一,因而需将空间溢出效应纳入研究框架,分析中国企业创新效率空间溢出效应及其影响因素。值得注意的是,现有创新空间溢出效应研究较多关注创新产出的空间溢出效应,从效率角度出发,分析企业创新效率的空间溢出效应研究并不多见,考虑创新效率两阶段异质性的空间效应研究则更为少见。另外,现有创新效率的空间溢出效应研究较多集中于传统创新效率,利用空间计量经济学理论,分析中国企业绿色创新效率空间溢出效应及其影响因素的研究较为少见。现有影响因素研究往往从政府支持、金融环境、产业集聚某一方面进行分析,研究相对片面和单一,缺乏对知识产权保护、人力资本水平、开放度等影响因素溢出效应的系统分析。

第四节 研究内容

第一章绪论部分。首先介绍本书研究的背景、研究目的及意义,然后从技术创新与经济增长、环境约束与企业技术创新效率、环境约束下企业技术创新效率的影响因素、空间外溢效应与企业技术创新效率等方面对中国企业技术创新效率相关研究现状进行回顾,进而指出现有文献的不足之处。

第二章中国企业技术创新效率研究——基于并联网络理论。传统研究关注区域间高技术制造企业效率差异,但并未考虑区域内高技术行业并联等特征,高技术制造企业创新效率整体提升有赖于区域各行业效率同步提升。本章基于并联网络视角探讨中国高技术制造企业创新效率及其影响机制，构建并联网络 DEA 模型测算分析 2007~2015 年中国各省份企业整体及各行业效率，分析全国及三大地区整体及分行业效率差异，并将其与传统 DEA 效率值进行对比。最后从行业角度对无效率值进行分解，寻找中国及各省份制造企业技术创新效率损失的真实根源与具体环节。

第三章环境约束下企业技术创新效率及其影响因素研究。首先分析环境约束下中国企业技术创新效率理论及其影响机制，构建超效率 DEA 模型和评价指标体系，测算近十年环境约束下中国各省份工业企业创新效率值，并将考虑和不考虑环境因素两种情形下创新效率值进行比较。为了进一步分析创新资源的利用方式与科技经济、环境之间的关系，构建企业创新资源利用方式的二维矩阵分类图。采用投影分析法对样本投入产出量进行改进，进而得出 DEA 无效决策单元的投入冗余和产出不足率。最后，从企业内部和外部驱动等因素出发，并考虑变量间内生性，利用动态面板 GMM 模型对效率的影响因素进行分析和检验。

第四章环境约束下企业创新效率研究拓展——基于两阶段价值链视角。首先基于创新价值链理论，将技术创新活动分解为科技研发和成果转化两个阶段，考虑创新资源在两阶段的共享关联性，并将单位 GDP 的工业碳排放量和"三废"污染物纳入两阶段绿色创新研究框架，利用共享投入关联两阶段 DEA 模型测度 2008~2015 年中国工业企业绿色研发和成果转化效率；从企业特征和区域环境等角度，利用动态 GMM 模型分析和检验两阶段效率的影响因素。然后，从区域技术差距视角出发，利用共同前沿理论和 DEA 模型分析比较了 2003~2010 年中国工业企业绿色创新效率的区域差异，选取技术落差比率（TGR）指标考察中国三大地区企业间的技术差距，并按"生产技术差距"和"企业管理"两维度对中国各省份企业绿色创新无效率值进行分解，寻找无效率的根源。

第五章考虑空间外溢效应的中国企业技术创新效率研究。该部分基于两阶段价值链理论，将高技术企业创新活动分解为科技研发和成果转化两阶段，利用两阶段 DEA 模型测算 2010~2016 年中国各省份高技术企业整体与五大行业的两阶段效率值，分析考察期内效率变化趋势。考虑两阶段创新的空间溢出效应，基于地理邻近和社会经济邻近的空间距离权重矩阵，利用莫兰指数法检验了考察期内中国高技术企业两阶段创新效率的空间相关性，并通过构建空间杜宾模型实证分析中国高技术企业整体与分行业两阶段效率的溢出效应及其影响因素。

第六章环境约束下考虑空间外溢效应的中国区域企业技术创新效率研究。该部分综合考虑环境约束和空间外溢效应两因素，首先将环境效应纳入研究框架内，测算考察期内中国各省份工业企业绿色科技研发和成果转化效率值。进而从空间外溢视角出发，分别以中国各省份企业绿色创新两阶段效率为被解释变量、以开放度、知识产权保护、政府支持、产业结构及人力资本水平等为解释变量，建立多种空间面板模型分析中国企业技术创新的空间溢出效应，并检验解释变量的影响，将其分解为直接效应和间接效应，寻找效率差异的成因。

第七章中国企业技术创新绩效提升的政策研究。根据实证分析结果，从环境保护和利用空间溢出效应等角度出发，针对各区域工业企业技术创新活动提出一些切实可行的政策建议，实现全国企业技术创新绩效的整体提升。

第八章总结与展望。回顾本书所做的工作及结论，包括：环境约束下企业创新效率研究，考虑空间外溢效应的中国企业创新效率研究等，然后，指出本书的局限性和未来值得继续研究的方向，包括样本数据的扩充、研究方法的改进以及影响因素的细化等。

第五节　研究方法与技术路线

一、研究方法

拟采用理论与实证分析、调研与文献收集、描述性分析与计量模型分析相结合的方法，具体如下：

(1) 调查研究、资料收集。通过调查研究、实地访谈和文献收集，了解当前中国企业技术创新发展的现状。进而将环境效应考虑在内，对企业技术创新的内涵及运行机制进行界定与分析，归纳出中国企业技术创新效率评价指标体系，并梳理区域企业技术创新的空间溢出理论及生成机制。

(2) 效率测度及空间面板模型。利用运筹学中的线性规划理论，构建环境约束下的超效率 DEA 模型、并联网络 DEA 模型和两阶段 DEA 模型等，测度中国各省份企业绿色创新效率;基于空间外溢效应视角,利用空间经济学理论构建多种空间回归模型(如空间误差模型、空间滞后模型、空间杜宾模型等),并设置地理和社会经济距离等空间权重矩阵,对环境约束下中国企业技术创新效率空间溢出效应及其影响因素进行研究,从而得到更为稳健的结论。

(3)统计计量方法。利用《中国科技统计年鉴》《中国高技术产业统计年鉴》《中国能源统计年鉴》《中国环境统计年鉴》《中国统计年鉴》《中国经济社会发展统计数据库》国家知识产权局官网专利数据库及调研数据等,对企业技术创新投入产出的主要特征变量进行描述性分析,并全方位考察效率均值、方差及变异系数等指标;根据是否考虑环境因素的效率测算结果,将技术创新资源利用模式分为四种类型,并运用动态 GMM 模型检验创新效率的影响因素;利用 Moran's I 指数验证中国工业企业绿色创新效率的空间相关性,并采用空间面板模型分析创新效率的空间效应,将环境控制变量的影响分解为直接和间接效应;等等。

二、技术路线

首先从技术创新与经济增长、环境约束下企业技术创新效率以及企业技术创新的空间外溢效应等方面对企业技术创新效率领域的相关文献进行回顾,指出传统创新效率研究忽略技术创新的环境效应、两阶段关联性以及空间溢出效应等不足;然后综合考虑环境约束和空间外溢效应两因素,分析环境约束下中国企业技术创新效率、影响机制以及空间溢出效应;在此基础上,建立用于分析环境约束下中国企业技术创新效率及其影响因素的多种 DEA 模型(超效率 DEA 模型、共享投入关联 DEA 模型、共同前沿 DEA 模型等)和动态 GMM 计量模型,并构建邻接、地理距离和经济社会距离等多种权重矩阵,利用空间面板模型(空间 SEM、空间 SAR 以及空间 SDM 模型等)分析中国企业技术创新的空间外溢效应及成因。在空间依赖视角下,重点分析知识产权保护、市场开放度和人力资本等变量对工业企业绿色研发和成果转化效率的影响机制,并将其分解为直接效应和间接效应(溢出效应);通过实地调研和资料收集,获取近年来中国各省份企业技术创新数据进行实证检验;最后从空间外溢和企业管理等角度提出一些针对性的政策建议。本书的技术路线如图 1-1 所示:

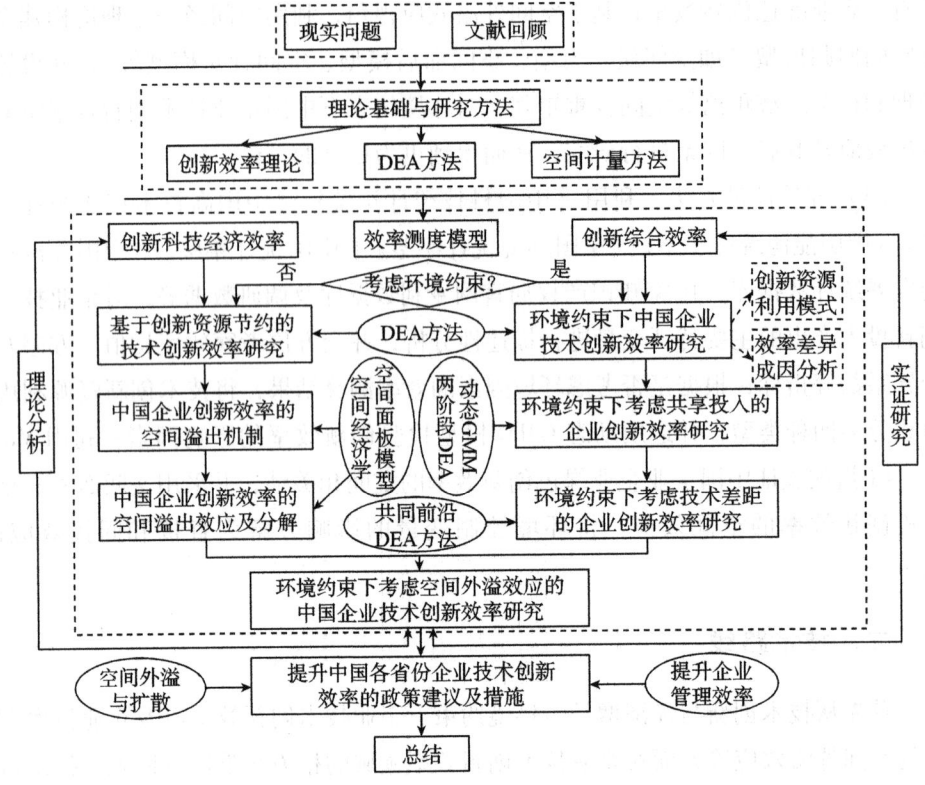

图1-1 本书的技术路线

第六节 创 新 点

（1）本书将环境效应纳入效率研究框架，考察环境约束下企业技术创新效率及其影响机制，引导企业向绿色发展方式转变。在此基础上，考虑创新资源在两阶段的投入共享性，利用共享投入关联型网络DEA模型测算分析中国各省份企业绿色研发和成果转化效率，并利用GMM模型检验中国企业绿色创新两阶段效率的影响因素，具有一定创新性。

（2）本书在考虑环境约束情形下，基于区域技术异质性，将中国工业企业分为东部地区、中部地区和西部地区企业三个群组。利用共同前沿理论和DEA模型测算分析共同前沿和群组前沿下中国各省份工业企业绿色研发和成果转化效率，分析中国三大地区企业之间的技术差距及其变化趋势。并从区域生产技术差距和企业管理两方面，对各省份企业绿色创新无效率值进行分解，确定效率损失的真实根源，具有一定创新性。

（3）拟在环境约束下，考虑中国工业企业技术创新活动的空间外溢效应，此类研究并不多见。并采用多种空间面板模型以及包括地理、社会经济特征的空间权重矩阵系统分析中国工业企业绿色创新效率的空间溢出效应。首先，利用莫兰指数分析全国工业企业绿色创新两阶段效率的空间相关性，进而分析知识产权保护、开放度、政府支持、人力资本水平等变量对中国企业绿色创新两阶段效率的直接和间接作用（溢出效应），是本书的又一创新之处。

（4）本书在实证研究结果的基础上，主要从企业技术创新发展战略、发挥企业技术创新空间溢出效应以及完善以市场为主导的绿色创新管理制度等角度出发，系统分析了中国企业技术创新绩效的提升政策，为政府相关部门创新政策的制定提供了科学的决策依据，也是本书的创新之处。

第二章　中国企业技术创新效率研究
——基于并联网络理论

第一节　中国企业技术创新效率差异及并联网络理论分析

创新效率差异理论观认为，企业因所在地区环境或行业特征不同，创新效率可能有所差异（Hashimoto and Haneda，2008；冯志军、陈伟，2014）。我国区域经济发展不平衡，东部沿海省份企业在地理位置、自然禀赋、人才支持以及产业结构方面具有明显的优势，技术创新模式也由引进消化吸收再创新逐步向原始创新、集成创新方式转变，产业支撑以技术、资本密集型企业为主（李新春等，2010），科技成果转化市场也较为完善，创新效率相对较高。中西部省份企业仍然以技术引进、技术改造等为主要技术获取方式，劳动密集型企业占相当比例，使得中西部地区企业创新效率处于较低水平。同时，由于经济转型过程中的一些市场机制还不够完善，中国各省份经济发展处于较为激烈的竞争合作关系，导致区域间技术壁垒尚存，使企业创新的区域效率差异明显（沈坤荣、马俊，2002）。从企业管理和创新环境角度来看（Guan and Chen，2010；肖文、林高榜，2014），效率较高地区高技术企业在企业规模（余泳泽，2009）、产权结构（Zhang 等，2003）、知识产权保护（Maskus，1998）以及税收优惠政策（Czarnitzki and Licht，2006）等方面具有明显优势，使得区域创新效率差异明显。

区域内不同高技术行业的集聚，有利于异质性知识的溢出（Jacobs，1969），这种互补的知识对区域整体产业创新具有明显促进作用，异质资源且难以模仿，使得企业具有竞争优势（吕承超、商圆月，2017）。产业关联是指区域内产业间以各种投入、产出品为纽带的技术经济关系，产业关联包括前向关联和后向关联（谢子远、吴丽娟，2017）。高技术行业间的产业关联性比传统行业间的关联性更高，通信设备制造业中的电子元器件制造业前向关联效应较强，为其他高技术行业提供大量的中间投入品，而计算机及办公设备、电子及通信设备制造业后向关联较强，属于高中间需求型行业（赵玉林、魏芳，2006）。区域高技术制造业上游供应商为下游企业提供零部件或信息服务，采购高质量的产品和服务以改进投入要素，是企业重要创新方式之一（吴利华、纪静，2014；Hauknes and Knell，2009）。企业与下游用户联系，有利于了解下游用户的技术和产品需求，以更好地调整企业创新战略，并使下游用户竞争力得到提升（Streb，2003）。上下游产业之间的垂直关联（吴利华、纪静，2014）、战略联盟与产业融合（Hauknes and Knell，2009），影响着区域高技术产业的整体创新水平。企业技术创新是一个复杂的系统工程，包括许多相关联的子单元，这些单元要么串联，如科技研发和成果转化活动，行业之间的前向或后向关联等（Guan and Chen，2010；赵玉林、魏芳，2006），要么并联，如多个创新主体（赵宏志等，2014；陈凯华、官建成，2010；赵萌，2011）。传统的研究没有对系统内的创新组织进行细分，从而无法刻画出高技术分行业的效率或整体无效率来源（陈凯华、官建成，2010）。并联理论认为，我国高技术行业并存，区域高技术制造业可看作由医药制造业、航空航天器制造业、电子及通信设备制造业、电子计算机及办公设备制造业、医疗设备及仪器仪表制造业共同组成（赵宏志等，2014；陈凯华、官建成，2010；Kao，2009）。各行业存在一定的差异性，高技术行业不能简单看作独立单元进行效率分析，由于各创新主体的研发投入和产出构成了整个创新体系的投入和产出，从这个层面来看，行业之间存在并联相关性（赵宏志等，2014；Kao，2009）。各创新主体在区域内形成了一个并联创新的关联网络结构，共同构成了我国高技术制造业的技术前沿水平。

本章主要从并联网络视角对高技术制造企业创新效率进行分析，原因在于：①虽然部分行业存在前向关联和后向关联的串联特征，但就整个高技术制造业而言，这种串联特征并不十分明显。各高技术行业创新活动之间较多存在互相关联性，而并不具有显著的时序关系，更多体现为同时并行创新生产过程（陈凯华、官建成，2010；Kao，2009）。②从上述并联特征分析发现，五大行业创新主体共同构成了高技术制造业并行创新网络。另外，各行业特征、资金来源、管理制度存在差异（如航空航天器制造企业大多属于国企，在政策和金融支持方面具有明显优势），导致各行业对整体创新效率的影响可能有所差别，分析这些行业对高技术制造企业整体创新效率的影响程度，寻找整体无效率的根源，丰富了高技术制造企业并联创新及效率提升的理论研究。③各行业创新投入（产出）之和构成了高技术制造企业的投入（产出），这在一定程度上反映了各行业之间的相互作用关系（赵宏志等，2014；陈凯华、官建成，2010；赵萌，2011）。我国高技术各行业共同的技术前沿水平（如各行业技术创新投入之和与创新产出之和）可看作来自前向和后向关联等作用的结果，但总体来看，高技术行业的并联特征更加突出。

图 2-1 给出了中国高技术制造企业的并联网络特征，由于信息品化学制造业是近几年来才发展起来的新兴行业，如照相、医用及投影用感光材料、冲洗套药的制造等，目前产值规模较小，并且 2015 年才纳入国家高技术产业统计范畴。本章主要考察过去十年中国高技术制造企业创新效率的中长期动态变化及其影响因素，故未将信息品化学制造业纳入研究框架。从各行业来看，医药制造业创新效率是该行业创新产出与投入之比，其他四个行业效率值类似。各省份高技术制造业创新整体效率值为五大行业创新总产出与总投入之比。根据高技术制造企业创新系统的整体性和各行业的关联性，当各行业创新投入全部转化为产出，即资源得到充分利用时，系统整体效率达到最优，各子单元松弛剩余值之和构成了并联创新系统整体无效率值（Kao，2009）。通过分析各子单元松弛剩余值占整体的比重，可判断效率损失的具体行业。

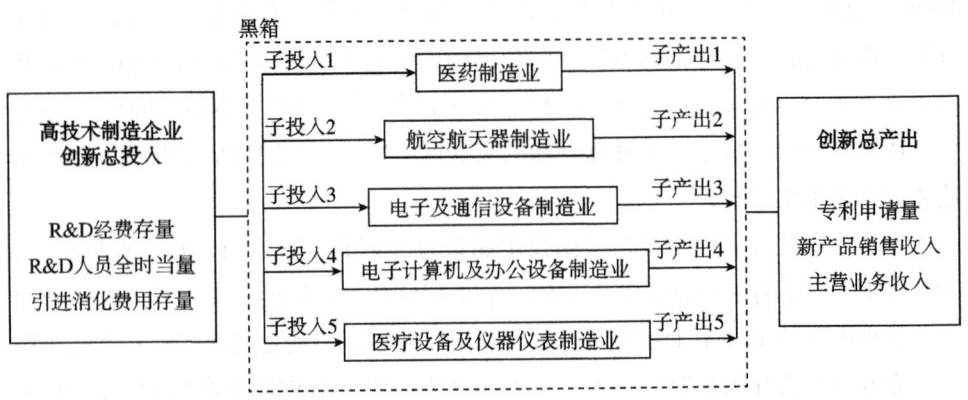

图 2-1 行业差异视角下中国高技术制造企业创新并联网络结构

第二节 研究模型

本章利用并联网络理论,将高技术制造业五大行业并联特征纳入创新效率测度研究框架。Yang 等(2000)证明了并联系统的整体效率与分行业效率之间关系,段永瑞等(2006)和 Kao(2009)测度分析了并联网络整体、分行业效率以及整体效率与分行业效率之间的加权和关系。在此基础上,本章构建中国高技术制造企业五大行业并联创新系统的 DEA 效率测度模型。考虑高技术制造业创新系统的并联网络结构和分行业间的关联性,则假设:①各分行业创新过程中,累计产出不超过累计投入;②在各分行业创新过程中,同一要素(如 R&D 人员全时当量)的权重保持不变(Kao, 2009)。如图 2-1 所示,本章选定投入产出指标个数均为三个,具体指标的选取依据见下文的变量说明部分。第 k 个省份高技术制造企业由医药制造业等五个并联分行业构成,分别用 x_{ij}^1, …, x_{ij}^5(i = 1, 2, 3)表示医药制造业、航空航天器制造业、电子及通信设备制造业、电子计算机及办公设备制造业、医疗设备及仪器仪表制造业等五个分行业的创新投入指标值,用 y_{rj}^1, …, y_{rj}^5(r = 1, 2, 3)表示各行业的创新产出指标值。i, j 表示第 j(j = 1, 2, 3, …, 234)个评价单元第 i 个创新投入指标,r 表示第 r 个创新产出指标,m 为创新投入指标的个数,l 为创新产出指标的个数。则第 k(这里,j 是广义概念,指各评价单元,j = 1, 2, 3, …, 234。k 为 j 取到的某个具体数值,k 指某个具体的决策评价单元)个决策评价单元的整体效率为下列线性规划问题式(2-1)的最优值。这里,当测算第 k 个决策评价单元(例如 2012 年北京市高技术制造业)创新效率值时,式(2-2)中仅需代入第 k 个评价单元投入指标值 x_{ik},而式(2-3)~式(2-4)则需依次代入所有决策评价单元(共 234 个)的创新投入产出值,式(2-3)~式(2-4)共包含 234×6 个不等式,限于篇幅,以 j = 1, 2, 3, …, 234 的缩略形式表示。当计算另一个决策评价单元创新效率值时,只需对式(2-1)和式(2-2)中的创新投入产出值替换即可,式(2-3)~式(2-4)中的创新投入产出值保持不变。

$$[D(x_{ik}, y_{rk})]^{-1} = TE(x_{ik}, y_{rk}) = \max \sum_{r=1}^{l} u_r y_{rk} \qquad (2-1)$$

$$\text{s. t.} \sum_{i=1}^{m} v_i x_{ik} = 1 \tag{2-2}$$

$$\sum_{r=1}^{l} u_r y_{rj} - \sum_{i=1}^{m} v_i x_{ij} \leq 0 \tag{2-3}$$

$$\sum_{r=1}^{l} u_r y_{rj}^p - \sum_{i=1}^{m} v_i x_{ij}^p \leq 0 \tag{2-4}$$

$$u_r, v_i \geq \varepsilon, \ r = 1, \cdots, l, \ i = 1, \cdots, m \tag{2-5}$$

$$p = 1, 2, \cdots, 5, \ (x_{ij}, y_{rj}) \in T \tag{2-6}$$

$$[D(x_{ik}, y_{rk})]^{-1} = TE(x_{ik}, y_{rk}) = \max \sum_{r=1}^{l} u_r y_{rk} \tag{2-7}$$

$$\text{s. t.} \sum_{i=1}^{m} v_i x_{ik} = 1 \tag{2-8}$$

$$\sum_{r=1}^{l} u_r y_{rk}^p - \sum_{i=1}^{m} v_i x_{ik}^p + s_k^p = 0 \tag{2-9}$$

$$\sum_{r=1}^{l} u_r y_{rj}^p - \sum_{i=1}^{m} v_i x_{ij}^p \leq 0, \ p = 1, 2, \cdots, 5 \tag{2-10}$$

$$u_r, v_i \geq \varepsilon, \ r = 1, \cdots, l, \ i = 1, \cdots, m \tag{2-11}$$

$$(x_{ij}, y_{rj}) \in T \tag{2-12}$$

这里，D（·）表示中国第 k 个省份高技术制造企业的距离函数，TE（·）则表示该评价单元的创新效率值，$\varepsilon > 0$ 为非阿基米德无穷小量，u_r，v_i 分别为第 r 个创新产出和第 i 个投入指标的权重。x_{ik} 为第 k 个评价单元第 i 个投入指标值，x_{ij} 为第 j（j=1，2，3，…，234）个评价单元（具体指某年某省份高技术制造企业整体值，包括五大行业）第 i 个创新投入指标值，y_{rk} 为第 k 个评价单元第 r 个创新产出指标值，y_{rj} 为第 j（j=1，2，3，…，234）个评价单元第 r 个产出指标值。式（2-3）表示各省份高技术制造企业作为一个整体（不分行业）时，投入产出量应满足的前沿条件，而式（2-4）是医药制造业等五大行业分别应该满足的前沿条件。由于式（2-3）等于式（2-4）在 p=1，2，…，5 共五种情形下的不等式之和，故可删除式（2-3）。

为了测算分析中国各省份高技术制造企业的整体效率和分行业效率值，我们对模型（2-1）的约束条件进行变形，通过增加松弛变量 s_k^1，s_k^2，…，s_k^5，将不等式（2-4）在第 k 个评价单元（令 j=k）时的结果转换为等式，得到改进后的模型（2-7），这里，p 表示第 p 个高技术行业，p=1 时，为医药制造业；p=2 时，为航空航天器制造业；p=3 时，为电子及通信设备制造业；p=4 时，为电子计算机及办公设备制造业；p=5 时，为医疗设备及仪器仪表制造业。引入变量 s_k，令 $s_k = 1 - \sum_{r=1}^{l} u_r y_{rk}$，模型（2-7）的目标函数表达式亦可为 $NTE_k = \min s_k$，s_k

为第 k 个省份高技术制造企业整体无效率函数,NTE_k 为第 k 个省份高技术制造企业整体无效率值。注意,s_k($s_k = 1 - \sum_{r=1}^{l} u_r y_{rk}$)也可以看作一种整体松弛变量,即是否将整体投入(此时为 1)全部转化为产出($\sum_{r=1}^{l} u_r y_{rk}$),这里并联系统的总产出(或总投入)等于各分行业产出(或投入)之和,且 $\sum_{i=1}^{m} v_i x_{ik} = 1$。故:

$$\begin{aligned} s_k &= 1 - \sum_{r=1}^{l} u_r y_{rk} = \sum_{i=1}^{m} v_i x_{ik} - \sum_{r=1}^{l} u_r y_{rk} \\ &= \sum_{i=1}^{m} v_i (x_{ik}^1 + x_{ik}^2 + x_{ik}^3 + x_{ik}^4 + x_{ik}^5) - \sum_{r=1}^{l} u_r (y_{rk}^1 + y_{rk}^2 + y_{rk}^3 + y_{rk}^4 + y_{rk}^5) \\ &= \left(\sum_{i=1}^{m} v_i x_{ik}^1 - \sum_{r=1}^{l} u_r y_{rk}^1 \right) + \left(\sum_{i=1}^{m} v_i x_{ik}^2 - \sum_{r=1}^{l} u_r y_{rk}^2 \right) + \cdots + \\ &\quad \left(\sum_{i=1}^{m} v_i x_{ik}^5 - \sum_{r=1}^{l} u_r y_{rk}^5 \right) \\ &= s_k^1 + s_k^2 + s_k^3 + s_k^4 + s_k^5 \qquad [注:该步由式(2-2)可知] \end{aligned}$$

由 $s_k = s_k^1 + s_k^2 + s_k^3 + s_k^4 + s_k^5$ (2-13)

进而模型(2-7)可进一步化简为下列线性规划问题式(2-14)的形式。

$$NTE_k = \min s_k$$
$$\begin{aligned} s.t. \quad & \sum_{i=1}^{m} v_i x_{ik} = 1 \\ & \sum_{r=1}^{l} u_r y_{rk}^p - \sum_{i=1}^{m} v_i x_{ik}^p + s_k^p = 0, \quad p = 1, 2, \cdots, 5 \\ & \sum_{r=1}^{l} u_r y_{rj}^p - \sum_{i=1}^{m} v_i x_{ij}^p \leq 0 \\ & u_r, v_i \geq \varepsilon, \quad r = 1, \cdots, l, \quad i = 1, \cdots, m \\ & (x_{ij}, y_{rj}) \in T \end{aligned}$$ (2-14)

利用模型(2-14)计算出整体无效率,则整体效率为:

$$[D(x_{ik}, y_{rk})]^{-1} = TE(x_{ik}, y_{rk}) = 1 - NTE_k \qquad (2-15)$$

然后计算分行业效率值 TE_k^p,因为各分行业效率值等于其产出与投入之比,故:

$$TE_k^p = \frac{\sum_{r=1}^{l} u_r y_{rk}^p}{\sum_{i=1}^{m} v_i x_{ik}^p} = 1 - \frac{s_k^p}{\sum_{i=1}^{m} v_i x_{ik}^p} \qquad (2-16)$$

注意,这里 $\sum_{i=1}^{m} v_i x_{ik}^p \neq 1$,因为 $\sum_{i=1}^{m} v_i x_{rk} = 1$,即 $\sum_{i=1}^{m} v_i (x_{ik}^1 + x_{ik}^2 + x_{ik}^3 + x_{ik}^4 + x_{ik}^5) = 1$,所以,严格来说,$0 < \sum_{i=1}^{m} v_i x_{ik}^p < 1$。于是,我们可以将模

型（2-14）求解得出的 s_k^p、v_i 值以及已知投入指标值 x_{rk}^p 均代入式（2-16）中，即可计算得出第 p 个分行业的效率值 TE_k^p。这也体现了并联网络 DEA 模型"优先考虑决策单元整体效率最大"的整体性和关联性特征。

根据上述中国高技术行业无效率的理论分析（Streb，2003），并由式（2-13），我们可以采用下列公式（2-17），即：

$$\Delta_k^p = \frac{s_k^p}{s_k} \quad (p=1, 2, \cdots, 5) \qquad (2-17)$$

以此反映制约中国各省份高技术制造企业创新效率提升的具体行业，由前述式（2-13）可知，$s_k = s_k^1 + s_k^2 + s_k^3 + s_k^4 + s_k^5$，例如：若 $\Delta_k^2 = \frac{s_k^2}{s_k}$ 在 $\frac{s_k^p}{s_k}$（p=1, 2, ⋯, 5）中取值最大，则表明某省份因航空航天器制造业所导致的地区整体无效率损失最为严重。

第三节 样本、变量及数据说明

本章选取 2007~2015 年北京、上海、天津、广东、湖北、陕西、重庆、四川等中国大陆 26 个省份高技术制造企业五大行业为研究对象。查阅资料发现，由于中国部分地区高技术行业布局并不齐全，相关行业数据缺失，如西藏各行业创新投入产出数据缺失较为严重，海南仅有医药制造业相关数据，青海、宁夏、新疆则缺乏航空航天器制造业、计算机及办公设备制造业相关数据，故这些省份不在本章研究范围之内。数据源自 2008~2016 年《中国高技术产业统计年鉴》《中国统计年鉴》《中国科技统计年鉴》等。下面，对中国高技术制造企业技术创新投入和创新产出指标进行界定，具体如下：

创新投入变量。一般从人力和资金投入角度进行衡量（沈能、张路佳，2016；Spanos 等，2015；Chun 等，2015）。在人力投入方面，本章选取研发人员全时当量（X_1）来表示。资金投入方面，选取 R&D 经费内部支出（X_2）和引进消化吸收费用（X_3）来衡量，毕竟在我国中西部地区以及部分东部省份，引进消化吸收再创新仍然是其主要创新模式（崔淼、苏敬勤，2013）。其中，引进消化吸收再创新费用等于技术改造经费、技术引进经费、消化吸收经费以及购买国内技术经费等四项支出之和。整理数据发现，消化吸收费用占引进消化吸收再创新费用比率不高，需引起关注。由于研发投入转化为产出具有一定时滞性，前期投入不仅对当期产出有显著影响，也会对后期的产出构成影响，故对R&D经费内部支出和引进消化吸收费用均采用存量指标，利用永续盘存法（肖仁桥等，2015；Chun等，2015）进行计算。基期为2000年，折旧率$\delta = 15.0\%$，在计算中国各省份高技术制造企业研发经费存量之前，选择李向东等（2011）提出的高技术制造企业研发价格指数进行平减，即研发价格指数 = 固定资产价格指数×46% + 居民消费价格指数×54%，以2000年为不变价格，各省份价格指数值源自2008~2016年《中国统计年鉴》。引进消化吸收费用存量的测度方法与研发经费存量类似，此处不再赘述。

创新产出指标。主要从科技产出和经济产出角度衡量（肖文、林高榜，2014；Shu等，2016）。在科技产出方面，选取专利申请量（Y_1）测度，虽然部分专利短期内经济效益并不明显，甚至是沉睡专利，但从总体和长远来看，专利的价值不容忽视，也是目前为止最能反映产业创新科技产出的指标之一。虽然有些专利申请并未授权，但由于前期已形成一定的技术知识积累等，这对于发展中国家的产业而言，仍发挥着较为明显的经济和社会效益，事实上，专利申请量可看作创新产出的隐性指标。经济产出方面，本章选取新产品销售收入（Y_2）指标，这也是国际上惯用的创新收益性指标，它反映了企业通过技术研发和成果转化以实现技术的经济价值和收益最大化的特征。用工业品出厂价格指数进行平减，转换为2007年不变价。另外，有些小的技术发明和工艺改进，使得流程优化，产品质量和生产效率也得到大大提高，实现价值增值，而这不是专利和新产品所能反映的，因而还需增加总产值（总收入或总利润）指标（周亚虹等，2012）。基于数据的可获取性以及指标间可能存在的信息重叠，这里采用主营业务收入（Y_3）表示，用工业品出厂价格指数进行平减，转换为2007年不变价。新产品销售收入、主营业务收入指标数据源自《中国高技术产业统计年鉴》，而工业品出厂价格指数源自《中国统计年鉴》。

DEA模型测算高技术制造业创新效率时，一般要求评价决策单元的投入产出量均大于零，而考察期内我国少数省份的个别指标数据值为0，如2007年山西、内蒙古航空航天器制造业研发人员全时当量指标值为0。为此，本章利用数据标准化处理公式 $\tilde{x}_n = 1 + 99 \times \dfrac{(x_n - \min_n x_n)}{(\max_n x_n - \min_n x_n)}$，将中国各省份五大高技术制造企业技术创新投入产出原始数据进行标准化，转换为[1, 100]之间的数。这里,x_n是根据要求从各种统计年鉴上收集的原始数据,经过上述公式的标准化处理,使得处理后得到的技术创新投入产出数据$\tilde{x}_n$既达到DEA模型处理的要求,且蕴含了原始数据的基本信息,从而符合本书研究的需要。

第四节 实证分析

一、基于并联网络DEA模型的中国高技术制造企业创新效率差异分析

根据上述创新效率差异理论和并联网络DEA模型,利用Lingo11编程,测度2007~2015年中国各省份高技术制造企业创新效率值,同时将考虑和不考虑并联网络(传统的DEA-CCR模型)的两种创新效率值进行对比,结果如表2-1、图2-2和图2-3所示。

表2-1 基于并联网络模型的高技术制造企业创新效率分解

地区	2007年						2015年						均值					
	TE	TE1	TE2	TE3	TE4	TE5	TE	TE1	TE2	TE3	TE4	TE5	TE	TE1	TE2	TE3	TE4	TE5
北京	0.520	0.357	0.292	0.773	0.518	0.341	0.480	0.322	0.227	0.505	0.901	0.448	0.561	0.407	0.270	0.773	0.676	0.471
天津	0.514	0.416	0.468	0.656	0.425	0.448	0.458	0.343	0.483	0.534	0.419	0.414	0.553	0.593	0.500	0.604	0.445	0.507
河北	0.423	0.342	0.437	0.457	0.467	0.468	0.337	0.230	0.374	0.338	0.455	0.488	0.405	0.307	0.406	0.478	0.474	0.481
辽宁	0.369	0.477	0.269	0.294	0.498	0.455	0.358	0.377	0.258	0.378	0.430	0.505	0.467	0.437	0.472	0.504	0.463	0.471
上海	0.493	0.366	0.366	0.435	0.913	0.444	0.450	0.290	0.226	0.502	0.773	0.491	0.469	0.470	0.464	0.479	0.468	0.464
江苏	0.462	0.325	0.434	0.417	0.784	0.435	0.472	0.283	0.397	0.512	0.312	0.646	0.395	0.480	0.252	0.418	0.486	0.577
浙江	0.409	0.312	0.481	0.341	0.475	0.564	0.451	0.280	0.472	0.505	0.286	0.570	0.477	0.500	0.466	0.466	0.458	0.479
福建	0.417	0.417	0.464	0.323	0.531	0.456	0.405	0.386	0.492	0.429	0.307	0.514	0.377	0.369	0.277	0.460	0.449	0.457
山东	0.426	0.407	0.463	0.460	0.318	0.521	0.416	0.225	0.492	0.536	0.546	0.880	0.336	0.306	0.482	0.904	0.509	
广东	0.647	0.458	0.393	0.660	0.685	0.775	0.443	0.314	0.397	0.449	0.378	0.595	0.554	0.338	0.461	0.559	0.621	0.728
山西	0.474	0.503	0.464	0.482	0.468	0.451	0.438	0.353	0.459	0.497	0.467	0.452	0.476	0.290	0.444	0.508	0.364	0.733
吉林	0.468	0.465	0.464	0.457	0.473	0.486	0.444	0.399	0.464	0.483	0.454	0.470	0.570	0.566	0.415	0.673	0.521	0.534
黑龙江	0.381	0.372	0.271	0.449	0.460	0.440	0.367	0.316	0.290	0.447	0.437	0.510	0.423	0.385	0.462	0.426	0.377	0.531

续表

地区	2007年						2015年						均值					
	TE	TE1	TE2	TE3	TE4	TE5	TE	TE1	TE2	TE3	TE4	TE5	TE	TE1	TE2	TE3	TE4	TE5
安徽	0.426	0.428	0.406	0.393	0.467	0.445	0.675	0.470	0.412	0.869	0.585	0.696	0.432	0.453	0.303	0.524	0.478	0.465
江西	0.381	0.444	0.257	0.391	0.462	0.448	0.476	0.402	0.381	0.567	0.478	0.577	0.440	0.342	0.458	0.471	0.445	0.600
河南	0.439	0.482	0.395	0.380	0.462	0.484	0.418	0.292	0.460	0.459	0.436	0.502	0.495	0.445	0.464	0.587	0.446	0.520
湖北	0.379	0.355	0.336	0.320	0.501	0.477	0.383	0.296	0.404	0.353	0.411	0.716	0.396	0.399	0.349	0.359	0.441	0.529
湖南	0.445	0.508	0.410	0.445	0.411	0.456	0.448	0.522	0.409	0.348	0.466	0.617	0.511	0.563	0.429	0.479	0.470	0.604
内蒙古	0.469	0.460	0.466	0.486	0.466	0.466	0.453	0.416	0.465	0.461	0.470	0.462	0.549	0.351	0.434	0.527	0.740	0.754
广西	0.452	0.455	0.466	0.409	0.466	0.469	0.451	0.353	0.467	0.469	0.480	0.532	0.466	0.430	0.467	0.467	0.490	0.491
重庆	0.429	0.415	0.459	0.448	0.448	0.389	0.592	0.439	0.463	0.736	0.596	0.705	0.523	0.478	0.458	0.553	0.609	0.529
四川	0.371	0.426	0.416	0.306	0.421	0.405	0.572	0.745	0.277	0.624	0.441	0.787	0.499	0.609	0.328	0.494	0.600	0.609
贵州	0.455	0.489	0.386	0.493	0.468	0.468	0.426	0.432	0.359	0.492	0.459	0.472	0.448	0.532	0.348	0.511	0.462	0.477
云南	0.496	0.604	0.468	0.465	0.468	0.470	0.438	0.382	0.465	0.468	0.452	0.467	0.470	0.494	0.467	0.464	0.459	0.465
陕西	0.294	0.455	0.152	0.313	0.458	0.422	0.264	0.334	0.163	0.344	0.461	0.357	0.302	0.435	0.167	0.385	0.465	0.411
甘肃	0.461	0.460	0.461	0.451	0.468	0.466	0.453	0.401	0.462	0.457	0.468	0.493	0.462	0.462	0.464	0.476	0.468	0.479
东部	0.468	0.388	0.407	0.482	0.561	0.491	0.427	0.376	0.464	0.480	0.522	0.589	0.484	0.383	0.399	0.525	0.553	0.589
中部	0.424	0.445	0.375	0.415	0.463	0.461	0.456	0.381	0.410	0.503	0.467	0.567	0.465	0.467	0.397	0.506	0.466	0.508
西部	0.428	0.470	0.409	0.421	0.458	0.444	0.456	0.438	0.390	0.506	0.478	0.534	0.455	0.484	0.395	0.479	0.503	0.491
全国	0.442	0.431	0.398	0.442	0.499	0.467	0.445	0.369	0.391	0.489	0.475	0.540	0.469	0.440	0.397	0.505	0.511	0.534

注：这里TE是全国、三大地区及各省份高技术制造企业创新效率值，而TE1、TE2、TE3、TE4和TE5分别指医药制造业、航空航天器制造业、电子及通信设备制造业、电子计算机及办公设备制造业和医疗设备及仪器仪表制造业创新效率值。

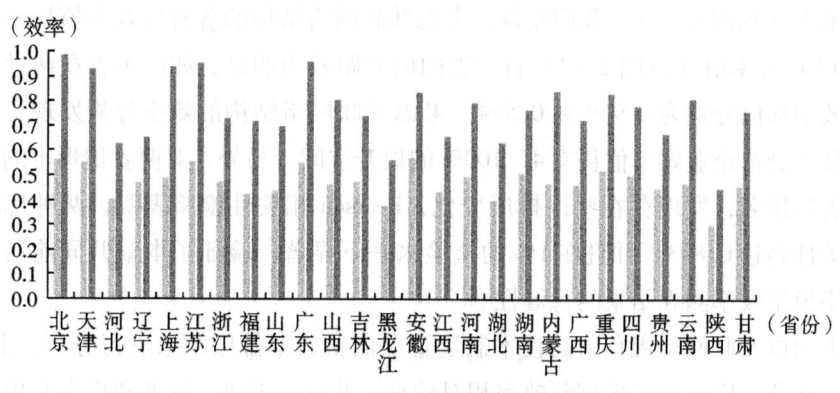

图2-2 2007~2015年中国各省份高技术制造企业传统和并联网络效率均值

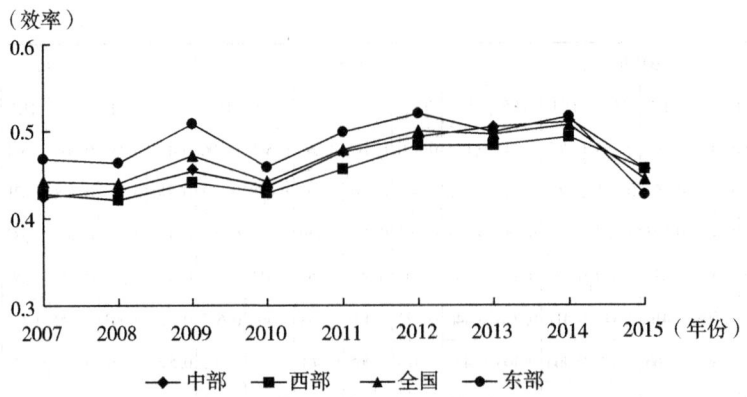

图 2-3 2007~2015 年全国及三大地区并联网络效率变化趋势

若不考虑五大行业的并联网络特征，笼统测算中国各省份高技术制造企业创新效率值，则效率值偏高（0.763），东、中、西部地区高技术制造企业创新效率均值分别为 0.820、0.724、0.733，这与以往学者的结论相似（桂黄宝，2014），但可能存在创新效率值被放大，与我国产业创新发展实际不太吻合的情形。利用并联网络 DEA 模型进行创新效率测算，结果发现，考察期内全国高技术制造企业创新效率均值仅为 0.469，东、中、西部地区效率均值依次递减，分别为 0.484、0.465 和 0.455。各年份区域效率存在一定差异，而总体均值的差异并不明显，可能原因是 2014 年、2015 年东部地区效率值明显偏低，从而拉低了考察期内东部地区效率均值，且 2007~2015 年全国及三大地区效率值增减交替，但幅度不大（见图 2-3）。我们发现，考虑并联网络结构的各省份效率值均不超过传统 CCR 效率值（见图 2-2）且二者间的差距较为明显，如广东省在两种情形下的效率均值分别为 0.959 和 0.554。考虑并联网络结构的效率分析发现，广东省高技术制造企业效率值仍有 45.100% 的提升空间。另外，对两者情形下的效率进行省际排名，发现存在些许排序变化，Pearson 相关性检验表明，两种排序的正相关性高达 0.893，并且在 1% 的检验水平下显著，验证了本章共同前沿下并联网络模型效率测算结果的稳健性。

下面以并联网络视角下高技术制造企业创新效率排序结果进行分析，北京、天津、江苏、广东和安徽创新效率相对较高。北京、天津、江苏和广东是中国高技术制造业的聚集地，在人才支撑、经费投入、管理经验以及制度安排方面全国领先。2007~2015 年安徽省高技术制造企业创新效率值从 0.426 增至 0.675，尤其是电子及通信设备制造业，效率值由 0.393 增至 0.869，年均增幅高达 10.428%，是该省效率提升的关键所在。陕西、福建、湖北、河北、黑龙江、江西等省份创新效率值则处于全国较低水平。这些地区高技术制造企业发展具有一定的经济、技术基础，但是与北京、广东等东部发达省份相比，还存在一定的差距，产品竞争力不强，许多地区生产同质化的产品，创新资源利用效率低下。2007 年效率排名最高的省份依次是广东、北京、天津、云南、上海；2015 年效率最高的五个省份则为安徽、重庆、四川、北京、江西。效率改进最大的三个省份为安徽、四川和重庆，效率下降最为明显的省份包括广东和河北。其中，广东省年均降幅为 4.624%，北京、天津、上海、云南等省份高技术制造企业效率值也出现了一定程度的下降，需引起相关部门关注。由表 2-1 可知，从全国来看，医疗设备及仪器仪表制造业效率均值最高，其次是电子计算机及办公设备制造业、电子及通信设备制造业和医药制造业，而航空航天器制造业效率最低，可能由于军工产业受国际政治环境和涉密等因素影响，使得该行业技术产业化水平不高，效率值处于较低水平。从区域来看，东部地区在电子及通信设备制造业、电子计算机及办公设备制造业以及医疗设备及仪器仪表制造业等三个行业领域具有效率优势，中部地区效率值最高的是医疗设备及仪器仪表制造业，西部地区效率值最高的是电子计算机及办公设备制造业，但均低于东部地区相同行业效率值，而中西部地区医药制造业比东部地区该行业效率均值高，具有一定优势。

分省份来看，①在医药制造业领域，效率均值排名靠前的省份包括四川、天津、吉林、湖南和贵州等，天津涌现出天士力集团、权健科技等一批具有中医特色的研发型企业。研发人员和经费投入不多，但新产品销售收入处于全国较高水平，四川、湖南医药专利申请全国最多。效率排名靠后省份包括山西、河北、山东、广东和江西。山东和广东产出相对不足，山西、河北和江西则在规模和效率方面均有待改进。②航空航天器制造业领域，天津、辽宁、云南和广西等省区效率相对较高，陕西、江苏、北京、福建和安徽等省份则位居全国倒数五位。陕西研发投入居全国首位，但在专利、新产品销售收入等产出不高。③电子及通信设备制造业领域，北京、吉林、天津、河南以及广东创新效率相对较高，而湖北、陕西、江苏、黑龙江和福建效率排名靠后。北京效率均值为 0.773，2012 年效率值甚至高达 1。江苏省在引进消化吸收等费用支出方面全国最高，但在专利和新产品销售收入等产出指标上与广东省存在较大差距，效率值处于全国较低水平。④电子计算机及办公设备制造业，效率排名靠前的省份包括北京、山东、广东、内蒙古和重庆,而山西、黑龙江、湖北、天津和江西等省份效率值则处于较低水平。北京、山东和广东在该行业研发规模较大,产出和效率值处于全国领先水平。天津研发规模较大而专利产出不足,而湖北省新产品销售收入明显偏低。⑤医疗设备及仪器仪表制造业领域,广东、四川、内蒙古、山西、湖南等省份创新效率相对较高,而陕西、福建、上海、云南和安徽效率排名靠后。四川、内蒙古、山西等利用较少投入实现了较好的产出。陕西、上海等研发规模居中,但专利申请数、新产品销售收入较低。

二、中国高技术制造企业创新无效率值的分解

从行业角度出发,利用前述模型(2-17),确定各省份高技术制造企业效率损失的原因,结果见表2-2。需要注意的是,模型(2-17)中的分子是根据式(2-14)中的松弛变量 s_i^p 测算得出的。若式(2-17)中松弛变量占比介于20.0%~40.0%,提升重要性记为"▲";若介于40.0%~80.0%,记为"▲▲";若超过80.0%,记为"▲▲▲"。由表2-2可知,全国因五大行业无效(这里的行业无效,是指该行业的创新投入没有完全转化为产出,效率未达到最优值)所造成的无效率损失依次为22.3%、21.5%、27.4%、14.5%和14.3%,医药制造业、航空航天器制造业和电子及通信设备制造业(第1~3行业)无效所造成的损失较大。分区域来看,东部地区无效率损失主要源于电子及通信设备制造业,无效占比达36.8%,其次是医药制造业。中部地区无效率损失则源于医药制造业和航空航天器制造业,其次是电子及通信设备制造业。西部地区高技术制造业效率损失则主要源自航空航天器制造业,其次是电子及通信设备、医药制造业。

表2-2 中国高技术制造企业无效率值分解及提升重点(2007~2015年)

地区	整体效率	无效率值分解(松弛变量)						占比(松弛)(%)					重点提升行业				
		s	s^1	s^2	s^3	s^4	s^5	s^1/s	s^2/s	s^3/s	s^4/s	s^5/s	1	2	3	4	5
北京	0.561	0.439	0.091	0.114	0.075	0.072	0.087	20.73	26.0	17.1	16.4	19.8	▲	▲			
天津	0.553	0.447	0.097	0.060	0.147	0.079	0.064	21.7	13.4	32.9	17.7	14.3	▲		▲		
河北	0.405	0.595	0.241	0.096	0.097	0.073	0.087	40.5	16.1	16.3	12.3	14.6	▲▲				
辽宁	0.395	0.605	0.083	0.265	0.140	0.057	0.060	13.7	43.8	23.1	9.4	9.9		▲▲	▲		
上海	0.488	0.512	0.105	0.081	0.255	0.011	0.060	20.5	15.8	49.8	2.1	11.7	▲		▲▲		

续表

地区	整体效率	无效率值分解（松弛变量）						占比（松弛）(%)					重点提升行业				
		s	s^1	s^2	s^3	s^4	s^5	s^1/s	s^2/s	s^3/s	s^4/s	s^5/s	1	2	3	4	5
江苏	0.554	0.446	0.113	0.026	0.214	0.049	0.040	25.3	5.8	48.0	11.0	9.0	▲		▲▲		
浙江	0.476	0.524	0.161	0.033	0.185	0.099	0.046	30.7	6.3	35.3	18.9	8.8	▲				
福建	0.423	0.577	0.079	0.046	0.239	0.163	0.050	13.7	8.0	41.4	28.3	8.7			▲▲	▲	
山东	0.440	0.560	0.187	0.033	0.181	0.113	0.045	33.4	5.9	32.3	20.2	8.0					
广东	0.549	0.451	0.037	0.011	0.365	0.027	0.011	8.2	2.4	80.9	6.0	2.4			▲▲▲		
山西	0.467	0.533	0.132	0.098	0.096	0.099	0.109	24.8	18.4	18.0	18.6	20.5	▲				▲
吉林	0.477	0.523	0.142	0.091	0.103	0.094	0.093	27.2	17.4	19.7	18.0	17.8	▲				
黑龙江	0.377	0.623	0.153	0.230	0.077	0.076	0.086	24.6	36.9	12.4	12.2	13.8		▲			
安徽	0.570	0.430	0.092	0.093	0.086	0.075	0.084	21.4	21.6	20.0	17.4	19.5	▲	▲			
江西	0.432	0.568	0.118	0.193	0.095	0.071	0.091	20.8	34.0	16.7	12.5	16.0					
河南	0.495	0.505	0.143	0.098	0.090	0.075	0.098	28.3	19.4	17.8	14.9	19.4					
湖北	0.396	0.604	0.127	0.103	0.251	0.064	0.060	21.0	17.1	41.6	10.6	9.9			▲▲		
湖南	0.511	0.489	0.097	0.101	0.134	0.082	0.077	19.8	20.7	27.4	16.8	15.7					
内蒙古	0.469	0.531	0.116	0.105	0.102	0.104	0.105	21.8	19.8	19.2	19.6	19.8					
广西	0.466	0.534	0.139	0.094	0.113	0.092	0.096	26.0	17.6	21.2	17.2	18.0				▲	
重庆	0.523	0.477	0.132	0.083	0.084	0.068	0.111	27.7	17.4	17.6	14.3	23.3					▲
四川	0.499	0.501	0.062	0.131	0.219	0.043	0.045	12.4	26.1	43.7	8.6	9.0		▲	▲▲		
贵州	0.448	0.552	0.084	0.211	0.094	0.081	0.081	15.2	38.2	17.0	14.7	14.7					
云南	0.470	0.530	0.131	0.096	0.099	0.101	0.101	24.7	18.1	18.9	19.1	19.1	▲				
陕西	0.302	0.698	0.067	0.374	0.127	0.047	0.083	9.6	53.6	18.2	6.7	11.9		▲▲			
甘肃	0.462	0.538	0.129	0.102	0.110	0.099	0.098	24.0	19.0	20.4	18.4	18.2	▲			▲	
东部	0.484	0.516	0.119	0.077	0.190	0.074	0.055	23.1	14.9	36.8	14.3	10.7					
中部	0.466	0.534	0.126	0.117	0.080	0.087	0.087	23.6	23.6	21.9	15.0	16.3					
西部	0.455	0.545	0.108	0.150	0.079	0.080	0.086	19.8	27.5	21.8	14.5	16.5	▲	▲			
全国	0.469	0.531	0.118	0.114	0.145	0.077	0.076	22.3	21.5	27.4	14.5	14.3	▲	▲	▲		

注：1，2，…，5分别是指医药制造业、航空航天器制造业、电子及通信设备制造业、电子计算机及办公设备制造业和医疗设备及仪器仪表制造业。

从各省份来看，河北省医药制造业无效率的贡献度高达40.5%。辽宁和陕西因航空航天器制造业无效率所造成的损失占比分别高达43.8%和53.6%，需合理配置该行业人力和资金投入，实现资源的高效利用和合理配置。上海、江苏、福建、广东、湖北和四川因电子及通信设备制造业无效所造成的损失都在40.0%以上，广东省该行业无效率损失达80.9%，可能与广东省在该行业研发规模和产出居全国首位有关，且该行业产值在广东高技术企业中占比极大。还有少数省份高技术企业因计算机及办公设备或医疗设备及仪器仪表制造业（第4～5行业）无效而造成效率损失。如福建计算机及办公设备制造业造成的损失达28.3%，是该省份需提升的重点行业。

图2-4给出了基于行业角度的全国及三大地区无效率值分解变化趋势，我们发现，考察期内全国医药制造业无效占比持续递增，由0.196增至0.253，年均增幅为3.24%。航空航天器制造业和电子及通信设备制造业无效占比则呈现微幅增减交错态势，计算机及办公设备制造业、医疗设备及仪器仪表制造业无效占比较小，并且呈现微幅下降的收敛趋势，2015年医疗设备及仪器仪表制造业无效占比仅为0.124。近年来我国医药制造业、航空航天器制造业和电子及通信设备制造业的技术效率提升较为缓慢，需加强对此类行业的引导和管理，提高其技术创新管理水平。分区域来看，东部地区无效率损失主要源于电子及通信设备制造业，无效占比达0.367，并且存在继续扩大的风险，其次是医药制造业。中部地区效率损失则源于医药制造业，其次是航空航天器和电子及通信设备制造业，并且考察期内医药制造业和电子及通信设备制造业无效占比微幅递增。西部地区高技术产业效率损失则主要源自航空航天器制造业，其次是电子及通信设备、医药制造业，考察期内航空航天器和医药制造业无效占比并未有下降的趋势，形势不容乐观，需进一步优化创新资源配置水平，提高企业创新管理效率。

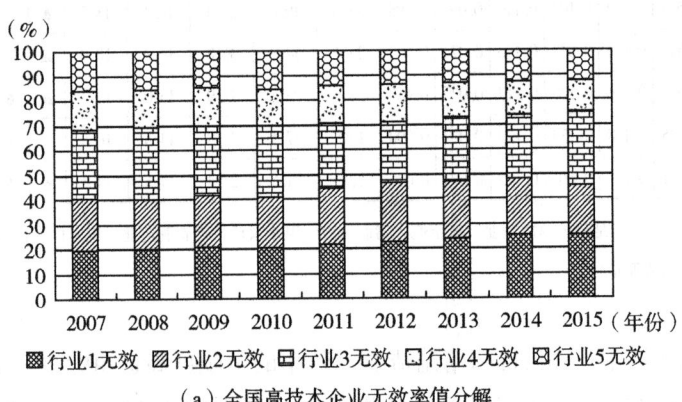

(a) 全国高技术企业无效率值分解

图2-4 全国及三大地区高技术企业无效率值分解

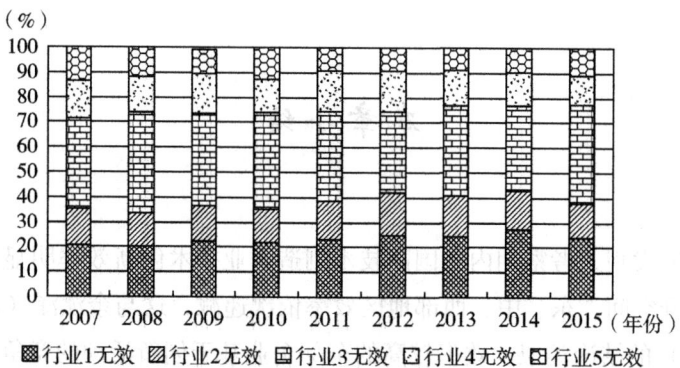

（b）东部高技术企业无效率值分解

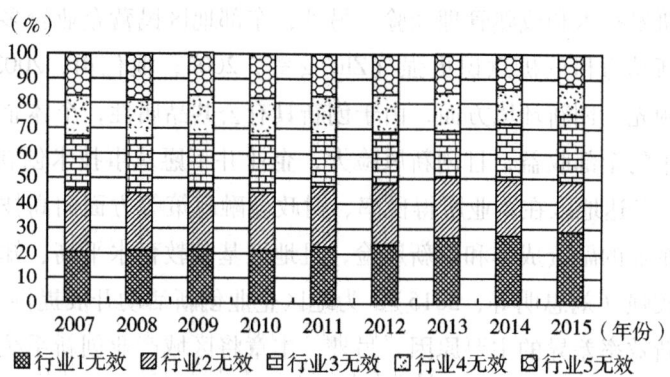

（c）中部高技术企业无效率值分解

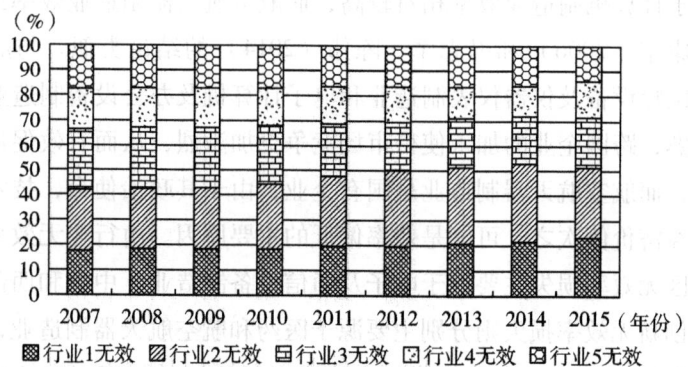

（d）西部高技术企业无效率值分解

图2-4　全国及三大地区高技术企业无效率值分解（续）

说明：行业1，行业2，…，行业5分别是指医药制造业、航空航天器制造业、电子及通信设备制造业、电子计算机及办公设备制造业和医疗设备及仪器仪表制造业。

本章小结

本章研究发现，考察期内中国高技术制造企业技术创新效率明显偏低，还有53.1%的提升空间，东、中、西部地区效率依次递减，这与余泳泽（2009）和桂黄宝（2014）的结论类似。效率较高的东部企业基于创新活动的竞争与合作更为频繁，创新氛围较为浓烈，且通过增资扩股，技术创新的规模效应优势明显，具有国际领先研发技术和成熟管理经验。另外，东部地区民营企业较多，产权结构明晰，其创新动力和危机意识更强（Zhang 等，2003；池仁勇，2003），企业管理水平全国领先。创新环境方面，由于创新具有公共品属性，个体企业无法独占创新成果带来的全部收益，且创新风险大，企业并不愿从事技术创新活动（Nelson，1959）。发达地区在企业所得税率、财政金融政策等方面向高技术制造业倾斜，降低了企业的融资成本和创新风险，且地区基础教育水平高、知识产权保护等法规意识较强（刘思明等，2015），为地区企业创新活动开展提供了制度保障，这可能是创新效率差异的主要原因。另外，本章将区域产业创新系统内在并联结构和运行机理纳入研究框架，实现了区域和行业要素的统一分析，医疗设备及仪器仪表和电子计算机制造业效率相对较高，而航空航天器制造业效率最低，这与朱有为、徐康宁（2006）和冯志军、陈伟（2014）的结论类似。与航空航天制造业相比，医疗设备及仪器仪表制造业和电子计算机及办公设备制造业不仅产业发展相对成熟，跨国企业的加入使得市场竞争更加激烈，从而有效促进了行业创新效率提升，而航空航天器制造业是国有企业，由于其政治使命，技术的先进性更为重要，经济价值次之，可能是效率偏低的主要原因。由行业无效率值分解发现，东部地区无效率损失主要源于电子及通信设备制造业，中部和西部地区高技术制造企业创新无效率损失则分别主要源于医药和航空航天器制造业，这进一步拓展了刘志迎等（2013）和陈凯华、官建成（2010）的研究。高技术制造企业创新效率提升，关键在于各行业创新投入是否能全部转化为产出，通过各行业资源要素的合理配置，从而实现高技术制造企业整体创新效率的提升。

本章对于揭示高技术制造企业区域差异以及区域内行业并联创新效率差异，分析各地区高技术制造企业效率损失的根源以及制约因素等具有重要理论贡献。从行业并联网络视角,考虑各行业的关联性、五大行业的整体性(陈凯华、官建成,2010;Kao,2009),分析各地区五大行业创新效率差异及其对整体效率损失的影响。本章基于产业关联和并联网络 DEA 理论(Hauknes and Knell,2009;Kao,2009),探讨行业并联视角下各省份高技术整体及五大行业创新效率差异,根据并联网络无效率分解理论(陈凯华、官建成,2010;Kao,2009),寻找导致并联系统整体效率偏低的具体行业。这样,不仅可通过产业关联、互动视角促进地区高技术制造企业创新效率,还可甄别制约各省份高技术制造业效率提升的关键行业(如北京创新效率提升重点为医药制造业和航空航天器制造业),深化了对中国各地区高技术制造企业效率提升路径的理论认识。以上结论蕴含的启示如下:

(1)中国各区域、不同行业高技术制造企业创新效率差异明显。全国各地区,尤其是陕西、辽宁、黑龙江等省份还有较大的发展潜力,各行业均存在不同程度的效率损失,尤其是航空航天器制造业,是效率提升的重点。两种效率省际排名的高度正相关性要求对中西部地区研发资金和人才引进等方面给予政策倾斜,缩小与东部沿海城市间的技术差距,逐渐消除区域间的技术壁垒。加强高技术制造企业园区上下游以及行业之间的技术与管理经验交流,鼓励从事跨行业技术联合攻关,实现产品的跨界创新,形成区域产业集聚、协同创新溢出效应。

(2)东部地区企业技术水平全国领先,需跟踪国际前沿技术,推进本土化的现代企业管理制度建设。东部地区效率损失主要源于电子及通信设备制造业和医药制造业,这些行业需根据区域特色以及市场需求,开发出有竞争力的产品,适度控制投入规模。中西部地区需向发达地区学习先进技术和管理经验,深入开展技术消化吸收再创新活动,正如德鲁克所言,创新并不一定完全依靠高科技,可将商业模式创新与技术创新相结合。中部地区医药行业需由仿制医药向自主研发模式转变,减少对低水平重复的改剂型药品投入。西部地区航空航天器制造业需向上海飞机制造有限公司学习,在大飞机制造等领域实现自主知识产权。

(3)各地区需营造一种自由宽松、公平竞争的创新环境。国有企业需适度引入民营资本,深入推进国企股份制改造。对科技型民营中小企业给予政策与金融支持。加大对产权的保护,尤其是技术含量较高的行业,完善技术市场交易环境。加大人才培养力度,关注学生的想象力、研究兴趣和批判思维发展等。产业发展不仅需要从 1 到 N 的渐进创新,更需要培育从 0 到 1 的原始创新,需进一步增加基础研究投入,关注科学技术的市场价值,进行超前谋划和科学布局,从而最终实现原始性技术的不断涌现、产业高端化以及经济高质量发展。

第三章 环境约束下企业技术创新效率及其影响因素研究

第一节 环境约束下企业技术创新效率理论及影响机制

环境约束下企业技术创新活动是一个复杂的系统工程,如图3-1所示,其内容涉及绿色研发、测试、"干中学"、生产制造以及市场推广等活动(Iyigun,2006),是将创新投入转化为科技经济和环境效益的价值增值过程。绿色创新效率是指绿色创新产出(新产品销售收入、绿色专利申请数、单位工业GDP碳排放量等)与投入(研发经费内部支出、研发人员全时当量、引进消化吸收费用等)之比,衡量中国企业创新资源利用的绿色集约化发展水平(张江雪、朱磊,2012;冯志军,2013;王惠等,2016)。通过对各省份企业绿色创新效率差异进行比较,有利于发现中国企业效率低下的具体区域和环节。企业绿色创新效率的驱动因素主要分为内部驱动和外部环境驱动(Guan and Chen,2010;余泳泽、刘大勇,2013),在内部驱动方面,企业规模和技术水平(Chen等,2004)、企业创新氛围和价值观(王辉、常阳,2017)、产学研合作的深度和广度(Perkmann等,2012)成为企业开展绿色技术研发和成果转化活动的微观基础。在外部创新环境方面,政府支持(肖文、林高榜,2014)、知识产权保护水平(Maskus,1998)、环保投入强度(宋马林、王舒鸿,2013)、对外开放度(戴静等,2014)及金融贷款(Colombo等,2016)都为企业绿色创新活动开展提供了条件。

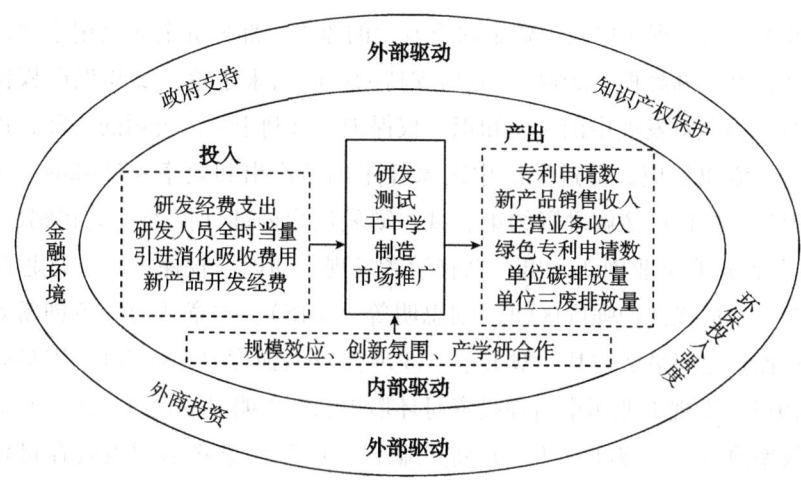

图 3-1 企业绿色创新效率及影响机制研究框架

下面对环境约束下企业创新效率的影响机制展开分析：

内部驱动方面，①企业规模（SCALE）。通过规模效应分摊研发成本，能更好促进绿色技术创新活动的持续开展（Chen 等，2004）。Scherer 和 Ross（1990）则认为企业规模越大，越容易滋生管理官僚化和内耗，使得管理决策缓慢，导致企业创新效率低下。本章将环境效应考虑在内，对于规模较大企业而言，其更多涉及国有煤炭、石油以及建筑等行业，这些企业可能因环境污染等问题，一定程度上抵消了企业规模的正向经济促进作用。②创新氛围（INNO）。浓厚的创新氛围有利于研发型企业内部、企业与企业之间的相互交流合作以及良性竞争，可最大限度地激发员工的创造力（王辉、常阳，2017），从而有利于企业绿色创新效率的提升。③产学研合作（COORP）。通过产学研合作，可充分利用高校、科研院所的最新发明技术。企业研发人员亦可通过与高校科研人员进行内部会议讨论等方式，获得论文及专利编码以外的更多隐性知识（Perkmann 等，2012）。另外，产学研合作有利于建立企业与高校等之间的信任，便于长期合作并持续接触前沿科技。不过，产学研合作存在各主体目标不一致及利益分配机制不确定问题。

外部驱动方面，①政府支持（GOVNM）。政府通过税收抵免、研发补贴等方式，对中国工业企业技术创新活动提供支持，有效推动了企业技术创新水平的提升。但由于政府部门往往关注具有战略和经济价值的创新，这与企业追求短期经济效益并不一致。现实中政府资金缺乏有效的监管,部分资金甚至用于建设厂房等设施(肖文、林高榜,2014),政府支持的影响尚未定论。②知识产权保护水平(IPP)。强化对发展中国家的知识产权保护,有利于跨国公司的入驻,进而形成国际技术溢出效应,促进发展中国家技术创新产出和效率(Maskus,1998)。加强知识产权保护可缓解融资约束和减少研发溢出外部性损失(吴超鹏、唐菂,2016),从而提升企业创新产出。也有学者发现,知识产权保护并不是越严格越好,存在一个最优保护强度区间(刘思明等,2015)。本章认为绿色创新效率与知识产权保护之间呈倒"U"型关系。③环保投入强度(ENVIR)。宋马林、王舒鸿(2013)发现工业污染治理投资对环境规制产生明显的促进作用,从而有利于环境效率改善。李婉红(2017)将工业"三废"污染物治理投资存量作为绿色研发投入,发现其对企业绿色专利产出具有积极影响。另外,环保投入强度与污染排放间可能存在内生互动性(张可等,2016;原毅军、谢荣辉,2016),环保投入大可能因地区工业环境污染大导致。④外商投资(FDI)。外商投资对中国工业企业技术创新起到明显的技术溢出作用,如技术诀窍、管理经验以及共建本土研发中心等(戴静等,2014)。不过外商投资在带来国际技术溢出的同时,也带来一定的环境污染,部分发展中国家甚至成为发达国家的污染避难所,外商投资到底是促进还是抑制了中国工业企业绿色创新效率,目前尚未定论。⑤金融环境(FINAN)。银行、风险投资等金融机构的支持,有利于企业获取外部融资,减少企业技术创新风险,促进创新效率的提升(Tadesse,2002;Colombo等,2016)。但金融机构受地方政府的干预,倾向于投资一些风险小、见效快的生产性国有行业,如基础设施建设、房地产等,而对于风险较大、汇报周期长的创意项目并不青睐,金融环境的影响有待检验。

第二节 环境约束下企业创新效率测度模型及指标体系

一、超效率 DEA 模型及投影分析

创新效率测算方法主要包括 DEA 和 SFA 等,SFA 模型以修正的柯布 – 道格拉斯生产函数为基础,构建随机前沿生产函数。若函数形式和分布假设设定有

误,结论就会有偏差。DEA 模型根据样本数据构建生产参考集,具有无须事先假定指标权重、适合多投入多产出指标决策单元效率评价等优点。传统的 DEA – CCR 模型基于规模报酬不变,测算决策单元技术效率(Charnes 等,1978)。然而,利用 DEA – CCR 模型进行效率测算时,容易出现多个决策单元同时有效(效率值均为1)而无法比较的情形。为了弥补这一缺陷,Anderson and Peterson(1993)提出的超效率 DEA 模型进行效率测算,在评价某地区企业效率时,将自身投入产出数据集排除在样本参考集以外,是一种它评(非自评)的研究方法,且增强了创新效率研究的区分度。假设评价决策单元(这里指 2008~2015 年中国各省份工业企业绿色创新)投入和产出指标分别为 X_i($i = 1, 2, \cdots, m$)和 Y_r($r = 1, 2, \cdots, s$),通过构建目标函数(绿色创新产出与投入之比)和约束条件(总产出不超过总投入),并进行对偶化,最后得出超效率 DEA 模型的具体形式如下:

$$\min \left[\theta - \varepsilon \left(\hat{e}^T S^- + e^T S^+ \right) \right]$$

$$\text{s.t.} \begin{cases} \sum_{j=1, j \neq j_0}^{n} X_j \lambda_j + S^- = \theta X_0, \sum_{j=1, j \neq j_0}^{n} Y_j \lambda_j - S^+ = Y_0 \\ \lambda_j \geq 0, j = 1, 2, \cdots, n, S^- \geq 0, S^+ \geq 0 \end{cases} \quad (3-1)$$

这里,θ 为超效率 DEA 模型测算得出的决策单元 DMU_j 绿色创新效率值。$S^- = (s_1^-, s_2^-, \cdots, s_m^-)$,$S^+ = (s_1^+, s_2^+, \cdots, s_s^+)$ 分别为决策单元投入产出的剩余松弛变量,λ_j 为系数。

超效率 DEA 模型优点在于:对同为有效单元也能进行比较。对于效率无效单元而言,为了寻找效率损失的来源,本章利用 DEA 投影分析法(赵树宽等,2013),对样本实际投入产出量进行改进,使其移动至最佳技术前沿面上,达到理想的最优投入产出水平,然后比较各省份工业企业实际投入产出值与理想值之间的距离,寻找各省份工业企业效率改进路径。设公式(3-1)中 DEA 模型的最优解为 λ_0,S_0^-,S_0^+,θ_0,决策单元 DMU_0 的投入产出量(X_0, Y_0)在有效前沿面上的"投影"为($\hat{X}_0, \hat{Y}_0$),若决策单元 DMU_0 为 DEA 无效,则该决策单元投入产出指标的改进量分别为 $\hat{X}_0 = \theta_0 X_0 - S_0^-$,$\hat{Y}_0 = Y_0 + S_0^+$,故其投入冗余度为 $\Delta X = X_0 - \hat{X}_0 = (1 - \theta_0) X_0 + S_0^-$,产出不足量为 $\Delta Y = \hat{Y}_0 - Y_0 = S_0^+$,通过计算各省份企业 $\Delta X / X_0$、$\Delta Y / Y_0$,得出投入冗余率和产出不足率。

二、指标体系及数据说明

本章选取 2008~2015 年中国大陆 30 个省份(港澳台地区和西藏除外)工业

企业技术创新与环境保护相关数据。数据源自历年《中国科技统计年鉴》《中国环境统计年鉴》《中国能源统计年鉴》《中国律师年鉴》《中国城市统计年鉴》和国家知识产权局官网。

投入指标。主要从研发资金和人力角度进行衡量，选取研发经费内部支出（X1）、研发人员全时当量（X2）、引进消化吸收费用（X3）和新产品开发经费（X4）四个指标。由于前期研发投入可能会对当期及后期产出形成影响，故研发经费内部支出选取存量指标，利用永续盘存法（肖仁桥等，2015）进行测算。在测算存量之前，采用李向东等（2011）提出的研发价格指数对研发经费内部支出进行平减，转化为2008年不变价。由于中国仍然是技术后进国家，引进消化吸收再创新是中国企业技术创新的主要模式，因而还需包括引进消化吸收费用。在数值上等于技术改造经费、消化吸收经费、购买国内技术经费和购买国外技术经费支出之和，也采用存量指标。另外，将新产品开发经费纳入研究框架，并采用存量指标，方法与研发经费存量类似。在人员投入方面，选取研发人员全时当量指标表示，这也是国际上的通用做法（Guan and Chen，2010）。

产出变量。主要从科技经济与环境效益等方面进行衡量。在科技经济方面，选取专利申请数（Y1）、新产品销售收入（Y2）和主营业务收入（Y3）指标。专利是衡量一个国家、地区或企业创新能力的重要科技指标，由于专利授权受很多非技术因素的影响，本章采用专利申请数来表示。在产品创新方面，选取新产品销售收入指标来衡量，有些小的发明或工艺改进也可能使得企业成本下降和质量提升，而这不是新产品销售收入指标所能反映的，因而还需包括工业增加值、利润或主营业务收入指标表示。为了避免信息重叠，并基于数据可获取性，本章选取主营业务收入指标。这里新产品销售收入和主营业务收入指标均采用工业品出厂价格指数进行平减，转换为2008年不变价。在环境效益方面，选取绿色专利申请数（Y4）、单位工业GDP的工业碳排放量（Y5）和单位工业GDP的工业"三废"排放量（Y6）三个指标。这里，绿色专利申请数是根据国际专利分类绿色清单列表（包括：生物燃料、燃料电池、风能、自然热、轨道车辆、能量供给线路、一般的建筑隔热、回收机械能等）（任晓玲，2010），在中国知识产权局按省份和行业分类汇总收集而得。工业碳排放量则是以《中国能源统计年鉴》列出的原煤、洗精煤、其他洗煤、焦炭、焦炉煤气、其他煤气、原油、汽油、煤油、柴油、燃料油、液化石油气、天然气、热力、电力15种来源为基准（周五七、聂鸣，2012），计算公式如下：

$$CO_2 = \sum_{i=1}^{15} EN_i \times NCV_i \times CEF_i \times COF_i \times 44/12 \quad (3-2)$$

其中，CO_2 为中国各省份工业碳排放量，EN_i（i = 1，2，…，15）为各省份原煤等 15 种工业能源消耗量，NCV_i 为能源平均低位发热量，CEF_i 为碳排放系数，COF_i 为碳氧化因子，取值为 1，44/12 为 CO_2 的气化系数，然后计算单位工业 GDP（平减后）的碳排放量。另外，选取单位工业 GDP（平减后）的工业废气、废水、固体废弃物、工业二氧化硫、工业烟粉尘五个指标，利用熵值法，计算单位工业 GDP 的工业"三废"排放量。由于工业三废污染物和工业 CO_2 越大，环境污染问题则越恶化，因而在数据处理过程中，我们采用负向标准化，将其转化为 [1，100] 之间的数值。

由于本章对投入指标采用存量指标进行测算，其已包含滞后效应，故不再对产出进行滞后期处理。部分年份少数指标存在为 0 的情形，而 DEA 模型要求决策单元投入产出指标值均大于 0，为此，故采用下列公式（3-3）进行标准化处理，

$$x'_{ij} = 1 + 99 \times (x_{ij} - \min_{i,j} x_{ij}) / (\max_{i,j} x_{ij} - \min_{i,j} x_{ij}) \qquad (3-3)$$

将其转化为 [1，100] 之间的数值。

影响因素指标。①企业规模（SCALE）。用平减后的各地区工业企业总产值与企业数的比值来表示，然后取对数值。②创新氛围（INNO）。采用各地区有研发活动的工业企业数与总工业企业数的比值（冯伟等，2014）来表示。③产学研合作（COORP）。用地区企业研发经费外部支出中对研究院所和高校投入之和/工业 GDP 来表示（Guan and Chen，2012）。④政府支持（GOVNM）。用工业企业 R&D 经费内部支出中政府资金所占的比重来表示。⑤知识产权保护（IPP）。利用中国各地区的 GP 指数乘以执法水平 F 表示，即 $IPP_{it} = GP_t \times F_{it}$，这里 IPP 为修正的知识产权保护水平，GP 指数代表各省份知识产权保护的立法强度，由于该指数主要由国家层面立法政策决定，因而同一年份不同地区没有区别，数据值处于 [0，5] 之间。F 表示各地区的知识产权保护执法强度，主要涉及保护覆盖面积、国际条约成员、专利保护期限、保护的损失和执法机制等五个方面。借鉴韩玉雄、李怀祖（2005）的做法，采用人均 GDP 水平、成人识字率、立法时间、律师人口所占比例及是否为 WTO 成员等五个指标进行标准化后并求均值而得，数据值处于 [0，1] 之间。⑥环保投入强度（ENVIR）。这里，采用"工业污染治理完成投资额/工业增加值"来表示（张可等，2016）。⑦外商投资（FDI）。参考戴静等（2014）的做法，利用"港澳台资、外资企业主营业务收入之和占总主营业务收入的比重"来表示。⑧金融环境（FINAN）。采用周兵等（2014）的做法，用各地区金融机构贷款余额占 GDP 的比重来表示。

第三节 环境约束下中国企业创新效率实证分析

一、环境约束下中国各省份企业创新效率测度结果分析

本章根据环境约束下工业企业技术创新效率理论及超效率DEA模型，选取2008~2015年中国大陆30个省份工业企业技术创新与环境污染等相关数据，利用MATLAB7.0软件进行编程计算，得出中国东、中、西部不同省份工业企业创新效率值，并将考虑环境因素和不考虑环境因素两种情形下创新效率值进行比较，以期得到环境约束下中国各省份工业企业效率提升的路径。表3-1给出了不考虑和考虑环境约束下的中国东、中西部及各省工业企业技术创新超效率值，图3-2给出了环境约束下中国各省份技术创新效率和传统效率均值比较结果。

表3-1 不考虑和考虑环境因素的中国各省份工业企业技术创新超效率值

地区	考虑环境因素						不考虑环境因素					
	2008年	2010年	2012年	2015年	均值	排序	2008年	2010年	2012年	2015年	均值	排序
北京	1.271	0.948	1.057	1.329	1.077	2	0.947	0.815	0.841	0.915	0.843	18
天津	0.918	0.878	0.862	1.183	0.940	12	0.833	0.841	0.851	1.176	0.910	10
河北	1.017	1.022	1.050	0.967	1.005	8	1.014	1.022	1.023	0.967	1.001	4
辽宁	0.643	0.775	0.890	0.775	0.789	24	0.643	0.771	0.889	0.775	0.788	22
上海	0.910	0.808	0.837	0.775	0.811	23	0.839	0.779	0.812	0.750	0.778	23
江苏	0.638	0.758	0.724	0.824	0.737	27	0.638	0.758	0.724	0.824	0.737	26
浙江	0.900	0.889	0.845	0.974	0.891	17	0.883	0.879	0.837	0.974	0.884	13
福建	0.775	0.850	0.816	0.940	0.846	21	0.775	0.843	0.816	0.934	0.842	18
山东	0.830	0.807	0.826	1.008	0.859	18	0.830	0.807	0.826	1.008	0.859	16
广东	0.988	1.006	0.992	1.142	1.041	4	0.968	1.003	0.987	1.142	1.035	2
海南	1.316	1.301	1.055	0.932	1.077	3	0.800	1.167	0.918	0.800	0.879	14
东部	0.928	0.913	0.905	0.986	0.916	(1)	0.834	0.880	0.866	0.933	0.869	(1)
山西	0.751	0.665	0.709	0.745	0.712	28	0.715	0.648	0.692	0.711	0.687	28
吉林	0.963	0.955	1.055	1.013	1.102	1	0.887	0.941	1.051	1.004	1.089	1
黑龙江	0.723	0.603	0.629	0.607	0.638	30	0.680	0.573	0.597	0.568	0.603	30

续表

地区	考虑环境因素						不考虑环境因素					
	2008年	2010年	2012年	2015年	均值	排序	2008年	2010年	2012年	2015年	均值	排序
安徽	0.764	0.977	1.034	1.144	0.976	10	0.754	0.971	1.013	1.141	0.969	6
江西	0.710	0.820	0.914	1.208	0.902	16	0.685	0.752	0.872	1.207	0.868	15
河南	1.030	0.969	0.946	1.192	1.009	7	1.030	0.944	0.944	1.185	1.003	3
湖北	0.747	0.759	0.691	0.804	0.742	26	0.747	0.759	0.689	0.804	0.742	25
湖南	0.852	0.966	0.954	0.819	0.911	15	0.844	0.953	0.942	0.789	0.894	11
中部	0.817	0.839	0.867	0.941	0.874	(3)	0.793	0.818	0.850	0.926	0.857	(2)
内蒙古	1.009	1.060	0.954	0.932	0.994	9	0.984	1.052	0.933	0.896	0.976	5
广西	0.829	0.780	0.832	1.043	0.854	19	0.763	0.778	0.800	1.012	0.830	20
重庆	0.968	0.934	0.848	1.171	0.948	11	0.916	0.913	0.824	1.170	0.925	9
四川	0.814	0.933	0.996	1.000	0.936	13	0.814	0.933	0.996	1.000	0.936	8
贵州	0.803	0.744	0.786	0.897	0.830	22	0.674	0.632	0.734	0.878	0.767	24
云南	0.932	0.947	0.948	0.874	0.934	14	0.856	0.882	0.916	0.813	0.886	12
陕西	0.649	0.660	0.662	0.682	0.661	29	0.640	0.651	0.643	0.675	0.650	29
甘肃	0.901	0.898	0.860	0.818	0.847	20	0.820	0.871	0.848	0.796	0.824	21
青海	1.027	1.008	0.991	1.020	1.010	6	0.815	0.787	0.818	0.993	0.858	17
宁夏	0.807	0.763	0.756	0.836	0.777	25	0.620	0.639	0.725	0.788	0.695	27
新疆	1.202	0.922	0.952	1.059	1.023	5	1.035	0.854	0.917	1.011	0.957	7
西部	0.904	0.877	0.871	0.939	0.892	(2)	0.812	0.817	0.832	0.912	0.846	(3)
全国	0.890	0.880	0.882	0.957	0.896		0.815	0.841	0.850	0.924	0.857	

资料来源:笔者计算整理。

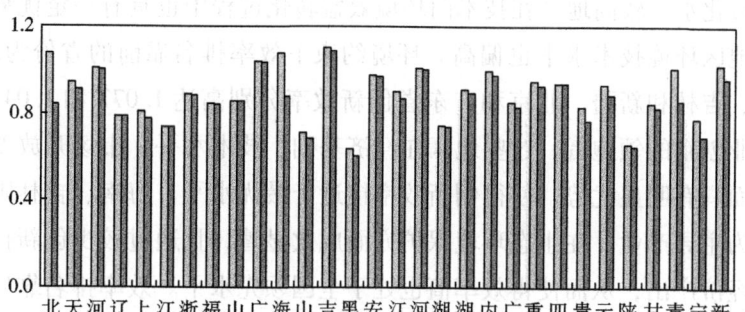

图3-2 2008~2015年环境约束下中国各省份技术创新效率和传统效率均值比较

由表3-1可知，环境约束下中国各省份工业企业技术创新超效率均值为0.896，大多省份技术创新效率并未达到最优水平，还有较大的提升空间。全国各省份创新效率的变异系数为0.140，三大地区、各省份间效率差异明显，环境约束下中国东部地区工业企业创新效率均值最高（0.916），其次是西部地区（0.892），中部地区效率最低（0.874）。若不考虑环境因素，考察期内中国工业企业技术创新效率均值为0.857，东、中、西部地区效率均值依次为0.869、0.857和0.846。两者相比，环境约束下中国、三大地区工业企业技术创新效率均值略高。无论是否考虑环境因素，均与以往东部地区高于中西部地区创新效率的结论类似，只是在效率值测算结果方面存在一些差异，主要原因在于本章采取的是超效率DEA模型，这比传统的DEA模型测算出来的结果稍大一些，因为传统效率值最大值为1，而本章利用超效率DEA模型，当该地区实现DEA有效时，效率值大于1。另外，本章将环境因素考虑在内，且指标数据的年份也与以往不一样，从数据反映得出，近年来中国工业企业创新效率呈现微幅递增趋势（见图3-3），这可能与创新资源稀缺、生态环境压力以及绿色创新政策起到了一定作用有关，尤以中部地区增长更为明显，从最初的0.817增至0.941，年均增长2.0%。

分省份来看，由图3-2可知，考虑环境效应的中国各省份工业企业技术创新效率值均高于传统技术创新效率值，预示近年来中国工业企业在绿色技术研发和降低污染物排放等方面取得了一定成效，但创新对经济发展的影响还有待较大提升。两种情形下各省份创新效率的省际排名发生了些许变化，但Pearson相关性分析表明，两种排序的相关系数高达0.851，且在1%的检验水平下显著，表明技术经济转化水平较高地区在技术向环境效益转化过程中也具有一定优势，经济效率越高地区环境技术水平也偏高。环境约束下效率排名靠前的省份为北京、广东、海南、吉林和新疆，北京和广东省创新效率分别高达1.077和1.041，是中国工业企业创新的领跑者，这些地区在经济基础、技术水平、市场开放度和制度安排等方面具有明显优势，使得创新效率接近于最优水平。海南、吉林则以农业和旅游业为主导产业，在生态环境保护方面成效显著，且通过较少创新投入实现了一定的经济产出，从而使得效率值也处于全国领先水平。效率排名靠后的省份为黑龙江、陕西、山西、江苏和湖北等，黑龙江、陕西省和山西省工业企业创新效率值分别为0.638、0.661和0.712，是中国工业企业创新效率损失的主要地区。传统效率排名靠前的省份为广东、河北、吉林、河南和内蒙古，排序靠后的省份则为黑龙江、陕西、山西、宁夏和江苏,这再次印证了两种排序的高度正相关性。值得注意的是,海南省工业企业传统效率均值为 0.879,位居全国第 14 位,而考虑环境约束下的工业企业创新效率值高达 1.077,位居全国第 3 位。表明海南省在技术促进环境优化方面处于全国领先地位,但在技术转化为经济增长方面还有一定提升空间,海南省近年来大力发展现代农业和生态旅游业,环境保护较为完善,但工业发展仍相对落后,从而得到上述结论。

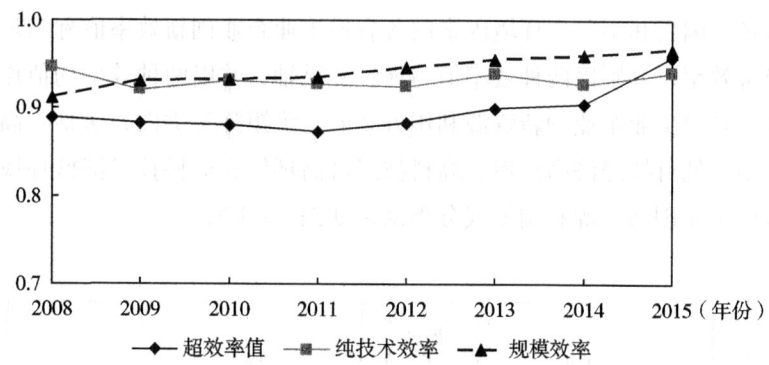

图 3-3　环境约束下中国企业技术创新效率值分解（2008~2015 年）

环境约束下中国各省份工业企业技术创新效率可进一步分解为纯技术效率和规模效率,以期分析各省份工业企业创新的技术有效和规模有效性,确定环境约束下中国工业企业创新效率低下的真实根源,到底是因地区工业企业管理水平低下导致,还是因创新投入规模不经济造成。图 3-3 给出了环境约束下中国各省份工业企业技术创新效率分解结果,我们发现,考察期内全国工业企业的纯技术效率和规模效率均徘徊于 0.9 左右,2008 年纯技术效率高于规模效率,2009 年之后,规模效率均高于纯技术效率,规模效率呈现微幅增长的趋势,而纯技术效率则增减交错,不过总体较为平稳。由此可知,为了提升中国企业创新效率水平,需从纯技术效率和规模效率两方面着手。一方面,需继续优化企业内部组织架构,加强优秀企业文化和价值观理念建设,提高企业管理水平;另一方面,需进一步优化要素资源投入规模和比例,减少资源的冗余浪费,实现环境约束下中国各省份工业企业创新效率的整体提升。值得注意的是,考察期内山西、黑龙江和陕西工业企业的规模效率均值已接近于最优水平,而纯技术效率均值仅位于 0.7 左右,企业管理水平低下是该地区企业创新效率损失的主要原因。江苏省工业企业纯技术效率均值则高达0.981，在技术创新制度建设与管理水平方面优势明显，但其规模效率均值仅为0.751，因而需适度控制投入规模，合理配置创新资源，从而实现工业企业创新效率的不断提升。其他地区工业企业则在纯技术效率和规模效率方面均还有一定的改进空间。

二、环境约束下各省份企业创新资源利用模式分类

为了进一步分析创新资源的利用方式与科技经济、环境之间的关系，我们分别将包含环境因素和不包含环境因素的各省份工业企业创新效率值称为环境效率和科技经济效率，分别以两种效率值为横轴和纵轴，并以两种效率均值作为分界点，建立各省份工业企业创新资源利用方式的二维矩阵分类图，包括：高科技经济低环境型、低科技经济高环境、高科技经济高环境和低科技经济低环境四种模式，各省份企业创新资源利用模式分类结果如图3-4所示。

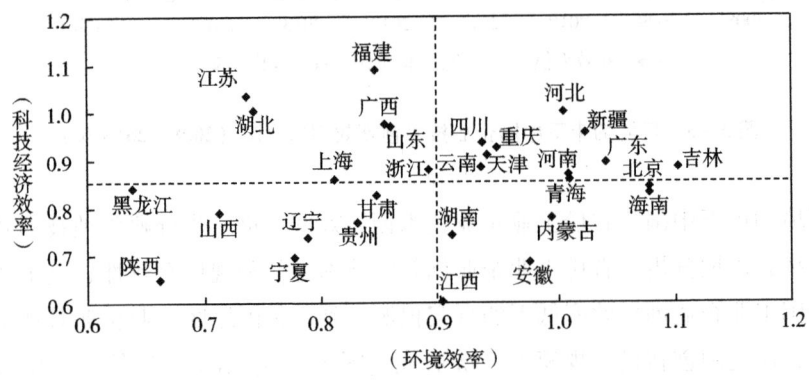

图3-4　2008~2015年中国各省份企业创新资源利用模式

（1）高科技经济低环境型。包括：江苏、浙江、山东、上海、福建、湖北和广西七个省份，约占全国23.3%，主要来自东部沿海发达省份和少数经济发展较好的中西部省份。这些地区工业企业技术创新的经济效应较为明显，在技术推动经济发展过程中成效显著，江苏、浙江、山东无论是主营业务收入还是新产品销售收入指标，均领先于全国大多数地区。但在技术转化为环境效益过程中存在瓶颈，本章将绿色专利、单位工业GDP的碳排放量、三废污染物等纳入研究框架，发现这些地区的环境效率处于全国较低水平，关注地区工业经济发展，而忽略了对环境的改善,环境污染问题并未引起高度重视。未来需注重技术创新的环境影响,加大对绿色技术的研发和使用,将清洁生产和末端治理技术及理念进行推广和扩散,减少污染物的排放,实现工业企业科技经济与环境的协调发展。

(2) 低科技经济高环境型。包括:北京、海南、湖南、内蒙古、江西和安徽六个省份,约占全国的20%。主要来自中西部省份和北京、海南等地区。这些地区在技术创新促进环境效益转化过程中运转良好,如海南、内蒙古等地区,工业企业创新投入并不多,但在既定投入基础上,实现了一定的经济产出和环境改善。也可能与该地区产业结构有关,这些地区正处于工业化初中期发展阶段,在产业布局过程中,没有沉重的历史包袱,为污染性较小行业的发展提供了一定空间和条件。北京近年来环境治理取得了一定成效,关闭整顿了大量污染型工业企业,并将一些劳动密集型企业转移到北京周边地区,实现京津冀协同一体化发展。值得注意的是,这些地区在技术创新促进经济效应转化方面,还有较大提升空间,我们不能牺牲环境来发展经济,同时也不能只为了环境友好而忽视了工业经济发展。为此,须在保持环境友好优势的同时,注重技术的产业化和商业化活动开展,根据区域自然禀赋、技术优势等,发展具有特色、差异化的绿色制造业,并通过高技术制造业改造传统农业和服务业,实现产业结构升级和工业经济可持续发展。

(3) 高科技经济高环境型。包括:广东、天津、河北、四川、重庆、吉林、河南、云南、青海和新疆十个省份,约占33.3%,属于集约型创新发展模式。广东省不仅创新投入居全国首位,在新产品销售收入和主营业务收入等产出指标方面,也位居全国首位,绿色专利、单位GDP污染物方面也处于全国较优水平,从而使得技术创新的经济和环境效率相对较高。云南、青海、吉林、新疆等地区研发投入较少,但这些地区也实现了一定的经济产出,且环境污染并不严重,本章从效率角度进行分析,发现这些地区迈进了高科技经济高环境型发展模式阶段。需要注意的是,DEA模型测算的是各省份企业技术创新的相对效率,这里所指的高科技经济高环境型模式只是相对于2008～2015年全国范围而言,一旦样本时间和比较对象(与国外发达城市对比)发生变化,结果可能会存在差异。因此这些地区需在保持自身优势的同时,从相对薄弱环节入手,扬长避短,不断提升企业技术创新水平。

(4) 低科技经济低环境型。包括:黑龙江、山西、辽宁、陕西、宁夏、贵州和甘肃七个省份,约占23.3%。主要来自中西部地区或东北地区,这些地区不仅在技术向经济转化过程中运转不畅,而且技术对环境优化的影响也没有充分发挥出来,是中国工业企业创新效率关注的重点地区。与四川和重庆相比,陕西的研发人员和经费投入与之相差无几,但陕西在新产品销售收入、绿色专利以及单位 GDP 的"三废"污染物等产出指标方面明显处于劣势,使得陕西省创新资源利用模式处于低科技经济低环境型。此类地区需双管齐下,在技术经济转化和环境效益方面做出改进,由双低型过渡到一高一低型创新模式,最终向双高型发展方式转变。或者直接由双低型向双高型模式转变,但这需要地区拥有较强的技术和经济基础作为保障,如陕西和辽宁等,促进企业技术向经济和环境效益转化。

三、中国各省份企业创新无效率值的投影分析

由表 3-2 可知,2015 年河北、辽宁、上海、江苏、浙江、福建、海南、山西、黑龙江、湖北、湖南、内蒙古、贵州、云南、陕西、甘肃和宁夏 17 个省份工业企业技术创新 DEA 无效,这些省份存在不同程度的投入冗余和产出不足情形。为此,需采用 DEA 投影分析法(Charnes 等,1978;赵树宽等,2013),对样本投入产出量进行改进,使其处于最佳前沿面上,从而达到最优投入产出水平。设公式(3-1)中 CCR 模型的最优解为 λ_0、S_0^-、S_0^+、θ_0,决策单元 DMU_0(指上述 17 个省份工业企业)的投入产出量 (X_0, Y_0) 在有效前沿面上的"投影"为 $(\hat{X}_0, \hat{Y}_0)$,若决策单元 DMU_0 为 DEA 无效,则其投入产出指标的改进量分别为 $\hat{X}_0 = \theta_0 X_0 - S_0^-$,$\hat{Y}_0 = Y_0 + S_0^+$,故投入冗余度 $\Delta X = X_0 - \hat{X}_0 = (1-\theta_0) X_0 + S_0^-$,产出不足量 $\Delta Y = \hat{Y}_0 - Y_0 = S_0^+$,通过计算 2008~2015 年各省份 $\Delta X/X_0$、$\Delta Y/Y_0$,得出 DEA 无效决策单元的投入冗余率和产出不足率均值,结果如表 3-2 所示。

表3-2 DEA 无效省份企业创新投入产出投影分析均值结果(2008~2015 年)

地区	投入冗余率($\Delta X/X_0$)(%)				产出不足率($\Delta Y/Y_0$)(%)					
	$\Delta X_1/X_{01}$	$\Delta X_2/X_{02}$	$\Delta X_3/X_{03}$	$\Delta X_4/X_{04}$	$\Delta Y_1/Y_{01}$	$\Delta Y_2/Y_{02}$	$\Delta Y_3/Y_{03}$	$\Delta Y_4/Y_{04}$	$\Delta Y_5/Y_{05}$	$\Delta Y_6/Y_{06}$
北京	3.0	1.7	2.5	1.7	0.7	0	0	0	4.5	0
天津	18.7	10.6	11.8	8.3	0	0	0	30.7	88.5	0
河北	2.7	1.0	1.0	1.0	4.4	0	0	10.8	15.4	26.0
山西	30.9	38.4	40.7	29.6	3.5	4.5	0	0	61.3	283.9
内蒙古	7.1	2.3	2.1	2.1	3.4	10.7	0	5.4	0.0	10.7

续表

地区	投入冗余率 ($\Delta X/X_0$)(%)				产出不足率 ($\Delta Y/Y_0$)(%)					
	$\Delta X_1/X_{01}$	$\Delta X_2/X_{02}$	$\Delta X_3/X_{03}$	$\Delta X_4/X_{04}$	$\Delta Y_1/Y_{01}$	$\Delta Y_2/Y_{02}$	$\Delta Y_3/Y_{03}$	$\Delta Y_4/Y_{04}$	$\Delta Y_5/Y_{05}$	$\Delta Y_6/Y_{06}$
辽宁	36.1	21.1	43.8	33.8	14.3	0.6	0	170.3	61.7	33.9
吉林	1.0	3.9	6.1	3.5	2.3	0	0	9.2	2.0	0
黑龙江	45.6	59.1	36.2	36.2	0	23.0	0	5.7	2.9	6.8
上海	37.2	18.9	29.3	33.7	0.5	0	0	0	150.1	3.2
江苏	26.3	29.3	26.3	27.3	0	0	0	23.0	1000.7	625.8
浙江	10.9	27.5	26.1	11.4	0	0	13.2	167.8	510.5	186.5
安徽	5.2	8.6	21.3	8.2	0	0	0	7.8	0.1	15.7
福建	17.3	26.7	15.4	16.6	0.7	5.4	0	56.5	26.8	22.7
江西	15.2	17.7	12.4	12.4	16.6	1.0	0	47.3	0.0	28.1
山东	16.8	16.6	14.2	14.8	1.6	0	0	128.3	223.7	91.3
河南	2.4	27.4	1.9	1.9	0	6.9	0	1.0	39.9	4.9
湖北	26.3	37.1	35.3	26.6	0	0	0	136.4	91.8	92.4
湖南	10.8	14.3	12.8	9.0	0	0	0	0	95.1	155.0
广东	1.9	8.6	0.6	0.6	0	0.2	0	60.4	30.8	0
广西	15.1	18.1	35.1	17.2	0	0	0	6.3	22.5	129.8
海南	4.8	6.0	2.2	2.2	1.0	0.0	1.0	0	0	20.1
重庆	10.4	15.1	27.6	7.3	0	0	11.8	10.9	0	23.4
四川	6.4	13.1	21.8	9.6	0	10.0	0	53.1	151.9	186.3
贵州	18.7	21.7	47.3	17.9	0	17.6	0	9.2	4.5	239.4
云南	6.6	14.9	7.1	12.3	0	9.8	0	3.0	0	168.8
陕西	36.4	48.1	33.9	34.4	0	16.3	0	133.5	0	19.7
甘肃	23.9	26.0	23.4	15.3	0	0	0	2.9	32.7	136.5
青海	1.7	2.8	0.8	0.8	3.7	0	0	2.5	0	17.8
宁夏	27.9	25.3	44.7	22.3	0	0	0	0.9	243.4	331.4
新疆	1.9	3.5	2.6	1.9	0	6.2	0	0	0	29.0
东部	16.0	15.3	15.7	13.8	2.1	0.6	1.3	58.9	192.1	91.8
中部	17.2	25.8	20.8	15.9	2.8	4.4	0.0	25.9	36.6	73.4
西部	14.2	17.3	22.4	12.8	0.3	6.8	1.1	20.7	41.4	117.5
全国	15.6	18.9	19.5	14.0	1.6	3.9	0.9	36.1	95.4	96.3

由表 3-2 可知，从全国来看，在投入指标冗余方面，引进消化吸收费用（X_3）和研发人员全时当量指标（X_2）投入冗余率相对较高，分别为 19.5% 和 18.9%。在产出不足率方面，单位 GDP 的工业"三废"（Y_6）和单位 GDP 的工业碳排放量（Y_5）产出不足率相对较高，分别高达 96.3% 和 95.4%，绿色专利申请数（Y_4）的产出不足率也高达 36.1%，其他三个传统创新产出指标（$Y_1 \sim Y_3$）的产出不足率可以忽略不计。由此可见，当前要素资源配置优化的重点是引进消化吸收费用以及研发人员等指标，减少资源的冗余浪费，与此同时，注重技术创新的环境效益，研发并使用清洁生产技术，降低工业"三废"污染物和碳排放量，实现全国各省份工业企业技术创新活动均达到最优水平。分区域来看，东部地区企业研发经费和研发人员等四个投入指标均存在冗余现象，分别为 16.0%、15.3%、15.7% 和 13.8%。在产出指标方面，单位 GDP 的工业碳排放量（Y_5）不足率高达 192.1%，其次是单位 GDP 的工业"三废"（Y_6），不足率为 91.8%。中部地区投入冗余情形与全国情形类似，只不过前者冗余度略高一些，但在产出方面，中部地区产出不足率相对偏低，单位 GDP 的工业"三废"（Y_6）不足率最高，为 73.4%。西部地区引进消化吸收费用（X_3）和研发人员全时当量指标（X_2）投入冗余率相对较高，分别为 22.4% 和 17.3%。在产出方面，单位 GDP 的工业"三废"（Y_6）不足率高达 117.5%，需引起高度关注。

分省份来看，中国各省份工业企业投入冗余和产出不足率差异明显。北京、青海、新疆、内蒙古等地区无论是投入冗余还是产出不足率偏低，工业企业创新资源利用水平较高。这可能与北京近年来大力整顿环境污染、不断调整产业布局、大力发展高技术服务业有关。青海、新疆、内蒙古等地区碳排放和污染物存量不高，这些地区大力发展医药制造、风力发电等产业，市场导向明确，使得有限创新资源得到充分利用和转化。广东省工业企业研发投入冗余率也偏低，仅研发人员存在 8.6% 的冗余，其他要素资源配置已接近于最优水平。在产出方面，单位 GDP 的碳排放和三废污染物产出不足率分别为 60.4% 和 30.8%，技术创新促进节能减排活动还有较大发展空间。江苏、浙江和陕西等地区在创新各投入指标方面均有 20%~30% 的冗余率，在创新产出指标方面，江苏省单位 GDP 的工业碳排放量（Y_5）和单位 GDP 的工业"三废"（Y_6）不足率分别为 1000.7% 和 625.8%，陕西则在绿色专利申请数（Y_4）方面产出不足率较高，为 133.5%，浙江省工业企业三个环境产出指标（Y_4、Y_5、Y_6）产出不足率均明显偏高，分别为 167.8%、510.5% 和 186.5%，这也与全国工业企业产出不足情形类似，未来需加强技术向环境效益转化的引导和激励工作，通过政策诱导和市场倒逼等方式，使各地区工业企业重视绿色技术创新活动的开展和效率提升。山西、黑龙江等中西部地区则在创新投入冗余方面较为严重，部分指标冗余率高达59.1%，但在创新产出方面相对较好，不足率明显偏低，需合理配置要素投入比例，适度控制创新规模等。

第四节 环境约束下企业创新效率影响因素回归分析

一、计量模型构建

本章采用动态面板 GMM 模型对影响因素进行检验。主要原因有：一是由于可能遗漏一些重要的解释变量，使得回归结果不够稳健，因而需引入滞后期效率值。二是政府支持、环保投入等变量可能与企业绿色创新效率之间存在内生性，如政府支持的调整引起企业绿色创新产出和效率变化，反过来，部分企业为了获取政府支持而从事研发或包装创新项目（肖文、林高榜，2014），企业创新也可能会影响政府资助。为此，需将政府支持、环保投入强度等指标的滞后期值作为工具变量，进行动态面板系统 GMM 估计，它非常适合于截面较宽和时间较短的样本数据（余泳泽、刘大勇，2013）。下面，以考察期内中国各省份企业绿色创新效率值（TE_{it}）为被解释变量，上述影响因素为解释变量，构建绿色创新效率影响因素的面板回归模型，具体如下：

$$TE_{it} = \alpha_0 + \alpha_1 TE_{it-1} + \alpha_2 SCALE_{it} + \alpha_3 INNO_{it} + \alpha_4 COORP_{it} + \alpha_5 GOVNM_{it} +$$
$$\alpha_6 IPP_{it} + \alpha_7 ENVIR_{it} + \alpha_8 FDI_{it} + \alpha_9 FINAN_{it} + \varepsilon_{it} \quad (3-4)$$

这里，α_0 为常数项，$\alpha_1 - \alpha_9$ 为影响因素的回归估计系数，ε_{it} 为随机误差项。

二、回归结果分析

利用动态 GMM 模型对 2008~2015 年中国各省份工业企业数据进行效率影响因素的回归分析，结果见表 3-3。表 3-3 第 2~4 列为面板固定、随机效应以及面板随机 Tobit 模型下的回归结果，表 3-3 第 5 列为动态面板系统 GMM 估计结果，自回归（AR）伴随概率分别为 0.104，且 Sargan 检验值的伴随概率为 0.999

(大于0.05),表明本章选取的工具变量有效。系统GMM估计的Wald卡方值达到392.19,参数联合检验结果优于静态面板模型。与GMM估计结果相比,第2~4列中部分变量的影响不再显著,这是由于变量间存在内生性而造成。表3-3中的第6列是在第5列的基础上,增加了知识产权保护的平方项,我们发现模型AR(2)和Sargan值的伴随概率均大于0.05,且此时系统GMM估计的Wald卡方值高达1431.88,结论稳健。下面以表3-3第6列结果进行解释。滞后期效率值在1%的检验水平下与当期效率值正相关,表明考虑动态滞后效应是正确的,且预示中国企业绿色创新效率提升是循序渐进的过程,需将绿色研发和成果转化活动作为一项长期的工作持续开展,并上升到企业重要发展战略层面,给予充分的人力物力支持以及信任,方能不断提高企业技术创新水平。

表3-3 2008~2015年效率影响因素回归结果

变量	(1) 面板固定	(2) 面板随机	(3) 面板Tobit	(4) 系统GMM	(5) 系统GMM
滞后期效率值				0.361*** (6.99)	0.195*** (5.28)
企业规模	-0.104*** (-3.22)	-0.055** (-2.03)	-0.067*** (-2.34)	-0.015 (-1.11)	-1.109*** (-4.98)
创新氛围	0.573*** (3.14)	0.308* (1.83)	0.371** (2.16)	0.532*** (6.72)	0.457*** (2.77)
产学研合作	-8.525 (-1.03)	-0.728 (-0.10)	-2.986 (-0.39)	-0.708 (-0.11)	-0.501 (-0.05)
政府支持	-0.484 (-1.36)	-0.840*** (-2.90)	-0.725** (-2.38)	-0.383** (-2.32)	-1.109*** (-5.05)
知识产权保护	0.094 (1.04)	0.165** (2.16)	0.143* (1.82)	0.056 (1.14)	0.340** (2.15)
知识产权保护平方项					-0.039** (-2.04)
环保投入强度	-1.558 (-0.56)	-2.402 (-0.88)	-2.034 (-0.77)	-0.183 (-0.08)	-0.598 (-0.26)
外商投资	0.020 (0.25)	-0.117** (-1.99)	-0.088 (-1.37)	-0.187*** (-5.93)	-0.241*** (-8.46)
金融环境	-0.045* (-1.75)	-0.049** (-1.96)	-0.047* (-1.94)	-0.057*** (-7.50)	-0.045*** (-4.62)

续表

变量	(1) 面板固定	(2) 面板随机	(3) 面板Tobit	(4) 系统GMM	(5) 系统GMM
常数项	1.462 ***	0.892 ***	1.047 ***	0.527 ***	0.801 ***
	(3.41)	(2.58)	(2.84)	(2.63)	(2.70)
模型检验值	F = 3.22, P = 0.002	Wald = 26.89, P = 0.000	Wald = 26.35, P = 0.000	AR (2) = 0.104	AR (2) = 0.155
	R - sq = 0.113	R - sq = 0.175	Log likelihood = 210.481	Sargan test = 0.999	Sargan test = 0.995

注：表中第2列括号里的数字为t统计量；其他列括号里的数字为z统计量，"*""**""***"分别代表1%、5%和10%的显著性水平。

①企业规模对工业企业绿色创新效率起明显阻滞作用，与 Scherer 和 Ross （1990）的结论一致。企业规模越大，管理层级化和官僚化越明显，制约了创新效率提升。规模较大企业主要为一些基础设施或资源型行业，这类企业创新能力有限，污染排放物较多。因此，对于当前我国企业片面追求经济规模，扩大生产能力的做法需保持谨慎态度，与之相反的是，我国企业纵向一体化规模扩张反倒并不多见。当前我国企业较多谋求海外扩张或多元化发展战略，而将上游核心零部件生产转为研发自制的企业较为少见，因此企业规模的内在结构也需做优化和调整，对一些效益不好的集团子公司需采取适当的兼并重组或市场退出战略，将重点放在企业核心技术和产品上，避免受制于人。②创新氛围在1%的检验水平下与创新效率正相关，与冯伟等（2014）的结论一致。创新氛围每提升1个单位，中国工业企业创新效率将增加 0.457，从事研发活动的企业越多，市场竞争越激烈，且彼此交流合作的机会增多，促进了企业创新效率的提升。当前我国企业最大的问题是急功近利，创新氛围不浓。很多企业为了避免财务困境，常常将资金用于购置地产，待财务吃紧时卖出，这一进一出带来的收益甚至不比创新收益低。企业忙于赚快钱的现象较严重，能够买来的技术绝不研发，长此以往，我国企业技术研发能力并未得到有效提升，反而与国外的差距越来越大。因此，营造良好创新氛围，树立"不创新就是等死"的理念，引导和支持企业潜心深入地开展技术研发和成果转化工作至关重要。③产学研合作对环境约束下工业企业创新效率的影响并不显著，由于产学研合作利益分配机制不完全确定，各方的目标诉求不一致，高校和科研单位关注研究成果的论文发表，而企业担心因此技术

泄密而无法获得垄断收益。当前产学研合作更关注技术或产品的经济效益，对环境重视不够，削弱了产学研合作对企业绿色创新效率的影响。为了解决好科技和经济两张皮现象，有必要大力开展产学研合作，协调好产学研合作各方的利益和诉求，促进实验室技术向市场需要的产品和服务转化。④政府支持与企业绿色创新效率显著负相关，与 Guan 和 Chen（2010）、肖文和林高榜（2014）的观点类似。政府资助往往青睐大型国有企业，这些企业不缺资金，政府资金会对企业资金形成挤出效应，而具有良好创意的中小科技型企业急需资金却融资困难。政府部门关注一些长期战略和经济环境价值的技术创新，与企业追求短期经济效益并不一致，且现实中政府资金缺乏有效监管，得到上述结论。⑤创新效率与知识产权保护强度呈显著倒"U"型关系，这与吴超鹏和唐茜（2016）的结论不一致，而与刘思明等（2015）的观点类似。吴超鹏、唐茜（2016）的知识产权保护执法强度是从行政执法、司法保护和执法效果等方面衡量，创新指标为 2006～2013 年上市公司研发支出和专利产出，且并未考虑创新与知识产权保护之间的非线性关系。刘思明等（2015）的知识产权保护强度测算方法与本章类似，但其分别以 2000～2010 年工业企业新产品销售收入和专利产出为被解释变量，本章则是 2008～2015 年各省份工业企业绿色创新效率。效率与知识产权保护强度之间倒"U"型关系的拐点为 $x = -b/2a = 0.340/(2 \times 0.039) = 4.359$。数据整理发现，2015 年北京和上海知识产权保护强度达到最大值（4.180），不超过拐点 4.359，即所有样本数据均位于拐点的左侧，预示当前知识产权保护水平对绿色创新效率起明显的促进作用。⑥环保投入强度对效率的影响并不显著，与部分学者（宋马林、王舒鸿，2013；李婉红，2017）的观点不相吻合。宋马林、王舒鸿（2013）的研究对象为环境效率，而非绿色创新效率。李婉红（2017）则是分析环保投入强度对绿色专利产出的作用，而本章分析环保投入强度对企业绿色创新效率的影响，使得结论存在差异。另外，环保投入强度与污染排放之间可能存在内生互动性，环保投入越大，预示工业污染也越大（张可等，2016；张军扩，2014），抵消了环保投入对效率的积极影响。⑦外商投资与企业绿色创新效率显著负相关，与戴静等（2014）的研究结论相反。主要原因在于其是以企业传统创新效率为被解释变量，而本章分析外商投资对企业绿色创新效率的影响。外商投资在带来技术溢出和示范效应的同时，也加重了东道国的环境污染，在资源环境约束下，外商投资对技术创新的作用是有限的。在当前特朗普提倡减税、外资回流之际，我国需进一步改善招商引资工作，不能盲目招大商引大资，也不应有排外情绪。需考虑园区技术需求和产业集群匹配度，实现产业关联和技术扩散效应。并守住环境保护的底线，不能降低外资进入的技术门槛，从而更好促进我国企业技术创新水平的整体提升。⑧金融环境对绿色创新效率起阻滞作用。各地区金融贷款水平越高，效率反而越低。金融机构受地方政府信贷政策的干预，倾向投资一些见效快、风险小的生产性项目，如基础设施建设、房地产，使得金融环境对创新效率促进作用并未得到发挥。另外，存在一些资金在金融系统内部循环等现象，并未流向实体经济，且存在一定的资产泡沫和金融风险。未来需更多引导金融资本投向实体经济，尤其是科技型中小企业，激发金融促进创新的活力。

本章小结

本章将绿色专利申请数、工业碳排放量以及工业"三废"污染物排放量等指标纳入工业企业创新效率研究框架，构建超效率DEA模型和动态面板GMM模型测算分析中国各省份工业企业绿色创新效率差异、效率损失来源及其影响机制。研究结果表明：①2008～2015年全国工业企业绿色创新效率均值为0.896（最大值1.329），还有较大的提升空间。各省份绿色创新效率差异明显，中国东部、西部和中部地区企业效率值依次递减。两种情形下省际效率排名高度正相关，表明经济效率偏低的省份环境技术创新水平也低下。②属于低科技经济低环境型的省份企业约占23.3%，主要来自中西部或东北地区，还有43.4%的省份企业在技术的经济效益转化（如海南、湖南、内蒙古等）或环境效益转化方面（如江苏、湖北和广西等）存在效率损失。中国引进消化吸收费用和研发人员全时当量指标投入冗余率相对较高，单位GDP的工业"三废"和碳排放量产出率严重不足，是中国工业企业效率损失的主要原因，各省份无效率来源差异明显。③创新氛围对绿色创新效率起明显促进作用，效率值与知识产权保护强度呈倒"U"型关系，当前各省份知识产权保护水平均位于拐点的左侧，知识产权保护有利于效率提升。企业规模、政府支持、外商投资和金融环境对效率起阻滞作用，产学研合作和环保投入强度的影响不显著。以上结论蕴含的启示如下：

（1）将环境效应指标纳入工业企业技术创新效率框架，构建涵盖科技、经济与环境的企业三维创新评估体系，促进科技向经济、环境效益的转化。我国各省份，尤其是黑龙江、陕西和山西等地区，绿色创新效率还有较大提升空间。需努力加快技术变革的步伐，营造良好的创新氛围，加强与发达地区企业的技术经验交流与合作。两种效率省际排名的正相关性，要求我们对效率落后的中西部地区给予政策帮扶，缩小中西部与东部地区之间的技术差距。

（2）对于高科技经济低环境型地区，需加大对绿色清洁生产和末端治理技术的研发和使用，并开展绿色环保讲座进社区活动等。低科技经济高环境型地区需从企业技术的经济效益转化入手，以市场为导向，关注技术或产品的市场价值。低科技经济低环境型地区，则需双管齐下。控制消化吸收费用和研发人员等要素的投入规模，适度提高 R&D 经费内部支出占工业 GDP 比重，侧重基础研究的投入与管理。开发利用太阳能、风能等可再生资源，提高化石能源转换效率等。

（3）各地区需营造公平公正、宽容失败的创新氛围。加大对科技型中小企业的金融支持力度，通过发放创新券补助企业向高校购买所需的科技信息服务，支持企业开展产学研合作。加大知识产权保护力度，重视对绿色技术的价值评估和拍卖转移，打击仿冒商标、盗版等侵权行为。加大对环保资金的投入与审计，严格控制引进企业污染排放上限，促进我国经济与环境的协调发展。

第四章 环境约束下企业创新效率研究拓展——基于两阶段价值链视角

第一节 环境约束、两阶段共享投入与企业创新效率

一、理论模型

Brown（1999）指出，世界各国都必须从长远角度考虑本国城市的发展，走生态化创新发展道路。绿色技术创新活动由一系列子过程组成，这些子过程之间具有复杂的内在关系，缺一不可。根据两阶段创新价值链理论，创新活动可分解为绿色研发和成果转化两阶段，如图4-1所示。绿色研发阶段为工业企业、科研院所以及高等院校一起参与的过程，该阶段主要涉及绿色研究设计、开发、测试以及"干中学"等活动（Guan and Chen，2010；肖仁桥等，2014），是创新投入向专利等中间产出转化的关键环节。成果转化阶段则是以企业为主导，政府、高等院校和科研院所辅助的过程，通过持续开展原始创新和技术研发活动，实现专利和技术水平的提高，并在此基础上开展引进、消化吸收再创新等活动，提升企业技术成果转化的能力，从而将更多的科技成果转化为经济产出，并减少工业污染物和二氧化碳的排放，引导企业向绿色创新发展方式转变，实现科技与经济、环境的融合共同发展。该过程的运行则与企业的营销、商业策划以及制造等活动相关。值得注意的是，研发创新投入不仅有利于专利等中间产出的涌现，同时会对经济、环境效益转化产生直接影响，且引进技术消化吸收活动及费用投入也会对两阶段产出具有积极作用，故初始绿色创新投入（包括研发人力和经费投入）实质上按一定分配

比例在两阶段间实现共享（陈凯华、官建成，2011；叶锐等，2012）。

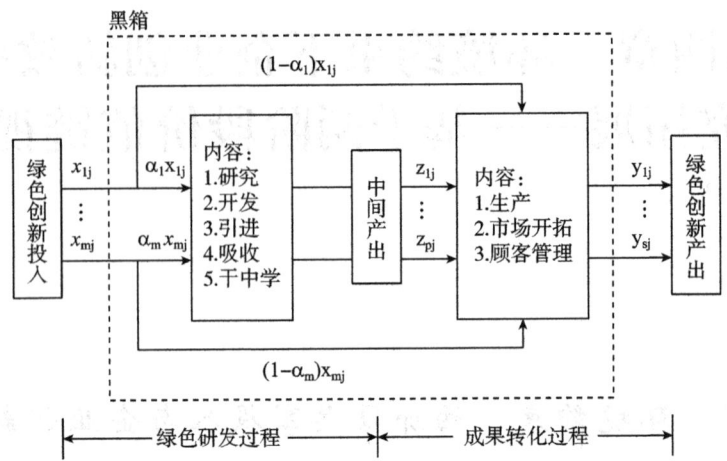

图 4-1　基于共享投入关联的工业企业两阶段绿色创新活动

根据绿色技术创新过程的两阶段性，可测算工业企业绿色研发和成果转化效率。其中，绿色研发效率为科技产出（如专利等）与一定比例的研发创新投入（如研发人员全时当量等）之比，体现出企业利用创新资源、提升科技研发能力的水平，也是我国自主创新能力建设的重要环节（钱丽等，2015；Kao and Hwang，2010）。本章将单位 GDP 的工业二氧化碳排放量和工业"三废"污染物排放量纳入工业企业技术创新效率测算指标体系，成果转化效率是绿色创新产出（包括技术创新经济和环境效益产出）与科技成果产出和剩余部分研发创新投入之和的比，衡量工业企业利用科技资源和剩余研发投入，将其转化为绿色经济产出的能力（肖仁桥等，2014）。总之，对两阶段共享投入关联视角下绿色技术创新过程进行分析，有利于揭示出创新系统内部低效率的具体环节，可为企业开展绿色技术创新活动提供科学的决策依据。

下面对企业绿色创新效率的影响因素进行分析，主要从绿色创新内部驱动和外部驱动进行展开论述（肖文、林高榜，2014；Arfi 等，2018）。在内部创新驱动方面，企业创新的规模效应（孙晓华等，2017；Scherer and Ross，1990）、内部创新氛围和文化（Amabile 等，1996；冯伟等，2014）以及产学研合作创新力度（Guan and Chen，2012；钱丽等，2018）等变量是影响企业绿色创新效率提升的关键因素，也是企业技术创新活动顺利开展的基础条件。企业规模效应为研发成本分摊回收提供了必要的经济基础，企业只有先度过生存期，才可能考虑追加研发投入。良好的创新氛围和企业文化有利于企业在开放竞争的环境中，培养正确的历史使命感和价值认同，以创造人类福祉为己任，持续创新产品和服务。产学研合作则是利用高校、科研院所创新资源，实现技术向产品转化的最佳路径之一，既解决了企业技术难题，缩短了产品研发周期，同时为高校科学研究提供了新的思路源泉和应用领域。外部驱动则主要源于制度经济学理论下的创新效率影响因素，如政府资助（Edquist and Zabala，2015；白俊红等，2009）、知识产权保护（刘思明等，2015；胡凯等，2012；蔡虹等，2014；Park，2008）、环保投入力度（宋马林、王舒鸿，2013；张可等，2016）以及外商投资（戴静等，2014）等，为我国企业绿色技术创新效率的改进提供了必要的外部环境和制度保障。政府研发资助不仅直接对绿色技术创新活动进行资金资助和政策支持，它还通过信用认证信号（王刚刚等，2017），使市场投资者以及银行等金融机构基于对政府评估的信任，为此类企业提供信贷支持。知识产权保护为创新者的利益提供了保障，同时为特许经营和技术转让活动的开展提供了长期合法渠道。具体分析如下：

1. 从内部驱动角度

（1）企业规模。企业规模越大，越有利于企业筹措研发资金，并将创新技术应用于产品市场中，大规模的生产有利于成本分摊以快速回收研发成本，并继续开展下一轮研发活动（Chen 等，2004；孙晓华等，2017）。但规模较大企业由于层级过大，容易导致管理官僚化和效率低下（Scherer and Ross，1990；池仁勇，2003）。Pavitt 等（1987）认为，规模较大企业效率较高，而规模较小的企业创新效率偏低，二者呈"U"型变化趋势。本章将单位工业 GDP 的碳排放量、单位 GDP 的工业"三废"污染物排放量纳入研究框架，认为企业规模越大，越有利于企业绿色研发效率的提升，但由于大企业可能更多涉及煤炭、炼钢以及房地产行业，其带来更多的污染物和碳排放量，对绿色成果转化效率尚不明确，有待进一步检验。

（2）创新氛围。区域内从事技术研发和成果转化活动的企业越多，创新氛围越浓，有利于企业与企业间、企业内部员工之间开展技术交流和学习活动（Amabile 等，1996；冯伟等，2014）。通过迭代思维不断提高员工创造力，并将其潜移默化地根植于企业创新活动的每一个环节，这将有利于绿色创新效率的提升。但由于本章从研发活动的频率来衡量创新氛围,因此创新氛围对绿色研发阶段的影响可能比绿色成果转化阶段效率更为显著。

(3)产学研合作。产学研合作有利于企业充分利用高校和科研机构的原始创新能力,为企业技术产品开发提供可行的技术路线和研究报告,并解决企业的技术瓶颈难题,实现技术的突破和新产品不断涌现(Guan and Chen, 2012)。现实中,我国企业产学研活动的开展更多涉及研发活动,企业迫切希望通过产学研合作活动开展获取更多的先进技术,且更多关注技术的经济转化成本和市场前景,对新技术的环境效益则关注不够,产学研合作对绿色成果转化的影响有待进一步探讨。

2. 从外部驱动角度

(1)政府支持。政府通过拉动基础设施建设、政府设备采购等公共需求,支持企业开展技术创新活动,有效促进了企业创新绩效提升和区域经济增长(Edquist and Zabala, 2015;白俊红等,2009)。不过,政府部门往往更多关注大型国企、基础设施建设和房地产等领域,产业技术水平不高且污染较重。尤其是金融危机以来,为了扩大内需而采取了系列财政刺激政策,但这些国企并不缺乏资金,而缺乏资金支持的中小民营企业则存在融资困难等问题,因此,政府支持对我国企业创新效率的影响还有待检验。

(2)知识产权保护。Schneider(2005)利用1970~1990年47个发达和发展中国家的数据表明,知识产权保护有利于技术创新能力的提升,但对发达国家的创新能力的积极影响更为显著。Fu 和 Yang(2009)基于1990~2002年21个OECD国家的数据,发现知识产权保护有利于发达国家专利创新效率提升。Glass 和 Saggi(2002)基于北方创新和南方模仿的研究框架,认为知识产权保护会限制和打击南方国家的模仿行为,不利于南方国家技术创新水平提升,使得全球创新进展放缓。本章认为,对于发展中国家而言,强化知识产权保护,有利于跨国公司入驻而形成技术溢出效应,知识产权交易也更为顺畅,促进了发展中国家创新能力提升(Maskus, 1998;胡凯等,2012),不过,知识产权交易成果一般为成熟技术,其对成果转化阶段的影响可能更为显著。另外,知识产权保护与创新效率并不一定是线性关系,知识产权保护可能存在最优保护强度(蔡虹等,2014;Park, 2008)。因此,本章拟引入知识产权保护的二次项和一次项进行回归检验,以确定知识产权保护强度对绿色创新效率的影响是否存在拐点。

(3)环保投入强度。为了应对环境污染,各地区政府投入专项环境治理经费，用于支持企业采购清洁生产技术和设备，并对污染排放末端进行处理，减少污染物排放，从源头上进行控制，有效促进了我国工业企业绿色创新水平和环境改善（宋马林、王舒鸿，2013；毕克新等，2017）。不过，由于环境污染可能与环保投入之间具有一定的内生互动性（张可等，2016），较大的污染可能会引致较多的环保投入。由于绿色成果转化阶段包括工业三废、工业二氧化碳等产出指标，因此，污染越大，使得工业企业绿色成果转化效率偏低，因此，环境保护投入可能对企业绿色成果转化效率产生负影响。

（4）外商投资。外商投资对我国企业绿色创新发展具有双重效应（宋马林、王舒鸿，2013；戴静等，2014），一方面，外商投资企业往往采用较为先进的生产技术设备以及管理经验，通过与上下游内资企业的技术合作与交流，使得外商投资对东道国的技术溢出效应明显，有利于我国工业企业绿色研发效率的提升；另一方面，由于我国环境管理能力和环境标准水平低于发达国家，部分外商投资企业把中国大陆当成污染排放的"避难所"，将一些化工、废弃物回收等污染性行业转移到中国，因而，外商投资对绿色成果转化效率的影响还有待检验。

二、研究方法与指标选取

传统的 DEA – CCR 模型以及两阶段 DEA 模型，均未考虑原始创新投入在两阶段的投入共享特征以及资源分配结构（叶锐等，2012；陈凯华、官建成，2011），无法从系统内在结构及其关联性角度对企业绿色创新过程进行深入分析，不能确定效率损失的真实原因。从共享投入关联视角出发，如图 4 – 1 所示，原始绿色创新投入在企业绿色创新两阶段中，按照一定比例进行资源分配和共享。将 2008 ~ 2015 年中国大陆 30 个省份工业企业看作 n 个不同的评价决策单元（以下简称 DMU），各评价决策单元 DMU_j（j = 1, 2, …, n）具有 m 个初始投入 x_{ij}（i = 1, 2, …, m），q 个中间产出 z_{pj}（p = 1, 2, …, q）和 s 个最终产出 y_{rj}（r = 1, 2, …, s）。DMU_j（j = 1, 2, …, n）的初始投入并没有在第一阶段被消耗完毕，而是在两阶段按照一定比例进行合理分配，用 $\alpha_i X_{ij}$ 与 $(1 - \alpha_i) X_{ij}$ 分别表示绿色创新两阶段的可自由支配投入（叶锐等，2012；Chen 等，2018），这里 α_i 和 $(1 - \alpha_i)$ 分别表示初始创新投入在两阶段的投入比例。利用变量 v_i^1、v_i^2（i = 1, 2, …, m）分别表示两部分投入 $\alpha_i X_{ij}$、$(1 - \alpha_i) X_{ij}$ 在各自所处阶段的权重，选取指标 u_r（r = 1, 2, …, s）代表最终产出 y_{rj} 的权重。另外，考虑中间产品再投入等信息，即中间产品不仅是第一阶段的产出,同时是第二阶段创新投入的组成部分之一,分别用 w_p^1、$w_p^2(p=1,2,\cdots,q)$ 代表中间产出(专利、新产品开发项目等)在绿色研发和成果转化阶段中的权重。则评价决策单元 $DMU_j(j=1,2,\cdots,n)$ 第一阶段投入和产出分别为 $\sum_{i=1}^m v_i^1 \alpha_i X_{ij}$ 和 $\sum_{p=1}^q w_p^1 Z_{pj}$,其在第二阶段的投入和产出依次是 $\sum_{i=1}^m v_i^2(1-\alpha_i)X_{ij} + \sum_{p=1}^q w_p^2 Z_{pj}$ 和 $\sum_{r=1}^s u_r Y_{rj}$。

根据运筹学中的线性规划理论(Kao and Hwang,2010),放宽规模报酬不变这一限定,假设规模报酬可变(VRS),此时计算出的是决策单元纯技术效率(Banker 等,1984)。其剔除了规模效应的影响,反映特定政策环境影响下的企业绿色创新管理水平,非常适合不同规模企业之间的比较(陈凯华等,2013)。如无特殊说明,下面效率值均指纯技术效率,则第 k 个评价决策单元 DMU_k 的绿色研发效率 E_k^1 为:

$$E_k^1 = \max \frac{(\sum_{p=1}^q w_p^1 Z_{pk} - \mu_1)}{\sum_{i=1}^m v_i^1 \alpha_i X_{ik}} \qquad (4-1)$$

令 $t = \dfrac{1}{\sum_{i=1}^m v_i^1 \alpha_i X_{ik}}$,利用 Charnes—Cooper 变换(Charnes 等,1978),且令 $V_i^1 \alpha_i = \pi_i^1$,$V_i^2 \alpha_i = \pi_i^2$,即可将分式(4-1)转化为一般线性目标函数形式。于是,我们得出 VRS 情形下,第 k 个评价决策单元 DMU_k(即某年某省份工业企业)的绿色研发效率为下列公式(4-2)的最优值。

$$E_k^1 = \max \sum_{p=1}^q W_p^1 Z_{pk} - \mu_A$$

$$s.t. \begin{cases} \sum_{i=1}^m \pi_i^1 X_{ik} = 1 \\ \sum_{i=1}^m \pi_i^1 X_{ij} - (\sum_{p=1}^q W_p^1 Z_{pj} - \mu_A) \geq 0, j=1,2,\cdots,n \\ \sum_{i=1}^m V_i^2 X_{ij} - \sum_{i=1}^m \pi_i^2 X_{ij} + \sum_{p=1}^q W_p^2 Z_{pj} - (\sum_{r=1}^s U_r Y_{rj} - \mu_B) \geq \\ 0, j=1,2,\cdots,n \\ V_i^2 \geq \pi_i^2 \geq \varepsilon; U_r, \pi_i^1、W_p^1、W_p^2 \geq \varepsilon, i=1,2,\cdots,m \end{cases} \qquad (4-2)$$

这里 $V_i^1 = tv_i^1$、$V_i^2 = tv_i^2$、$W_p^1 = tw_p^1$、$W_p^2 = tw_p^2$、$U_r = tu_r$、$\mu_A = t\mu_1$、$\mu_B = t\mu_2$。式(4-2)测度的是中国各省份工业企业绿色研发效率值,同理,我们得出评价决策单元 DMU_k 的成果转化效率为下列式(4-3)的最优值:

$$E_k^2 = \max \sum_{r=1}^{s} U_r Y_{rk} - \mu_B$$

$$\text{s. t.} \begin{cases} \sum_{i=1}^{m} V_i^2 X_{ik} - \sum_{i=1}^{m} \pi_i^2 X_{ik} + \sum_{p=1}^{q} W_p^2 Z_{pk} = 1 \\ \sum_{i=1}^{m} \pi_i^1 X_{ij} - (\sum_{p=1}^{q} W_p^1 Z_{pj} - \mu_A) \geq 0, j = 1,2,\cdots,n \\ \sum_{i=1}^{m} V_i^2 X_{ij} - \sum_{i=1}^{m} \pi_i^2 X_{ij} + \sum_{p=1}^{q} W_p^2 Z_{pj} - (\sum_{r=1}^{s} U_r Y_{rj} - \mu_B) \geq \\ 0, j = 1,2,\cdots,n \\ V_i^2 \geq \pi_i^2 \geq \varepsilon; U_r, \pi_i^1, W_p^1, W_p^2 \geq \varepsilon, i = 1,2,\cdots,m \end{cases}$$

(4-3)

其中，$V_i^1 = t'v_i^1$、$V_i^2 = t'v_i^2$、$W_p^1 = t'w_p^1$、$W_p^2 = t'w_p^2$、$U_r = t'u_r$、$\mu_A = t'\mu_1$、$\mu_B = t'\mu_2$，$t' = \dfrac{1}{(\sum_{i=1}^{m} V_i^2 X_{ik} - \sum_{i=1}^{m} \pi_i^2 X_{ik} + \sum_{p=1}^{q} W_p^2 Z_{pk})}$。

通过测算中国各省份工业企业绿色研发和成果转化效率值（E_k^1、E_k^2），发现企业绿色创新效率损失的具体环节，有利于针对性创新政策的生成。

下面对研究模型中的指标选取进行说明，本章研究对象为 2008～2015 年中国大陆 30 个省份工业企业，数据来源于历年《中国科技统计年鉴》《中国统计年鉴》《中国环境统计年鉴》以及《中国能源统计年鉴》等。绿色创新效率指标体系则从初始创新投入、中间产出和绿色创新产出等角度进行界定，具体如下：

（1）初始创新投入。学者们一般从研发人力和资金角度进行衡量（余泳泽，2009；张江雪、朱磊，2012），在人力投入方面，选取研发人员全时当量表示，它是企业研发人员数与每人一年内平均工作时间的乘积，能切实反映研发人力的真实投入和利用水平。在资金投入方面，选取研发经费内部支出、引进消化吸收费用和新产品开发经费三个指标。因为当前我国企业技术创新是以自主创新和引进消化吸收再创新为主，因此需将引进消化吸收费用纳入研究框架，在数值上等于技术改造经费、引进技术经费、消化吸收经费与购买国内技术经费之和。与此同时，本章还选取了新产品开发经费支出。由于经费投入具有一定的滞后和累积效应，学者们通常采用存量指标，并用永续盘存法估算存量（Chun 等，2015；肖仁桥等，2014），本章沿用这一做法。测算研发经费存量之前，用研发价格指数（李向东等，2011）进行平减，以 2008 年为不变价，折旧率 $\delta = 15\%$，基期存量则在数值上等于平减后基期 R&D 经费与考察期内 R&D 经费增长率 + 折旧率之和的比值。其他两个经费投入指标也采用存量计算，具体方法与研发经费存量类似，故不再赘述。

（2）中间产出。这里选取有效发明专利数、专利申请数和新产品开发项目数代理（钱丽等，2015；Guan and Chen，2012）。有效发明专利数代表着企业科技创新产出水平，是专利质量的重要表现（陈德球等，2016）。另外，虽然实用新型、外观设计专利的技术含量不及发明专利，但前者也能带来较大的经济效益和产出，且有些专利申请虽未授权，但也能在企业创新发展过程中起到重要的作用，因此还需考虑专利申请量。新产品开发项目数指标则反映企业将创新投入转化为具有创新性项目的能力。

（3）绿色创新产出。从经济和环境产出两方面进行选取（张江雪、朱磊，2012；冯志军，2013）。经济产出方面，采用新产品销售收入和主营业务收入指标。新产品销售收入反映企业产品创新能力，也是企业创新收益性指标，主要体现企业通过技术创新、销售新产品或技术给企业带来收益。有些工艺改进导致的创新效果则并不能用新产品销售收入反映得出，因而还需考虑工业增加值或主营业务收入指标（周亚虹等，2012；肖仁桥等，2018），由于国家统计局从2010年开始，不再公布各省份工业增加值，本章选取主营业务收入表示。在环境产出方面，采用工业碳排放量/工业GDP、工业"三废"污染物/工业GDP指标。这里，工业碳排放量的测算是以原煤、洗精煤、其他洗煤、焦炭、焦炉煤气、其他煤气、原油、汽油、煤油、柴油、燃料油、液化石油气、天然气、热力、电力15种工业能源消耗为基准（周五七、聂鸣，2012），具体公式如下：

$$CO_2 = \sum_{i=1}^{15} EN_i \times NCV_i \times CEF_i \times COF_i \times 44/12 \qquad (4-4)$$

EN_i（i=1，2，…，15）为中国各省份原煤、焦炭、天然气等15种能源消耗量，NCV_i为第i种能源的平均低位发热量，CEF_i为碳排放系数（数据源自IPPC，2006），COF_i为碳氧化因子，数值为1，44/12为二氧化碳的气化系数。在测算工业碳排放量的基础上，然后除以工业GDP（平减过），从而获取单位工业GDP的碳排放量指标值。另外，选取工业废气、工业废水、工业固体废弃物、工业SO_2、工业烟粉尘五个指标，并将其分别除以工业GDP值（平减后），然后采用熵值法（负向标准化），计算得出单位工业GDP的"三废"排放量。由于三废污染物和碳排放量均为非期望产出，因而需采用负向标准化，将其转换为1~100的数值。

效率影响因素指标如下：①企业规模，采用平减后的各省份工业企业总产值与企业数的比值来衡量，且取对数（余泳泽，2009）。②创新氛围，用各省份有研发活动的企业数除以各省份总企业数来测算（冯伟等，2014）。③产学研合作，借鉴 Guan 和 Chen（2012）的做法，采用企业 R&D 经费外部支出中对高校和研究机构投入之和指标，然后除以工业 GDP 来表示。④政府支持，用政府资金占企业研发经费内部支出的比重来表示（肖文、林高榜，2014；钱丽等，2015）。⑤知识产权保护，选取各省份技术市场交易额与 GDP 的比值来表示（胡凯等，2012）。⑥环保投入强度，借鉴张可等（2016）的做法，采用"工业污染治理完成投资额/工业增加值"来表示。⑦外商投资，选取各地区外资企业以及我国港澳台地区企业主营业务收入之和占总主营业务收入的比重来衡量（戴静等，2014）。

三、实证分析

1. 共享投入视角下企业绿色创新效率测度分析

本章基于共享投入关联视角，构建共享投入关联型网络 DEA 模型测算考察期内中国各省份企业绿色创新两阶段效率值，表 4-1 给出了部分年份各省份绿色研发和成果转化效率测算结果。

表 4-1　2008~2015 年中国各省份工业企业绿色研发和成果转化效率测度结果

年份 地区	绿色研发效率						绿色成果转化效率					
	2008	2010	2012	2015	均值	排名	2008	2010	2012	2015	均值	排名
北京	1.000	0.840	0.968	1.000	0.935	8	1.000	1.000	0.877	1.000	0.975	12
天津	1.000	0.898	0.833	0.748	0.892	9	1.000	0.973	0.934	1.000	0.977	11
河北	0.659	0.601	0.641	0.493	0.600	27	1.000	1.000	1.000	1.000	1.000	1
辽宁	0.502	0.563	0.642	0.539	0.583	29	1.000	0.944	1.000	0.924	0.954	16
上海	0.714	0.718	0.919	0.825	0.827	15	1.000	0.964	1.000	0.988	0.988	9
江苏	0.653	0.797	0.968	1.000	0.862	12	1.000	0.924	1.000	1.000	0.979	10
浙江	1.000	1.000	0.997	1.000	0.984	3	1.000	0.983	0.901	1.000	0.958	13
福建	0.705	0.664	0.707	0.739	0.705	20	1.000	0.935	0.895	0.774	0.886	19
山东	0.595	0.618	0.671	0.662	0.661	23	1.000	1.000	1.000	1.000	1.000	1
广东	0.877	1.000	1.000	1.000	0.980	5	1.000	1.000	0.955	1.000	0.994	7
海南	1.000	1.000	1.000	0.898	0.986	1	1.000	1.000	1.000	0.914	0.954	15
山西	0.592	0.522	0.495	0.445	0.506	30	0.907	0.687	0.668	0.923	0.777	26
吉林	0.804	0.524	0.642	0.470	0.647	25	1.000	1.000	1.000	1.000	1.000	1

续表

年份 地区	绿色研发效率						绿色成果转化效率					
	2008	2010	2012	2015	均值	排名	2008	2010	2012	2015	均值	排名
黑龙江	0.740	0.677	0.587	0.486	0.627	26	1.000	0.644	0.646	0.595	0.692	30
安徽	0.941	1.000	1.000	1.000	0.986	2	0.690	0.801	0.833	0.909	0.806	24
江西	0.695	0.621	0.573	0.718	0.657	24	1.000	1.000	1.000	1.000	0.999	5
河南	0.833	0.683	0.617	0.552	0.668	22	1.000	1.000	0.997	1.000	0.999	6
湖北	0.829	0.736	0.588	0.591	0.677	21	0.755	0.720	0.705	0.903	0.752	27
湖南	0.808	0.865	0.767	0.682	0.786	17	0.900	0.842	0.887	1.000	0.904	18
内蒙古	0.745	0.628	0.562	0.467	0.592	28	1.000	1.000	0.963	1.000	0.993	8
广西	0.938	0.840	0.666	0.705	0.782	18	0.871	0.790	0.753	1.000	0.846	23
重庆	0.924	0.761	0.827	0.959	0.853	13	1.000	1.000	0.682	1.000	0.909	17
四川	0.993	0.816	0.977	0.913	0.957	7	0.500	0.960	0.881	0.861	0.863	21
贵州	0.969	0.825	0.825	0.833	0.868	11	0.755	0.703	0.631	0.726	0.695	29
云南	0.909	0.777	0.746	0.814	0.796	16	0.964	0.867	0.842	0.748	0.859	22
陕西	1.000	0.732	0.775	0.560	0.776	19	1.000	0.717	0.613	0.657	0.705	28
甘肃	1.000	0.932	0.843	0.635	0.830	14	0.901	0.762	0.792	0.783	0.804	25
青海	1.000	0.964	0.948	0.997	0.982	4	1.000	1.000	1.000	1.000	1.000	1
宁夏	1.000	0.983	1.000	0.901	0.957	6	0.957	0.939	0.900	0.756	0.883	20
新疆	0.934	0.818	0.809	0.826	0.872	10	1.000	0.894	0.960	1.000	0.957	14
东部	0.791	0.791	0.850	0.809	0.819	(2)	1.000	0.978	0.957	0.965	0.970	(1)
中部	0.780	0.703	0.659	0.618	0.694	(3)	0.906	0.837	0.842	0.916	0.866	(2)
西部	0.947	0.825	0.816	0.783	0.842	(1)	0.904	0.876	0.820	0.867	0.865	(3)
全国	0.845	0.780	0.786	0.749	0.794		0.940	0.903	0.876	0.916	0.904	

由表4-1可知，2008～2015年中国各省份企业绿色创新两阶段效率值分别为0.794和0.904，绿色研发创新效率偏低，是导致中国工业企业创新效率损失的主要因素。东部和西部地区工业企业绿色研发效率相对较高，而中部地区企业绿色研发效率处于较低水平，还有30.6%的提升空间。与以往学者关于"东部高于中西部地区，东中西部地区依次递减"的结论不完全一致。这可能与近年来西部地区充分利用地区重点高校和科研院所的基础研究能力，开展产学研合作有关，且国家也通过一系列政策扶持西部地区创新发展，如建立西部地区创新基金，加大对西部重要城市（如重庆）的开发等，使优秀创新人才和资金向西部

地区回流，制度安排合理，使得专利和新产品开发项目数明显改善。中部地区则一方面技术和市场开放度不及东部地区开放，也缺乏中央政府的资金和政策专项支持，专利申请数等重要科技产出明显不足，需抓住承接东部地区产业转移以及长江经济带建设等重要机遇，同时加强企业技术和管理创新。在绿色成果转化阶段，则是呈现东中西部地区依次递减的趋势，并且东部地区企业绿色成果转化效率高达0.970，已接近于最优水平，而中西部地区企业绿色成果转化效率还有一定的改进空间，效率损失缺口分别为13.4%和13.5%，需不断完善技术交易市场、孵化器和成果转化平台，让科技从实验室走出去，充分挖掘技术的市场价值。

从省际比较角度来看，根据表4-1中的各省份绿色创新两阶段效率排名，我们发现，在绿色研发阶段，效率排名靠前的省份依次为：海南、安徽、浙江、青海、广东等。浙江和广东经济基础、技术水平和市场开放度较高，一直是我国企业研发创新的主战场和集中地。海南、安徽和青海虽然研发投入规模并不大，但资源利用效率较高，实现了在既定投入下的专利等产出最优，效率值也处于全国领先水平。绿色研发效率排名靠后的省份包括山西、辽宁、内蒙古、河北和黑龙江，效率值明显偏低（均不足0.650），主要来自中西部和东北地区。研发投入具有一定的规模，但在创新资源转化为专利、绿色新产品项目等产出过程中存在瓶颈，有待进一步改进。在绿色成果转化阶段，山东、河北、吉林、青海等地区工业企业效率达到最优值，构成了中国工业企业绿色成果转化的技术前沿和学习标杆。上海、江苏、广东、内蒙古、河南和江西地区企业效率值也位于0.979以上，已接近于最优水平。黑龙江、贵州、陕西、湖北、山西等地区绿色成果转化效率值均不足0.800，从而拉低了全国工业企业绿色成果转化水平，在专利技术向环境友好型经济发展过程转化中存在阻力，有待大力改进和提升。

从效率变化趋势角度来看，由图4-2可知，在绿色研发阶段，2008~2011年，西部地区企业效率最高，其次是东部地区，中部地区效率最低。2012年中共十八大提出生态文明建设以来，东部地区积极响应国家号召，开展绿色清洁生产技术研发和新能源环保产业建设，取得了一定成效，使自2012年以来东部地区效率一直保持全国领先，考察期内我国中西部地区企业绿色研发效率下降明显，需引起高度关注。在绿色成果转化阶段，无论是全国还是东中西部地区企业，考察期内均呈现增减交错的现象，但幅度不大。东部地区企业效率均值一直稳定在0.950以上，而西部地区出现明显下降的趋势，以2012年为分水岭，与东部和中部地区之间的差距有扩大之势，2015年西部地区企业效率均值为

0.867，而同期东部和中部地区企业效率均值分别为 0.965 和 0.916，西部地区企业需在成果转化工作中引入新的机制，完善成果转化平台、创客空间以及风险投资机制建设，促进企业更快更好地将专利技术转化为具有市场前景的绿色产品和服务，不断完善绿色创新链条建设，加强供给侧和需求侧结构性改革，努力解决好当前科技经济"两张皮"的问题。

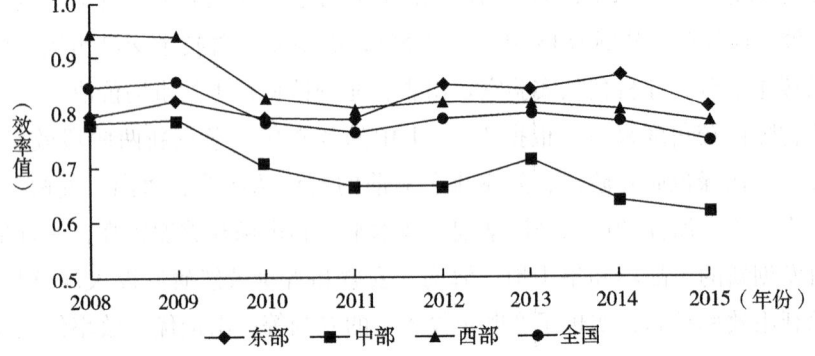

图 4-2　全国及三大地区企业绿色研发效率

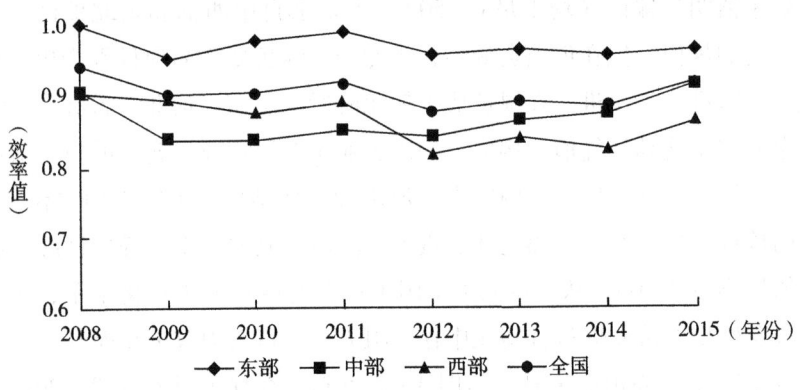

图 4-3　全国及三大地区企业绿色成果转化效率

综上所述，本章基于共享投入关联视角下的效率值，与以往"东部地区、中西部依次递减"的结论（张江雪、朱磊，2012；冯志军，2013）不完全相同，主要原因在于：传统的研究主要基于一阶段 DEA 模型分析，环境指标仅考虑三废、能源消耗污染物或二氧化硫指标。本章一方面考虑创新过程的阶段异质性，将其分解为绿色研发和成果转化阶段，同时考虑初始创新投入在两阶段的共享关联性；另一方面，由于碳排放量是全球气候变暖、自然灾害频发的主要原因，故本章将工业二氧化碳、工业"三废"等污染物全部纳入环境指标考察范围，系统分析环境约束下中国各省份企业绿色创新效率差异及其成因。研究结果表明，我国东部和西部地区工业企业绿色研发效率较高，而中部地区企业绿色研发效率还有较大的提升空间，在成果转化阶段，中西部地区企业效率值均与东部地区存在一定的差距。东部地区具有良好的创新氛围、开放的市场环境和完善的政府支持体系，为地区企业绿色研发和成果转化打造了较好的平台。近年来，西部大开发战略不断推进，高科技人才和企业（包括技术领先的外资企业）、研究机构入驻西部，为地区企业绿色创新活动提供了重要支撑，产学研合作机制运转良好，使得西部与东部地区企业绿色研发和成果转化水平不断接近，在绿色研发效率方面，甚至稍高于东部地区。中部地区则一直处于较低水平，需引起高度关注，尤其是绿色研发阶段，是中国工业企业绿色研发效率低下的主要地区。如果中部地区在国际高端人才引进、市场开放度、创新激励及制度安排等方面不断改善，那么全国企业绿色创新能力势必会有大幅度的提升。

2. 中国各省份工业企业绿色创新资源利用模式分析

为了进一步分析中国工业企业绿色创新两阶段之间的关系。下面以2008~2015年中国各省份工业企业绿色研发和成果转化效率均值（0.794和0.904）为分界点，将工业企业绿色研发和成果转化水平分为高和低两种类型。通过两两组合，我们得到企业绿色创新资源利用的四种模式，即高绿色研发高成果转化（以下简称"双高"型）、低绿色研发低成果转化（以下简称"双低"型）、低绿色研发高成果转化（以下简称"一低一高"型）和高绿色研发低成果转化（以下简称"一高一低"型）四种类型，中国各省份企业创新资源利用模式分类结果如图4-4所示。

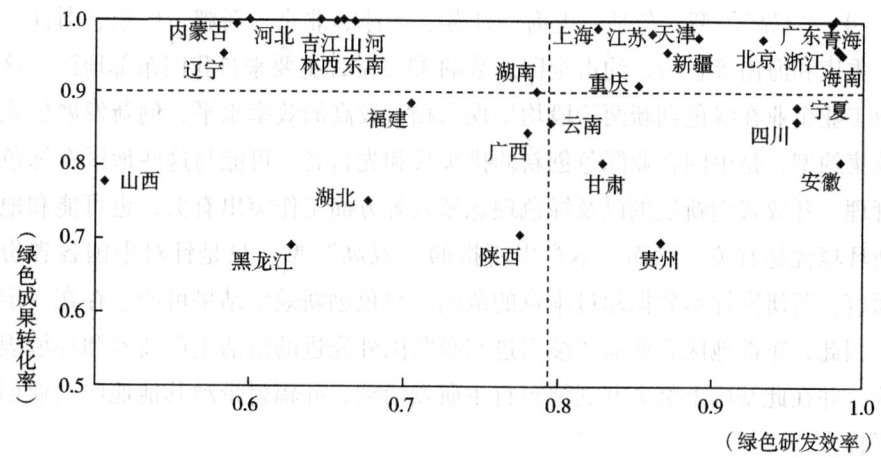

图4-4 2008~2015年工业企业绿色创新资源利用模式分类

(1)"双低"型。包括:黑龙江、山西、广西、陕西、湖北和福建,约占全国省份的20%,主要来自我国中西部地区,在绿色研发和成果转化方面均存在较大的效率损失,需从企业绿色研发和成果转化两方面着手,做出创新战略调整和管理制度改进,考虑先从某一薄弱环节出发,使绿色创新资源利用模式从"双低"型向"一低一高"(或"一高一低")型过渡转变,最后实现"双高"型创新发展模式。或者企业直接由"双低"型跨入"双高"型发展模式,但这需要有充足的人力、资金和技术资源作为战略基础,如福建、陕西、湖北等地区企业。

(2)"一高一低"型。包括:云南、四川、宁夏、甘肃、贵州和安徽等地区,约占全国省份的20%,主要来自西部和少数中部地区。企业创新资源向科技产出转化过程中运转良好,但是这些专利新产品项目并未带来相应的环境经济产出,绿色成果转化活动效率低下。因此,需从相对薄弱的成果转化阶段入手,逐渐消除科技向绿色经济产出转化过程中存在的障碍,以市场为引导,提高企业绿色专利技术的经济转化水平。

(3)"一低一高"型。包括:内蒙古、河北、辽宁、吉林、江西、山东、河南和湖南,约占全国总数的26.7%。这些地区企业在促进科技成果转化方面成效显著,但绿色研发能力和效率偏低,专利等科技产出不足,容易导致核心技术受制于人而被卡脖子的困局,制约了地区工业企业创新水平的提升。需从研发投入和管理入手,注重企业产学研合作、绿色专利技术挖掘以及引进消化吸收再创新等活动开展。

(4)"双高"型。包括:上海、江苏、天津、北京、新疆、广东、浙江、青海、重庆和海南等省份,约占全国总数的33.3%,主要来自我国东部地区。这些省份工业企业在绿色创新两阶段均呈现出相对较高的效率水平,创新发展模式为高效集约型,是中国企业绿色创新的排头兵和先行者。可能与这些地区在绿色研发管理、开放式创新氛围以及绿色理念植入等方面工作突出有关,也可能和地区创新环境优越有关。然而,本章中所指的"双高"型,只是针对中国各省份企业而言,若研究样本数据超过本章的范围,绿色创新效率结果可能会存在一定差异。因此,东部地区企业需继续引进和吸收国外先进的清洁生产技术和环境规制经验,并在此基础上努力开展绿色自主研发活动,并辐射带动其他地区企业创新水平提升。

3. 中国工业企业两阶段绿色创新效率的影响因素分析

根据前文中影响因素理论分析以及变量指标选取，下面对绿色创新两阶段效率的影响因素进行面板数据回归检验分析。这里，解释变量分别为考察期内中国各省份绿色创新两阶段效率值（E_{it}^1 或 E_{it}^2），然后以企业规模（$SCALE_{it}$）、创新氛围（$INNO_{it}$）、产学研合作（$COORP_{it}$）、政府支持（$GOVM_{it}$）、知识产权保护（IPP_{it}）及其平方项（IPP_{it}^2）、环保投入强度（$ENVIR_{it}$）以及外商投资（FDI_{it}）为解释变量，考虑变量内生性问题，进而利用动态面板模型（系统GMM）构建两阶段效率影响因素的计量回归方程，具体如下：

$$E_{it}^1（或 E_{it}^2）= \alpha_0 + \alpha_1 E_{it-1}^1（或 E_{it-1}^2）+ \alpha_2 SCALE_{it} + \alpha_3 INNO_{it} + \alpha_4 COORP_{it} + \alpha_5 GOVM_{it} + \alpha_6 IPP_{it} + \alpha_7 IPP_{it}^2 + \alpha_8 ENVIR_{it} + \alpha_9 FDI_{it} + \varepsilon_{it} \quad (4-5)$$

这里，E_{it}^1、E_{it}^2 为 2008~2015 年中国各省份企业绿色研发和绿色成果转化效率值，E_{it-1}^1、E_{it-1}^2 为各阶段滞后期效率值，α_0 为常数项，$\alpha_1 \sim \alpha_9$ 为估计系数，ε_{it} 为随机误差项。若采用传统的 OLS 普通面板模型进行实证检验，结果可能会出现内生性问题。一方面，可能因遗漏部分关键解释变量而使回归结果不显著或不稳健，可采用滞后期效率值予以替代，这也是学者们常用做法之一（袁建国等，2015）；另一方面，知识产权保护、环保投入强度可能与绿色创新效率之间存在内生互动性（张可等，2016），为了得到稳健可靠的研究结论，拟将知识产权保护和环保投入强度的滞后期值选做计量模型的工具变量，并采用动态面板系统 GMM 模型进行回归估计，胡凯等（2012）学者认为，此类模型比较适合于截面较宽、跨越年份较短的面板数据。本章利用 Stata12.0 软件编程计算，回归结果如表 4-2 所示。

表 4-2 两阶段效率影响因素回归结果

变量	绿色研发效率		绿色成果转化效率	
	系数	Z统计量	系数	Z统计量
滞后期效率值	0.511***	13.49	0.656***	15.56
企业规模	0.006	0.68	-0.024***	-3.49
创新氛围	0.168**	2.08	0.049	1.12
产学研合作	14.614***	3.54	-20.027***	-10.73
政府支持	0.186	1.14	-0.950***	-16.33
知识产权保护	-4.188***	-3.01	3.122***	4.37

续表

变量	绿色研发效率		绿色成果转化效率	
	系数	Z统计量	系数	Z统计量
知识产权保护的平方项	28.308***	3.56	-12.443***	-4.03
环保投入强度	3.346***	2.70	-5.821***	-5.65
外商投资	0.112***	2.77	-0.136***	-7.08
常数项	0.251***	3.88	0.630***	7.31
检验值	AR(2)=0.294	Sargan test=0.872	AR(2)=0.231	Sargan test=0.874

注：***、**分别表示1%和5%的检验水平。

由表4-2可知，工业企业绿色研发和成果转化效率GMM估计的自回归（AR）伴随概率分别为0.294和0.231，其对应Sargan值的伴随概率依次为0.872和0.874（>0.100），表明选取的工具变量是有效可行的。①在绿色研发和成果转化两阶段，滞后期效率值对当前绿色创新效率均具有明显的促进作用，预示我国企业绿色创新效率提升是一个循序渐进的过程，应集中各方创新资源，将绿色研发和成果转化作为企业长期的重点工作来开展。②企业规模对绿色研发效率的提升具有积极影响，但不显著。在绿色成果转化阶段，企业规模对效率具有明显阻滞作用，随着企业规模增大，其绿色成果转化效率反而下降，可能与我国企业分布结构有关，规模较大的建筑、钢铁以及煤炭等国有企业，一方面依靠行政干预即可获得较大利润，另一方面也承担了较多的社会责任，缺乏开展绿色创新的动力，且污染物排放量较大，本章从环境约束角度出发，得出其创新效率更低，因此得出以上结论。③创新氛围对工业企业绿色创新两阶段效率均具有积极影响，与冯伟等（2014）的结论类似，创新氛围对工业企业绿色研发效率影响的显著性高于对成果转化效率的影响，企业研发活动越频繁，则基于绿色技术的竞争与合作越充分，这将会倒逼企业进行绿色技术和管理制度创新的变革，从而促进了企业绿色研发效率的提高。创新氛围更多涉及绿色研发活动（本章采用研发活动企业数占总企业数的比重来测度创新氛围），而成果转化还涉及制造和营销推广等环节，使得创新氛围对成果转化效率的作用不明显。④产学研合作有利于企业绿色研发效率的提升，但对企业成果转化效率起阻滞作用。由于产学研合作主要涉及企业绿色设计、合作研发以及专利申报等工作，且产学研合作关注技术的市场价值和经济效益，忽略了对环境的影响，本章将环境效应指标作为成果转化阶段产出进行测算，继而得到以上结论。⑤政府支持对企业绿色研发效率的影响不显著，但对成果转化效率起明显的阻滞作用。这与 Guan 和 Chen（2010）、肖文、林高榜（2014）给出的结论相似，但与张江雪、朱磊（2012）的结论不完全相同，究其原因在于研究方法差异和考察对象的数据来源不同。张江雪、朱磊（2012）首先利用 DEA – CCR 模型测度我国工业企业创新投入松弛量，然后选择随机前沿方法分析地方财政科技拨款占比对工业废气排放等变量松弛度的影响；本章则基于共享投入关联视角下测算两阶段效率值，并实证检验政府资金所占比重对绿色创新分阶段效率的影响。样本数据年份也存在一定差异，本章的研究年份为 2008~2015 年，而张江雪、朱磊（2012）则是以 2009 年中国各省份规模以上工业企业为研究样本。⑥绿色研发效率值与知识产权保护强度（IPP）之间呈现出非常显著的"U"型非线性关系，拐点为 x = – b/2a = 4.188/（2 × 28.308）= 0.074。各地区企业绿色成果转化效率与知识产权保护强度（IPP）之间表现为十分明显的倒"U"型关系，此时，其拐点为 x = – b/2a = 3.122/（2 × 12.443）= 0.125。考察期内仅北京市知识产权保护强度（IPP）跨过拐点 0.125，而其他省份均不超过 0.040（小于 0.074），即位于二次曲线对称轴 x = – b/2a 的左侧。这与以往学者的结论相似（刘思明等，2015；Park，1998），同时也存在一些差别，前者分别以专利等指标为被解释变量，而本章是从效率角度进行分析，且考虑环境约束和两阶段价值链。在当前环境下，若提高我国知识产权保护强度（IPP），将会限制对外资技术的模仿学习，从而阻碍我国企业绿色研发效率的改进。本章利用各地区技术市场成交额占 GDP 比重指标来衡量 IPP（胡凯等，2012），而部分地区企业重复引进国外成熟技术，这对工业企业绿色研发活动和效率反而起抑制作用。在绿色成果转化阶段，当地区知识产权保护强度处于较低水平时，随着技术市场交易额增加，表明技术转化为经济的效果更为明显，因而绿色成果转化效率越高。⑦环保投入强度对绿色研发和成果转化效率分别呈现出显著的正向和负向作用。一般而言，环保投入越多的地区对污染治理较为重视，旨在改善环境污染和从事清洁生产技术研发的动力更强，从而有利于工业企业绿色研发效率的增长。但环保投入强度与环境污染之间可能存在一定的内生性，环保投入强度越大，预示着地区工业污染也越大（张可等，2016），从而得出环保投入强度与绿色成果转化效率负相关。⑧外商投资有利于企业绿色研发效率的提升，而对企业成果转化效率具有明显的阻滞作用。外商投资虽具有一定的技术溢出效应，但部分外商投资企业将中国当成污染避难所，带来了更多的环境污染，使得全国工业企业绿色成果转化效率低下（曹霞、于娟，2015；宋马林、王舒鸿，2013）。需多方面看待外商投资问题，在实现绿色开放的发展大背景下，始终坚守"绿水青山就是金山银山"这一理念，实现中国工业经济的健康可持续发展。

第二节 技术差距视角下企业两阶段绿色创新效率

一、共同前沿理论及 DEA 模型

技术差距理论观认为，我国各地区企业因区位优势、经济基础、人才储备以及激励机制不同，使得各地区高技术企业可利用的技术集（自然资源、技术、资本、劳动力等要素的组合）有所差别，即各地区的生产技术前沿面是不同的（O'Donnell 等，2008）。传统的效率研究假定各地区企业具有相同的生产技术前沿，隐含了不同地区面临同样的技术集，研究结论与实际存在一定偏差（李新春等，2010；刘志迎等，2013）。如果各地区采取不同的生产技术前沿，则又导致地区间企业创新效率难以比较，缺乏一个共同标准（Battese and Rao，2002）。为了弥补上述缺陷，Battese 等（2004）利用共同前沿生产函数，将共同前沿模型设定为包络所有不同技术水平生产者的随机前沿函数边界，形成具有包络性质的共同前沿面，如图 4-5 所示。对于我国企业而言，共同前沿（全国）是群组前沿（如西部群组）的包络曲线，前者隐含了全国潜在的最优创新生产技术，而区域前沿仅表示特定区域（比如西部地区工业企业）的最优绿色创新生产水平。各地区企业在共同前沿下的效率值，是以全国最优潜在技术为参照物，而群组前沿下的效率值，则是以该省份企业所在的群组最优技术为标准而得到的结果。通过将共同前沿、群组前沿下的效率值比较（相除），可得出各省份工业企业与全国工业企业最优技术之间的距离，称为技术落差比例（TGR），东、中、西部地区企业 TGR 之差又体现出各地区间的技术差距（Battese 等，2004）。根据技术差距视角下效率分解理论，地区企业创新效率损失的原因有两种（Chiu 等，2012；王群伟等，2014）：一是由于两种前沿之间的技术差距所造成的；二是由群组内决策单元自身管理失误和水平低下所致。

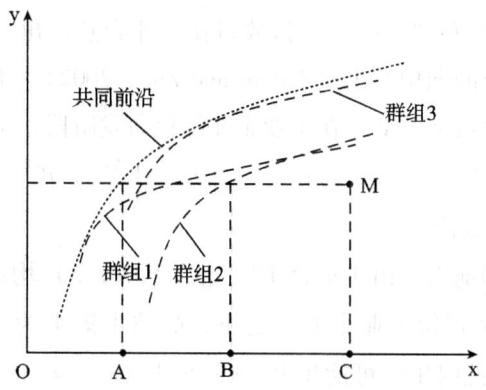

图4-5 共同前沿与群组前沿

本章拟对环境约束下考虑技术差距的我国工业企业两阶段创新效率进行分析。基于共同前沿理论和 DEA 模型（O'Donnell 等，2008；沈能、周晶晶，2018），将中国工业企业分为东部地区、中部地区和西部地区三个群组，进而构建群组前沿，在此基础上构建共同前沿，它是群组前沿的包络曲线。在两种前沿下测算中国工业企业绿色创新两阶段效率及区域间技术差距，并从生产技术差距和企业管理两方面，对各省份两阶段绿色创新无效率值进行分解。

首先，将中国各省份工业企业分为东部、中部和西部三大群组（由于西藏数据不全，故东部群组包括北京、天津、河北、辽宁、上海、江苏、浙江、福建、山东、广东、海南等11个省份，中部群组包括山西、吉林、黑龙江、安徽、江西、河南、湖北、湖南等8个省份，西部群组包括内蒙古、广西、重庆、四川、贵州、云南、陕西、甘肃、青海、宁夏、新疆等11个省份）。

进而构建群组前沿，将东部、中部和西部三个群组下的评价决策单元（这里指中国大陆30个省份工业企业）创新投入产出数据分别归入各自技术集合，记为 T^k 和 T'^k，k=1，2，3，T^k 和 T'^k 分别为绿色研发和成果转化阶段的投入产出技术集。即：

$$T^k = \{ (x, y): x \geq 0, y \geq 0 \tag{4-6}$$

x 在 k 群中能产出 y\}，$T'^k = \{ (y, z, b): y$ 能生产 $(z, b)\}$，$y \in R_+^S$。

这里，k 表示东部、中部和西部地区3个群组，x 表示决策评价单元的初始创新投入指标值，y 表示决策评价单元的中间产出指标值，z 和 b 分别为企业绿色成果转化阶段的期望和非期望产出值。本章选取数据转换函数处理法，将单位工业GDP的工业CO_2和"三废"等排放量作为非合意产出,要求该产出越小越好,进而转化为传统的期望产出(Seiford and Zhu, 2002)。下面以绿色研发阶段为例,成果转化阶段情形类似。在工业企业绿色研发阶段,第k个群组的生产可能集$P^{(k)}(x)$为$P^{(k)}(x) = \{y: (x, y) \in T^{(k)}\}$,$P^{(k)}(x)$的上界$\sup_x P^{(k)}(x)$,称为"群组k前沿"。

然后,构建共同前沿。由于集合$T^{(k)}$(k=1, 2, 3)均运行于同一技术集T(包括全国大陆30个省份工业企业)之下,故技术集T为T^1、T^2、T^3的并集,即$T = T^1 \cup T^2 \cup T^3$,此时生产可能集$P(x)$为$P(x) = \{y: (x, y) \in T\}$,$P(x)$的上界为中国各省份工业企业绿色研发的"共同前沿"。

根据DEA效率理论(Charnes等,1978;Battese and Rao, 2002),共同前沿下中国各省份工业企业绿色研发和成果转化效率为下列线性规划问题式(4-7)和式(4-8)的最优值。

$$[D(x_{it}, y_{it})]^{-1} = TE(x_{it}, y_{it}) = \min\theta_1$$

$$s.t. \begin{cases} \theta_1 x_{it} - X_t\lambda \geq 0; \ -y_{it} + Y_t\lambda \geq 0 \\ \lambda \geq 0, \ i = 1, 2, \cdots, 30, \ t = 1, 2, \cdots, 8 \\ (x, y) \in T \end{cases} \quad (4-7)$$

$$[D(y_{it}, z_{it}, b_{it})]^{-1} = TE(y_{it}, z_{it}, b_{it}) = \min\theta_2$$

$$s.t. \begin{cases} \theta_2 y_{it} - Y_t\lambda \geq 0; \ -z_{it} + Z_t\lambda \geq 0; \ -b_{it} + B_t\lambda \geq 0 \\ \lambda \geq 0, \ i = 1, 2, \cdots, 30, \ t = 1, 2, \cdots, 8 \\ (y, z, b) \in T' \end{cases} \quad (4-8)$$

这里,$D(\cdot)$表示第t时期在共同前沿下的距离函数;$TE(\cdot)$为评价决策单元的技术效率,反映各省份企业实际创新投入水平与共同前沿投入水平间的差距,衡量中国各省份工业企业相对于全国整体共同最优绿色研发(或成果转化)技术无效率的程度,若$TE(x, y) = 1$,则表示该省份企业绿色创新技术处在共同前沿面上,创新效率已达最优水平。X、Y、Z、B、λ分别表示研发投入、中间产出(成果转化阶段包括非研发投入)、期望产出、环境综合指数和权值矩阵;θ为投入不变情形下,期望产出同比例下降所能取到的最小值。

同理,可通过模型(4-9)和模型(4-10)分别求解在东部群组(k=1)、中部群组(k=2)以及西部群组(k=3)前沿下企业绿色研发和成果转化效率值。

$$[D^k(x_{it}, y_{it})]^{-1} = TE^k(x_{it}, y_{it}) = \min\theta_1$$

$$\text{s.t.} \begin{cases} \theta_1 x_{it} - X_t\lambda \geq 0; \ -y_{it} + Y_t\lambda \geq 0 \\ \lambda \geq 0, \ i = 1, 2, \cdots, 30, \ t = 1, 2, \cdots, 8 \\ (x, y) \in T^k \end{cases} \quad (4-9)$$

$$[D^k(y_{it}, z_{it}, b_{it})]^{-1} = TE^k(y_{it}, z_{it}, b_{it}) = \min\theta_2$$

$$\text{s.t.} \begin{cases} \theta_2 y_{it} - Y_t\lambda \geq 0; \ -z_{it} + Z_t\lambda \geq 0; \ -b_{it} + B_t\lambda \geq 0 \\ \lambda \geq 0, \ i = 1, 2, \cdots, 30, \ t = 1, 2, \cdots, 8 \\ (y, z, b) \in T'^k \end{cases} \quad (4-10)$$

共同前沿下最重要指标为"技术落差比例（TGR）"，该指标等于各地区企业在共同前沿与群组前沿下创新效率的比值，TGR 越大，表明各省份所在区域的技术水平与全国潜在最佳水平越接近，即二者间的技术差距越小。有：

$$0 \leq TGR^k(x, y) = \frac{D^k(x, y)}{D(x, y)} = \frac{TE(x, y)}{TE^k(x, y)} \leq 1, \quad k = 1, 2, 3 \quad (4-11)$$

这里，$TGR^k(x, y)$ 表示评价单元 (x, y) 所属第 k 个群组的技术落差比例，$D(x, y)$ 为共同前沿下评价单元 (x, y) 的距离函数，$D^k(x, y)$ 为群组 k 前沿下评价单元 (x, y) 的距离函数。由图 4-5 可知，群组1、群组2和群组3分别指我国东部、中部和西部地区三个群组，共同前沿为3个群组前沿的包络曲线，且为凸函数。则某中部省份企业 M（其他情形类似）在共同前沿和群组2前沿（group-2 frontier）下的绿色研发效率 TE（M）、TE^2（M）以及技术落差比例 TGR^2（M）分别为（刘志迎等，2013；Battese and Rao，2002）：

$$TE(M) = \frac{OA}{OC}; \ TE^2(M) = \frac{OB}{OC}; \ TGR^2(M) = \frac{OA/OC}{OB/OC} = \frac{OA}{OB} \quad (4-12)$$

采用技术落差比例（TGR）指标，可以分析我国东中西部地区工业企业绿色创新技术的异质性以及区域最优生产技术与全国最佳绿色技术之间的差距。下一步，我们继续探寻各省份企业绿色研发和成果转化无效的真实根源。根据上述技术差距理论分析，效率损失原因有两种（Chiu 等，2012；汪克亮等，2017）：一是技术差距无效率，记为 TGRI，属于外源性障碍；二是管理无效，记为 MI，属于内生性阻力。分解公式为：

$$TEI = 1 - TE = TGRI + MI$$
$$TGRI = TE^k \times (1 - TGR^k) = TE^k - TE \quad (4-13)$$
$$MI = 1 - TE^k \ (q = 1, 2, 3)$$

以此反映制约中国各省份企业绿色创新效率提升的具体原因，从而为我国各地区制定有所差别的绿色创新政策提供决策参考。

二、变量及数据说明

(1) 绿色研发阶段投入指标。由于前述部分已对指标选取做了较多说明，为了避免重复，此部分进行简要阐述。在参考以往文献的基础上，本章选取R&D人员全时当量、科技活动人员数、R&D经费内部支出及新产品开发经费作为科技研发阶段的创新投入指标。相对于研发人员数，科技活动人员数范围更广一些，其还包括研发、知识产权管理人员，这对于研发活动的开展起到了重要的保障作用，故也纳入研究框架。R&D经费内部支出和新产品开发经费等经费投入指标均采用存量测算，以2001年为基期，并用平减后（朱有为、徐康宁，2006）的2001年R&D经费内部支出额除以10%作为基期研发资本存量，取折旧率$\delta=15\%$，新产品开发经费指标的存量测算方法类似，此处不再赘述。

(2) 中间产出指标。本章沿袭以往学者的做法（项本武，2011；肖仁桥等，2015），采用专利申请数和发明专利拥有量指标表示。虽然有些申请的专利可能最终未被授权，但仍然在我国经济社会发展中起到了较大的促进作用。专利包括发明专利、实用新型和外观设计三种，其中发明专利的技术含量和复杂度最高，也体现了企业技术质的飞跃，是未来工业企业发展和确保竞争优势的关键指标（方福前、张平，2009；陈德球等，2016）。

(3) 非研发创新投入指标。由于我国大多数地区企业仍然是以引进消化再创新为主要模式，因此需将引进消化费用作为非研发创新投入纳入研究框架，作为成果转化阶段的投入，在数值上等于技术引进费用、消化吸收费用、技术改造费用和购买国内技术的费用之和（吴晓波，2011）。同样采用永续盘存法进行存量计算，由于时滞性，以2002年为基期，其他计算步骤与R&D资本存量类似。

(4) 成果转化阶段产出指标。主要分为经济和环境效益两方面。在创新的经济产出方面，新产品产值和新产品销售收入经常被学者们采用（余泳泽，2009；钱丽等，2015），本章继续沿用，利用工业品出厂价格指数对上述两个指标进行平减，以2003年为不变价。另外，技术创新包括产品创新和工艺创新，在工艺创新产出方面，选取工业总产值来代理（周亚虹等，2012），利用工业GDP指数进行平减，将其统一为1978年不变价格。在环境效益产出方面，选取单位工业GDP的工业废气排放量、工业废水排放量、工业固体废物产生量、工业二氧化硫排放量、工业粉尘排放量以及工业烟尘排放量等六个相对指标，然后利用熵值法测算环境综合指数。

本章研究样本为 2001~2010 年中国 30 个省份（港澳台地区和西藏除外）的大中型工业企业，数据来自 2001~2011 年《中国科技统计年鉴》《中国统计年鉴》《中国环境统计年鉴》《中国经济普查年鉴 2004、2008》等。由于投入转化为产出具有一定的时滞性，按照通常的做法，取滞后期为两年，即初始研发投入、中间产出和最终创新产出指标数据分别为 2001~2008 年、2002~2009 年和 2003~2010 年。

三、实证分析

1. 两种前沿下中国工业企业技术创新效率差异分析

利用共同前沿理论和 DEA 模型，将中国各省份工业企业分为东部、中部和西部地区企业三个群组，利用 Lingo11 软件进行编程，在两种前沿下测算 2003~2010 年中国各省份企业绿色研发和成果转化效率值，结果如表 4-3 与图 4-6 所示。

表 4-3 2003~2010 年两种前沿下中国企业绿色创新两阶段效率均值的描述性分析

地区	绿色研发效率				成果转化效率			
	共同前沿		群组前沿		共同前沿		群组前沿	
	均值	方差	均值	方差	均值	方差	均值	方差
北京	0.730	0.142	0.776	0.128	0.938	0.063	0.938	0.063
天津	0.846	0.144	0.875	0.136	0.940	0.083	0.948	0.087
河北	0.563	0.137	0.620	0.140	0.851	0.102	0.852	0.103
辽宁	0.425	0.125	0.457	0.143	0.702	0.062	0.734	0.065
上海	0.744	0.144	0.762	0.150	0.945	0.094	0.958	0.079
江苏	0.548	0.145	0.623	0.177	0.792	0.143	0.849	0.106
浙江	0.812	0.083	0.901	0.076	0.710	0.157	0.758	0.125
福建	0.581	0.113	0.646	0.114	0.877	0.060	0.925	0.035
山东	0.557	0.126	0.583	0.135	0.836	0.081	0.863	0.060
广东	0.870	0.106	0.914	0.096	0.978	0.036	0.980	0.035
海南	0.875	0.020	0.981	0.009	0.963	0.048	0.963	0.048
东部	0.686	0.189	0.740	0.199	0.867	0.128	0.888	0.109
山西	0.585	0.134	0.682	0.123	0.538	0.054	0.68	0.072
吉林	0.652	0.073	0.822	0.091	0.780	0.096	0.897	0.082
黑龙江	0.612	0.132	0.679	0.146	0.660	0.135	0.792	0.138
安徽	0.652	0.058	0.809	0.078	0.503	0.048	0.622	0.070
江西	0.583	0.111	0.705	0.103	0.564	0.014	0.689	0.047

续表

地区	绿色研发效率				成果转化效率			
	共同前沿		群组前沿		共同前沿		群组前沿	
	均值	方差	均值	方差	均值	方差	均值	方差
河南	0.617	0.086	0.726	0.060	0.877	0.131	0.941	0.111
湖北	0.547	0.114	0.639	0.110	0.580	0.074	0.743	0.118
湖南	0.766	0.135	0.830	0.126	0.557	0.048	0.663	0.039
中部	0.627	0.120	0.737	0.123	0.632	0.148	0.753	0.138
内蒙古	0.695	0.095	0.781	0.110	0.624	0.096	0.929	0.068
广西	0.695	0.030	0.782	0.042	0.551	0.019	0.883	0.034
重庆	0.871	0.112	0.882	0.114	0.655	0.110	0.880	0.109
四川	0.564	0.112	0.685	0.147	0.600	0.035	0.944	0.061
贵州	0.739	0.043	0.867	0.046	0.398	0.040	0.695	0.057
云南	0.734	0.039	0.887	0.032	0.540	0.026	0.911	0.058
陕西	0.535	0.080	0.652	0.121	0.651	0.114	0.947	0.037
甘肃	0.708	0.065	0.858	0.096	0.447	0.025	0.799	0.044
青海	0.829	0.018	0.953	0.028	0.674	0.012	0.894	0.063
宁夏	0.781	0.046	0.893	0.054	0.495	0.068	0.692	0.030
新疆	0.785	0.041	0.908	0.045	0.505	0.033	0.871	0.087
西部	0.721	0.117	0.832	0.122	0.558	0.106	0.859	0.106
全国	0.683	0.153	0.773	0.161	0.691	0.186	0.841	0.128

资料来源：笔者整理。

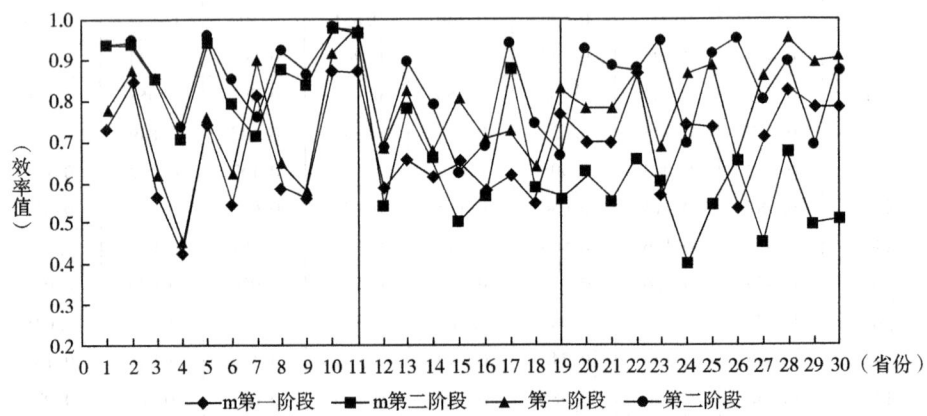

图4-6 两种前沿下中国各省份企业绿色研发和成果转化效率值

注：1~11表示东部地区11个省份，12~19代表中部地区8个省份，20~30表示西部地区11个省份，与表4-3中第1列顺序一致。"m第一阶段"表示共同前沿企业绿色研发效率，"第一阶段"为群组前沿下中国工业企业绿色研发效率，其他类似。

第四章 环境约束下企业创新效率研究拓展——基于两阶段价值链视角

由表4-3可知,在绿色研发阶段,2003~2010年中国工业企业绿色研发效率整体水平偏低,各区域及各省份间效率存在明显差异。两种前沿下中国企业绿色研发效率均值分别为0.683和0.773,预示如果依据上述两种测算方法,中国企业研发要素投入量依次削减31.7%和22.7%,也能实现既定的发明专利等科技产出,还有较大的发展潜力。另外,群组前沿和共同前沿情形下的效率测算,其参考集有所不同,共同前沿下效率测算参考的是全国潜在的最优研发技术,而群组前沿则参考的是区域的最佳技术,因此共同前沿下效率值均不超过群组前沿下效率值。从三大区域来看,共同前沿下三大地区工业企业科技研发效率分别为0.686、0.627和0.721,而群组前沿下东部、中部和西部地区企业研发效率均值依次为0.740、0.737和0.832。无论是共同前沿还是群组前沿下,西部地区企业研发效率均值最高,中部地区效率最低,这与以往"东部地区高于中西部地区效率"的结论不完全一致,可能因本章是从效率角度进行分析,虽然东部地区企业科技产出数量全国领先,但研发人力和资金投入也较大。西部地区技术、人才储备、市场开放度不及东部地区,但前者依靠传统老工业基地的技术基础,充分运用好国家的扶持政策,大力吸引高科技人才和持续开展产学研合作创新活动,使得企业研发效率处于全国较高水平。

由图4-6可知,群组前沿下各省份企业绿色研发效率值均高于共同前沿下效率值。因为共同前沿代表了全国潜在最优研发技术,而群组前沿只代表某一群组内实际可能达到的最佳研发技术水平。或者说,两者参考集不同,共同前沿下效率测算时,参考的是全国工业企业,而群组前沿下效率值仅是以区域投入产出数据为参考集。当参考的决策单元数增加时(如增加东部省份企业),那么原来的中西部省份企业效率会有所下降。以中部地区的江西为例,群组前沿下企业绿色研发效率均值为0.705,表明若采用中部地区的最优研发技术,其创新要素节约和科技产出增长还有29.5%的提升空间。但共同前沿下江西省企业绿色研发效率值为0.583,预示若以全国的最优研发技术为参照,则其效率改进空间增至41.7%,两者之间相差高达12.2%。

在成果转化阶段,由表4-3可知,两种前沿下中国各省份企业绿色成果转化效率均值依次为0.691和0.841,效率值明显偏低。共同前沿下三大地区企业绿色成果转化效率均值分别为0.867、0.632和0.558。东部、中部和西部地区效率依次递减,东部地区明显高于中西部地区效率值,是全国企业绿色成果转化活动的学习标杆,东部地区拥有雄厚的经济和技术基础、丰富的管理经验、成熟的技术交易市场和风险投资体系,其成果转化效率处于全国领先水平。中西部地区工业企业绿色成果转化效率有所偏低,在企业科技向经济、环境效益转化过程中存在瓶颈。群组前沿下三大地区企业成果转化效率均值依次为 0.888、0.753 和 0.859,以西部地区为例,2003~2010 年企业绿色成果转化效率均值为 0.859,预示若采用西部地区的最佳成果转化水平,在实现既定经济和环境效益产出情形下,西部地区企业专利产出以及引进消化吸收等经费投入还有 14.1% 的节约空间。由图 4-6 可知,群组前沿下中国各省份企业成果转化效率值均不低于共同前沿下效率值。以西部的新疆为例,群组前沿下企业绿色成果转化效率均值为 0.871,表明若采用西部地区的最佳成果转化技术水平,其经济增长和环境效益改善只有 12.9% 的空间。共同前沿下其绿色成果转化效率均值为 0.505,预示着若采用全国潜在最佳绿色成果转化技术,其效率改进空间增至 49.5%,前者和后者之间的效率缺口高达 36.6%。

为了继续验证共同前沿和群组前沿下全国及三大地区企业绿色创新效率的差异性,选取 Mann–Whitney 检验法进行检验分析,结果如表 4-4 所示。

表 4-4 共同前沿和群组前沿下中国企业绿色创新效率差异的 Mann–Whitney 检验

指标	绿色研发阶段				成果转化阶段			
	东部	中部	西部	全国	东部	中部	西部	全国
Z 检验值	-1.771	-4.601	-6.254	-6.174	-0.998	-5.180	-10.798	-9.026
Prob > |z|	0.123	0.000***	0.000***	0.000***	0.318	0.000***	0.000***	0.000***

注:***表示 1% 的显著性水平。

由表 4-4 可知,在工业企业绿色研发阶段,全国以及中西部地区企业绿色研发效率在两种前沿下具有明显差异,成果转化效率差异性检验结果类似。可能原因是:群组前沿下的效率值参考的是省份企业所在区域(如中部等)最优创新技术水平,而共同前沿是以全国潜在的最佳创新技术为参照。由于东部地区经济基础、技术水平以及市场环境明显优于中西部地区,后者在群组前沿下的企业绿色创新两阶段效率被高估了,创新技术低于全国最优水平,具有较大的提升空间,故两种前沿下研发和成果转化效率差异均较为明显。东部地区两种前沿下分阶段效率的 P 值依次为 0.123 和 0.318,分阶段效率差异均不显著。主要原因是:东部地区企业创新技术水平较高,基本代表着中国潜在最优研发和成果转化技术水平，已构成了我国企业创新活动共同前沿的技术边界，故两种前沿下东部地区两阶段效率差异均不显著。

2. 中国区域工业企业技术创新资源利用的技术差距分析

如前文理论分析所述，技术落差比例（TGR）是共同前沿理论下的关键指标之一，我们利用TGR分析东部、中部和西部地区最优创新技术与全国潜在最佳技术之间的差距。进而对不同地区TGR值两两相减，得到我国三大地区之间研发和成果转化技术差距，分析结果如表4-5所示。

表4-5 2003~2010年中国企业绿色研发和成果转化的区域技术差距

年份	绿色研发阶段						成果转化阶段					
	技术落差比率			区域技术差距			技术落差比率			区域技术差距		
	东部	中部	西部	东—中	东—西	中—西	东部	中部	西部	东—中	东—西	中—西
2003	0.932	0.883	0.855	0.049	0.077	0.028	0.997	0.827	0.658	0.169	0.339	0.169
2004	0.933	0.874	0.873	0.059	0.060	0.001	0.992	0.825	0.646	0.168	0.347	0.179
2005	0.928	0.884	0.863	0.044	0.065	0.021	0.984	0.836	0.655	0.148	0.330	0.181
2006	0.926	0.844	0.846	0.083	0.080	-0.003	0.981	0.838	0.654	0.142	0.327	0.185
2007	0.900	0.847	0.876	0.053	0.024	-0.029	0.962	0.843	0.650	0.119	0.312	0.193
2008	0.924	0.820	0.878	0.105	0.046	-0.059	0.963	0.840	0.647	0.124	0.317	0.193
2009	0.934	0.823	0.882	0.111	0.052	-0.059	0.951	0.844	0.631	0.108	0.320	0.212
2010	0.942	0.823	0.863	0.119	0.079	-0.040	0.952	0.830	0.646	0.121	0.306	0.184
均值	0.927	0.850	0.867	0.078	0.060	-0.017	0.973	0.835	0.648	0.137	0.325	0.187

由表4-5所示，在工业企业绿色研发和成果转化阶段，考察期内我国东部地区TGR均值依次为0.927和0.973，均处于全国首位。无论是在绿色研发，还是成果转化阶段，东部地区企业分别实现了全国潜在最佳创新技术的92.7%和97.3%。中部地区工业企业则在两阶段的TGR均值依次为0.850和0.835，分别还有15%和16.5%的提升空间。西部地区企业绿色创新两阶段的TGR均值分别为0.867和0.648，改进潜力较大。因我国一直以来非平衡区域发展战略的实施，导致中西部地区企业创新发展缓慢，且在人才资源和金融环境等方面明显不如东部地区资源丰富，使得中西部地区工业发展建立在资源消耗和环境污染基础上，科技、经济与环境之间的互动和协调效应并不明显。现有的专利等科技产出并未对绿色经济增长起到显著的促进作用，导致中西部地区企业绿色成果转化效率低

下。另外，这些地区企业创新规模也不及东部地区，因此，盲目减少资源投入并不是最佳办法。需在增加企业绿色创新投入的基础上，加强对绿色研发和成果转化工作的管理和变革。减少对行政干预或政治关联的依赖，让市场机制在资源配置中发挥主导性作用，解决好产学研合作的利益不一致问题，完善孵化器以及技术交易市场的建设，促进科学技术向绿色环保产品和服务的转化，努力提高我国工业企业绿色创新整体水平。

3. 中国区域工业企业科技研发和成果转化无效率的来源分解

为了确定效率损失的真实根源，本章利用前述式（4-13），将各省份无效率值从"技术"和"管理"两个维度进行分解。结果见表4-6。限于篇幅，表4-6仅列出技术差距无效率（TGRI）和管理无效率（MI）所占的比重，并未列出各省份企业具体的分解值大小。但可以用表4-6中的两阶段无效率值分别乘以其各自相应比重，测算得出分解值，如上海市企业绿色研发阶段技术差距无效率值（TGRI）为 $0.4516 \times 16.4\% = 0.074$。

表4-6 2003~2010年中国各省份企业绿色创新无效率均值及提升路径

地区	绿色研发无效率均值及其分解值所占比重			提升路径		绿色成果转化无效率及其分解值所占比重			提升路径	
	无效率值	TGRI比重	MI比重	提高区域生产技术	改进企业管理水平	无效率值	TGRI比重	MI比重	提高区域生产技术	改进企业管理水平
北京	0.270	17.3%	82.7%		▲	0.062	0.0%	100.0%		▲
天津	0.154	18.8%	81.2%		▲	0.060	12.5%	87.5%		▲
河北	0.437	13.0%	87.0%		▲	0.149	0.8%	99.2%		▲
辽宁	0.256	7.1%	92.9%		▲	0.055	23.5%	76.5%		▲
上海	0.452	16.4%	83.6%		▲	0.208	27.4%	72.6%	▲	▲
江苏	0.188	47.3%	52.7%	▲	▲	0.290	16.6%	83.4%		▲
浙江	0.419	15.5%	84.5%		▲	0.123	39.4%	60.6%	▲	▲
福建	0.443	6.0%	94.0%		▲	0.164	16.8%	83.2%		▲
山东	0.130	33.8%	66.2%	▲	▲	0.022	10.4%	89.6%		▲
广东	0.125	85.0%	15.0%			0.037	0.0%	100.0%		▲
海南	0.575	5.4%	94.6%		▲	0.298	11.0%	89.0%		▲
东部	0.314	24.1%	75.9%		▲	0.133	14.4%	85.6%		▲
山西	0.415	23.3%	76.7%		▲	0.462	30.7%	69.3%	▲	▲

续表

地区	绿色研发无效率均值及其分解值所占比重			提升路径		绿色成果转化无效率及其分解值所占比重			提升路径	
	无效率值	TGRI比重	MI比重	提高区域生产技术	改进企业管理水平	无效率值	TGRI比重	MI比重	提高区域生产技术	改进企业管理水平
吉林	0.348	48.9%	51.1%	▲	▲	0.220	53.0%	47.0%	▲	▲
黑龙江	0.388	17.3%	82.7%		▲	0.340	38.8%	61.2%	▲	▲
安徽	0.348	45.1%	54.9%	▲	▲	0.497	23.9%	76.1%		▲
江西	0.417	29.3%	70.7%	▲	▲	0.436	28.7%	71.3%	▲	▲
河南	0.383	28.4%	71.6%	▲	▲	0.123	52.3%	47.7%	▲	▲
湖北	0.453	20.3%	79.7%		▲	0.420	38.7%	61.3%	▲	▲
湖南	0.234	27.5%	72.5%	▲	▲	0.443	23.9%	76.1%		▲
中部	0.373	30.0%	70.0%	▲	▲	0.368	36.3%	63.8%	▲	▲
内蒙古	0.305	28.2%	71.8%	▲	▲	0.376	81.1%	18.9%	▲	
广西	0.305	28.5%	71.5%	▲	▲	0.449	74.0%	26.0%	▲	▲
重庆	0.129	9.0%	91.0%		▲	0.346	65.4%	34.6%	▲	▲
四川	0.436	27.7%	72.3%	▲	▲	0.400	86.1%	13.9%	▲	
贵州	0.261	49.1%	50.9%	▲	▲	0.602	49.3%	50.7%	▲	▲
云南	0.266	57.7%	42.3%	▲	▲	0.460	80.6%	19.4%	▲	
陕西	0.465	25.2%	74.8%	▲	▲	0.349	84.9%	15.1%	▲	
甘肃	0.292	51.3%	48.7%	▲	▲	0.553	63.7%	36.3%	▲	▲
青海	0.219	50.9%	49.1%	▲	▲	0.506	39.0%	61.0%	▲	▲
宁夏	0.216	57.1%	42.9%	▲	▲	0.495	73.9%	26.1%	▲	▲
新疆	0.171	72.4%	27.6%	▲	▲	0.326	67.5%	32.5%	▲	▲
西部	0.279	41.6%	58.4%	▲	▲	0.442	69.6%	30.4%	▲	▲
全国	0.317	32.1%	67.9%	▲	▲	0.309	40.5%	59.5%	▲	▲

由表4-6可知，我们以比重值25%为分界点，当地区企业绿色创新的技术差距无效率（TGRI）比重或管理无效率（MI）所占比重超过此临界值，则认为该部分为提升重点之一。在绿色研发阶段，全国企业绿色研发活动因群组生产技术水平落后和企业管理水平低下而造成的效率损失均占一定比例。分区域来看，东部地区企业绿色研发效率损失主要源于管理无效，研发创新的内在动力不足，需从企业创新战略选择和文化价值观等方面进行改进。中西部地区企业无效率损

失则受制于落后的创新技术和管理水平,需双管齐下,在引进吸收先进技术和管理经验同时,加强企业内部技术学习和探索,通过体制机制改革激发员工的创造力。分省份来看,北京、天津、上海、浙江、福建、河北、辽宁、海南、黑龙江和重庆等省份企业技术差距无效率值 TGRI 所占比重较低,而管理水平低下对企业绿色研发无效的贡献度均高于80%。这些省份主要来自我国东部地区,拥有优越的创新资源和环境,基本代表我国企业绿色研发的最优水平,不过,这些地区企业在管理能力方面还有待提升。值得注意的是,广东、山东、江苏三省 TGRI 的贡献度都高于30%,但这并不能说明广东等地技术水平低下,主要原因在于虽然其技术差距无效率比重较高,但绿色研发效率值均排在东部地区前四位,无效率值(分母)较低,这些省份技术差距无效率值 TGRI 与东部地区其他省份大小(分子)基本一致,从而导致其技术差距无效率比重(分式值)较高。表明该地区企业管理水平较优,可充分发挥该省份工业企业科技与管理经验的优势,辐射带动我国其他地区企业绿色研发水平迈上新台阶。另外,山西、吉林、河南、湖北、湖南、内蒙古、广西、陕西、甘肃、青海和新疆等17个省份技术差距无效率值 TGRI 和管理无效率 MI 均占有一定比重,未来需从区域绿色研发氛围和企业管理效率两维度同步提升,扫除影响地区工业企业绿色自主创新的内部和外部阻力,促进其绿色研发产出和效率的大力提升。

在绿色成果转化阶段,全国以及中西部地区绿色成果转化效率损失主要源于落后的创新技术和管理水平两方面,而东部地区企业则主要受制于企业自身管理水平不高,此结论基本与绿色研发阶段的情形类似。分省份来看,北京、天津、江苏、广东、福建、山东、河北和海南等八省份技术差距无效率(TGRI)所占的比重均不超过20%,而企业管理无效所占比重较高。这些地区工业企业绿色成果转化效率相对较高,但由于企业内部成果转化管理决策不当所造成的损失较为突出,需进一步完善地区工业企业技术交易市场以及绿色成果转化平台建设,对突破性绿色创新技术研发及应用予以奖励和资助,建立市场引导和质量为主的价值导向,激发企业内部绿色成果转化的动力,促进技术向绿色产品和服务的转化。

需要指出的是,浙江和上海的 TGRI 占的比例介于20%~40%,其原因也与科技研发阶段"广东、江苏等地无效率根源"分析类似。浙江、上海这些省份企业绿色成果转化效率相对较高,在 TGRI 方面与剩余东部省份差异并不明显,但这两个地区工业企业内部管理水平较高,因而得到上述结果。四川、陕西、内蒙古和云南等省份工业企业绿色成果转化阶段 MI 的贡献度均低于20%，预示这些省份工业企业创新战略执行和管理制度建设均较为完善，效率损失主要归因于其所在区域成果转化技术水平的落后，企业外源性动力不足，与东部省份开放的市场和发达的融资环境还有一定的差距。山西、吉林、安徽、河南、湖北、甘肃、宁夏和新疆等 15 个省份 TGRI 和 MI 均占有相当比重，在成果转化平台、区域创新环境建设以及企业内部成果转化管理制度等方面，亟待进一步完善和优化。

本章小结

本章基于两阶段价值链视角，并将单位工业 GDP 的碳排放量和"三废"污染物纳入创新效率研究框架，利用共享投入关联型两阶段 DEA 模型分析 2008 ~ 2015 年中国各省份工业企业绿色研发和成果转化效率，从企业管理和创新环境方面，利用动态面板 GMM 模型实证检验两阶段效率的影响因素。另外，考虑我国东部、中部和西部地区之间的技术差距，利用共同前沿模型分析各省份企业两阶段绿色创新效率差异及其技术差距，并从生产技术差距和企业管理等方面出发，对两阶段创新无效率值进行分解，寻找效率损失的根源。研究结果表明：

（1）共享投入关联视角下，考察期内中国企业绿色创新两阶段效率均未达到最优，尤其是绿色研发效率，是中国企业绿色技术创新效率损失的关键环节。东部和西部地区绿色研发效率较高，而中部地区明显偏低。在绿色成果转化阶段，东部地区效率明显高于中西部地区，后者依次还有 13.4% 和 13.5% 的改进空间。属于"双低"型（即低研发低转化）的省份企业约占全国比重为 20%，主要来自我国中西部地区，还有 46.7% 的省份工业企业或者在绿色研发阶段（如内蒙古、河北、辽宁），或者在绿色成果转化阶段（如甘肃、云南、四川）存在一定比例的效率损失，须在保持自身相对优势的同时，从薄弱环节入手提高企业创新水平。创新氛围、环保投入强度、产学研合作、外商投资对绿色科技研发效率具有显著的正向作用，且效率值与知识产权保护强度为"U"型非线性关系，当前知识产权保护水平位于"U"型曲线拐点的左侧（拐点为 0.074）。在绿色成果转化效率方面，效率值则与知识产权保护为倒"U"型曲线关系，当前我国知识产权保护水平越强,则绿色成果转化效率越高。

(2) 考虑我国三大地区工业企业之间的技术差距,研究发现,共同前沿框架下 2003~2010 年中国企业绿色科技研发和成果转化效率均值分别为 0.683 和 0.691,中国企业仍未摆脱高科技投入、低科技产出、高环境污染的粗放式发展模式,中国各省份间效率差异明显。共同前沿和群组前沿下我国三大地区企业间绿色研发效率区域差异明显,成果转化阶段的区域差异则更为突出,东部地区最高,而西部地区成果转化效率则明显偏低。东部地区绿色创新两阶段效率的 TGR 值最高,而中西部地区与全国最优绿色创新水平存在显著差距,尤其是成果转化阶段,中部与西部技术落差比率分别为 0.835 和 0.648。中国东中西部地区、各省份企业间绿色创新两阶段效率的损失根源差异明显。全国两阶段效率因区域生产技术和企业管理无效造成的损失均占有一定比例,东部地区大多数省份两阶段无效率主要源于企业管理水平不高;大部分中西部地区企业无效率则同时受制于落后的区域技术水平和内部管理无效,需双管齐下,内外兼修;内蒙古、四川、云南和陕西成果转化效率损失源于落后的区域绿色创新生产技术,需从区域创新环境建设入手,引进国外先进清洁生产和末端治理技术,注重对自主技术孵化和绿色成果转化平台建设,不断完善绿色技术交易市场和风险投资环境。

第五章 考虑空间外溢效应的中国企业技术创新效率研究

第一节 创新效率的空间溢出理论及模型

一、创新效率空间溢出理论

传统创新效率研究关注区域差异,但假设区域间是相互独立的单元,忽略了技术创新的空间溢出效应。实际中,各地区因人力资源等创新要素流动(Autant 等,2007)、模仿学习交流(吴友、刘乃全,2016)和技术合作(Bathlet 等,2004)以及国际贸易投资(Blomstrom and Kokko,1998)等因素和机制,使得溢出成为企业技术创新活动的重要特征。人才是技术创新的重要载体,人才在不同空间流动,与所接触的专家学者交流,有利于技术知识在不同区域的传播和共享(Almeida and Kogut,1999)。不同企业、不同区域之间技术人才流动,势必会带来一些技术学习和溢出效应,这也是美国硅谷容许和鼓励研发人员跳槽创业的原因之一。

在模仿学习机制方面,区域企业之间通过技术引进、模仿学习对方先进的生产技术和产品设计,以提高自身企业创新能力。部分企业甚至会通过逆向工程等方法,对其他企业某一新产品进行逆求分析,了解产品内在结构和要素分布,然后进行再开发和设计新产品(Kim,1980)。在技术合作机制方面,技术合作包括技术转让、技术许可、咨询以及联合研发等,在技术合作过程中,技术领先企业向落后方输出技术和知识,前者在经济收入方面获得补偿,而后者可通过技术合作方式学习相关知识，并可获得更多外部创新资源支持，有利于企业之间相互模仿学习、资源共享和风险共担（Bathlet 等，2004）。在国际贸易投资机制方面，随着国际贸易活动的开展，伴随着商品在贸易区域之间的流通，当那些嵌入了先进技术的产品进入某一国家或地区时，这些国家或地区就能通过模仿创新来提升本土企业技术水平（Coe and Helpman，1995）。另外，跨区域、跨国投资也能促进技术知识的空间溢出和扩散（Blomstrom and Kokko，1998）。

在空间溢出实证研究方面，也证实了区域创新溢出效应的存在性。如 Moreno 等（2005）研究了欧洲 17 个国家创新活动的空间分布，发现了技术溢出在区域知识创造和扩散过程中的作用。Keller（2002）证明了 R&D 活动的空间相关性，并计算出了技术外溢随地理距离衰减的平均距离；Verspagen 和 Schoenmakers（2004）利用 27 个跨国公司的数据验证了技术创新具有地域空间的根植性特征。然而，以上文献仅考虑空间地理距离因素，未考虑社会经济等因素对创新空间溢出的影响。李靖等（2010）采用发明专利申请量作为创新产出的空间溢出研究发现，创新产出的空间相关性显著，地理临近和社会经济特征相似对创新产出的溢出效应具有显著正向影响。我国区域工业经济的空间相关性主要是由技术创新的空间溢出效应引起的，需关注中国企业创新的空间溢出效应（王家庭，2012）。另外，我国区域产学研合作外溢以及 FDI 技术外溢效应也较为明显（刘和东，2013）。

创新产出通常被用来衡量一个地区或企业的技术创新水平，如产业产值（姚丽、谷国锋，2015）、专利申请及受理量等（郭嘉仪、张庆霖，2012）、绿色发明专利数等（李婉红，2017），但其只能从单一产出层面反映地区创新水平，不能体现区域创新的全部信息。创新效率则不仅能反映企业创新产出水平，还能计算出创新投入与产出之间的比值、体现创新资源配置的合理性。创新效率的溢出效应也逐渐受到重视，部分学者实证分析了我国区域创新效率的空间溢出效应，发现区域创新各阶段效率均存在明显的空间外溢效应等（余泳泽、刘大勇，2013；赵增耀等，2015）。张贵等（2016）利用 DEA 模型测算我国长三角、京津冀等地区知识创新和产品创新效率，并利用空间计量模型验证了创新效率的正向空间溢出效应，等等。

现有文献为我们提供了重要参考，但仍然存在一些不足之处。①已有关于创新效率溢出的文献多将企业技术创新活动看成一个"黑箱"，普遍忽视了创新系统内部不同阶段的异质性。Guan 和 Chen（2010）将企业技术创新活动分为上游科技研发和下游成果转化两个阶段,肖仁桥等人(2015)也提出企业技术创新两阶段的效率存在较大差异。因此分析创新系统内部不同阶段效率的溢出效应十分必要。②创新溢出的影响因素还有待进一步深入。现有创新溢出影响因素探索较为片面,主要集中于研发投入、人力资本及知识存量等企业内部驱动因素的某个方面(王家庭,2012;李志宏等,2013),对知识产权保护、政府支持、市场开放度等外部环境因素的关注较少。因此本章将综合内外部因素,深入探讨企业规模、产权结构、知识产权保护、政府支持、外商投资、金融环境及人力资本等变量对创新效率溢出的作用。

二、研究模型

1. DEA 效率测度模型

本章将 2010~2016 年中国 26 个省份(西藏、新疆等地区因数据不全或缺乏,不在本研究范围内)五大高技术行业作为决策单元,构建生产函数和技术前沿面,考察期内中国各省份五大高技术行业创新效率值即下列线性规划问题式(5-1)的最优解(Charnes 等,1978)。

$$\min[\theta - \varepsilon(\hat{e}^T S^- + e^T S^+)]$$

$$\text{s.t.} \begin{cases} \sum_{j=1}^{n} X_j \lambda_j + S^- = \theta X_0 \\ \sum_{j=1}^{n} Y_j \lambda_j - S^+ = Y_0 \\ \lambda_j \geq 0, j = 1, 2, \cdots, n \\ S^- \geq 0, S^+ \geq 0 \end{cases} \quad (5-1)$$

这里,θ 为 DEA 模型测算得出的决策单元 DMU_j 创新效率值。$S^- = (S_1^-, S_2^-, \cdots, S_m^-)$,$s^+ = (s_1^+, s_2^+, \cdots, s_s^+)$ 分别为决策单元投入产出的剩余松弛变量,λ_j 为系数。

2. 空间自相关检验

空间自相关检验被用来考察经济数据之间是否存在空间依赖性,是进行空间计量分析的基础。莫兰指数 I、吉尔里指数 C 以及 Getis - Ord 指数 G 是常见的三种空间自相关检验指数(陈强,2010)。其中莫兰指数具有更强的稳定性(曹霞、张路蓬,2017),因此本章选取莫兰指数作为空间溢出的检验指标,其计算公式如下。

$$\text{Moran's I} = \frac{\sum_{i=1}^{n}\sum_{j=1}^{n}w_{ij}(x_i-\bar{x})(x_j-\bar{x})}{\sum_{i=1}^{n}(x_i-\bar{x})^2} \quad (5-2)$$

式（5-2）中，W_{ij} 为行标准化的空间权重矩阵，表示区域 i 和区域 j 之间的空间距离，其种类和构建方式将在下面进行详细介绍。莫兰指数的计算结果在 -1 到 1 之间，大于 0 表示正的空间自相关，即高值与高值相邻、低值与低值相邻；小于 0 表示负的空间自相关，即高值与低值相邻；等于 0 则表示观测值之间无空间相关性。莫兰指数值越接近于 1，则正的空间相关性越强，越接近于 -1，则负的空间相关性越强。

3. 空间权重矩阵的构建

空间权重矩阵（W_{ij}）可以用来度量区域 i 和区域 j 之间的空间距离，这种距离可以是地理距离，也可以是社会经济距离，常见的空间权重矩阵有以下三种。

（1）空间邻接权重矩阵。空间邻接权重矩阵代表的是区域之间的相邻关系，两个区域有共同的边或共同的顶点均可认为其有相邻关系。若区域 i 和区域 j 相邻，则赋值 $W_{ij}=1$；若不相邻，则赋值 $W_{ij}=0$。因此，空间邻接权重矩阵可用以下公式表示：

$$W_{ij}=\begin{cases}1,\text{当区域 i 与区域 j 相邻}\\0,\text{当区域 i 与区域 j 不相邻}\end{cases} \quad (5-3)$$

（2）地理距离空间权重矩阵。地理距离空间权重矩阵是以区域间的中心距离来定义空间相关程度（刘和东，2013），往往用各省会城市之间的球面距离 d 表示，具体公式如下：

$$W_{ij}=\begin{cases}\dfrac{1}{d^2},\ i\neq j\\0,\ i=j\end{cases} \quad (5-4)$$

（3）社会经济距离权重矩阵。工业企业绿色创新活动还受到非地理距离因素的影响，如经济发展水平以及人力资本等（李靖等，2010）。本章借鉴余泳泽、刘大勇（2013）的做法，采用两区域人均 GDP 差（q）的平方的倒数来衡量，具体公式如下：

$$W_{ij}=\begin{cases}\dfrac{1}{q^2},\ i\neq j\\0,\ i=j\end{cases} \quad (5-5)$$

4. 空间面板计量经济模型的构建

空间自相关分析只能从整体上反映地区间的创新效率是否存在空间相关性，却无法体现溢出的具体方向和大小（黄奇等，2015），故需要建立空间面板模型来验证企业创新效率及环境控制变量的溢出效应。空间面板计量经济模型一般被分为以下三种：空间面板滞后模型（SAR）、空间面板误差模型（SEM）和空间面板杜宾模型（SDM）（叶阿忠等，2015）。其中空间面板滞后和误差模型是最常见的两种空间面板计量模型，分别侧重于考察被解释变量的空间滞后项及随机误差项之间的互相影响（李志宏等，2013；赵增耀等，2015）。空间面板杜宾模型则同时包含前两者的优点，它同时考虑了因变量的空间溢出效应以及自变量之间的空间相关性，因此当模型中的随机扰动项存在空间相关性，并且有可能具有内生性问题的情况下适宜采用空间杜宾模型（范斐等，2016）。上述三种模型均采用极大似然估计法（MLE）进行估计，考虑到空间杜宾模型结合了空间滞后和空间误差模型的优点，本章拟运用空间杜宾模型，分别以 2010~2016 年中国大陆 26 个省份高技术产业及分行业科技研发和成果转化效率为被解释变量，进行空间回归计量分析，模型设定如下：

$$\text{Effi}_{it} = \rho W_{ij}\text{Effi}_{it} + \beta_1 X_{it} + \beta_2 W_{ij}X_{it} + \mu_{it} + r_{it} + \varepsilon_{it}$$

$$\mu_{it} = \lambda W_{ij}\mu_{it} + \varepsilon_{it}, \quad \varepsilon \sim N(0, \sigma^2 I_n)$$

这里，Effi_{it} 为被解释变量，即中国各省份各年份高技术产业科技研发或成果转化效率值。X_{it} 为影响因素，包括：企业规模、产权性质、知识产权保护、劳动者素质、金融环境、外商投资以及基础研究投入等环境控制变量，W_{ij} 为空间权重矩阵，本章主要采用地理距离和经济社会距离权重进行分析。$W_{ij}X_{it}$ 为空间滞后项，$\beta_2 W_{ij}X_{it}$ 表示来自邻近省份影响因素的作用，ρ，β_1，β_2 分别为被解释变量的空间滞后项、影响因素以及影响因素空间滞后项的系数，μ_{it}，r_{it} 表示模型的空间效应和时间效应，ε_{it} 为随机干扰项。

第二节 样本变量及数据说明

本章以考察期内 26 个省份五大高技术行业企业为研究对象，西藏、海南、青海、宁夏、新疆因部分行业数据不全，因而不在本章研究范围之列。本章选取研发经费和人力作为创新投入，以专利申请数、新产品开发项目数等为中间产出，以新产品销售收入、主营业务收入等为最终产出，投入产出指标以及空间计量影响因素的界定如下：

一、投入产出指标

（1）初始投入。选取研发经费内部支出（X1）、研发人员全时当量（X2）和引进消化吸收费用（X3）三个指标。这里引进消化吸收费用为引进技术经费支出、消化吸收经费支出、购买境内技术经费支出、技术改造经费支出之和。由于前期的研发经费投入可能对后期研发产出形成影响，即研发经费存在一定的时滞性和累积效应，故对本章中的两个经费投入指标均采用存量计算。以2000年研发经费支出为基期，取折旧率为15%，采用永续盘存法进行计算，在计算存量之前，需采用研发价格指数对研发经费支出进行平减（李向东，2011），转化为2008年不变价。

（2）中间产出。选取专利申请数（Z1）、拥有发明专利数（Z2）和新产品开发项目数（Z3）作为中间产出。专利主要用于衡量企业的科技创新能力，虽然有些专利申请最终并未授权，但也在我国经济社会发展中起到重要的推动作用。作为专利中最具有创新性的一种，发明专利对企业绩效和区域经济的积极带动作用最为明显，也是通常被国际上采用的科技指标之一。另外，由于一些企业因技术涉密等原因，并不愿意申请发明专利，因而还需包括新产品开发项目数指标（江剑、官建成，2008）。

（3）最终产出。选取新产品销售收入（Y1）、主营业务收入（Y2）和出口交货值（Y3）表示。新产品销售收入反映企业因技术创新、产品创新而获得的收益，有些小的发明和工艺创新是不能被新产品销售收入指标反映，因而还需包括主营业务收入指标（周亚虹等，2012；朱德胜、周晓珮，2016）。出口交货值代表着企业的国际竞争力和创新价值，也是经常被采用的指标之一。

二、影响因素变量

（1）企业规模（SCALE）。企业技术创新需要一定的规模效应，不过规模较大的企业也容易滋生管理官僚化和内耗，延迟企业创新决策，导致创新效率低下。本章从研发和成果转化两个阶段进行分析，认为研发过程更多涉及研发人员的活动和经费投入等,与企业规模并无直接联系。但成果转化阶段更强调经济社会效益,因而企业规模越大,越有利于企业科技成果转化产出和效率的提升。从溢出角度来看,本地区企业规模越大,越容易对临近地区企业创新的经济效益形成竞争和挤出效应,因而不利于临近地区成果转化效率的提升,对于研发效率的溢出效应还有待检验。这里,用各地区高技术产业主营业务收入/企业数的对数值来表示,在测算之前,用工业品出厂价格指数进行平减,转换为2008年不变价。

(2) 产权结构 (OWNER)。Zhang 等 (2003) 的研究表明,国有经济比重越大,企业创新效率越低。李政、陆寅宏 (2014) 发现国有企业本身不缺乏创新动力和效率,可通过机制体制改革,实现效率提升。对于不同行业而言,产权结构的影响可能存在差异,如航空航天器制造业,其承担了历史使命和国家战略需求,需要集中全国资源予以研发创新,国有产权性质反而促进了其研发和成果转化效率的提升。对于其他不涉及国家安全的市场竞争激励行业而言,国有经济比重越高,反而会制约效率的提升。企业产权结构可能会对临近地区企业形成示范效应,国有经济比重越大,越不利于临近地区创新效率的改善。这里,用国有及国有控股企业主营业务收入占所有主营业务收入的比重来表示。

(3) 知识产权保护 (IPP)。Maskus (1998) 认为,对知识产权进行保护,有利于外资入驻和技术溢出,促进本国企业创新能力提升。Yang 和 Maskus (2001) 发现,软件等技术水平较高行业更加关注知识产权保护,而传统行业对知识产权保护并不敏感。本章认为,知识产权保护对于高技术企业科技研发效率起到促进作用,毕竟高技术企业具有明显的技术溢出效应,若不加以保护,则很难获得由研发带来的全部收益。但是知识产权保护可能更多涉及技术的研发环节,如专利诉讼、产品技术复杂度等,其对成果转化效率的影响可能并不显著。知识产权保护对相邻地区研发效率可能起到负向溢出效应,因为知识产权保护强度越大,增加了临近地区技术模仿、窃取而付出的成本。这里利用中国各地区的 GP 指数乘以执法水平 F 表示,即 $IPP_{it} = GP_t \times F_{it}$,这里 IPP 为修正的知识产权保护水平,GP 指数代表各省份知识产权保护的立法强度,由于该指数主要由国家层面立法政策决定,因而同一年份不同地区没有区别,数据值处于 [0, 5] 之间。F 表示各地区的知识产权保护执法强度,涉及保护覆盖面积、国际条约成员、专利保护期限、保护的损失和执法机制等五个方面。借鉴韩玉雄、李怀祖 (2005) 的做法,采用人均 GDP 水平、成人识字率、立法时间、律师人口所占比例及是否为 WTO 成员等五个指标进行标准化并求均值而得，数据值处于 [0，1] 之间。

（4）基础研究投入（RESEA）。R&D 经费支出包括基础研究、应用研究和实验发展等支出，查阅数据发现，我国各地区基础、应用研究经费之和所占比重一般不超过 30%，美国三种类型经费所占比例几乎相等，中国部分地区甚至低于 10%，这制约了原始性重大科研成果的产生（肖仁桥等，2018）。本章认为科技研发效率与基础应用研究经费比重正相关。利用地区 R&D 经费内部支出中基础、应用研究之和所占比重表示。

（5）劳动者素质（LABOR）。劳动者素质。劳动者是技术发明和传播的重要载体，劳动者素质提高有利于增强区域创新能力。本章认为，我国高技术产业创新效率与劳动者素质正相关。这里，用大专及以上学历人口数/15 岁以上人口数来表示。

（6）金融环境（FINAN）。创新活动离不开金融机构的支持，银行、风险投资等机构对企业创新能力提升具有积极影响（Colombo 等，2016；Sullivan，2006）。但白俊红、卞元超（2016）指出，由于银行等机构受地方政府的干预，更倾向于投资一些短平快、风险小的生产建设性项目。创新活动更多依赖自身资金投入（肖仁桥等，2015），金融环境的影响还有待检验。这里，用金融机构贷款余额占 GDP 比重来表示（周兵等，2014）。

（7）外商投资（FDI）。外商投资对我国工业企业技术创新起到技术溢出作用，如技术决窍、管理经验以及共建本土研发中心等（戴静等，2014）。然而，实际中我国企业更多利用外资技术，从事生产和营销活动，部分内资企业甚至一味采取模仿创新，而放弃自主研发策略，使得外商投资对科技研发效率可能起到阻滞作用。这里，用"我国港澳台地区注资、外资企业主营业务收入之和占总主营业务收入的比重"来表示。

三、数据说明

本章数据源自 2001~2017 年《中国科技统计年鉴》《中国统计年鉴》和《中国经济普查年鉴 2004/2008》。由于投入转化为产出具有一定时滞性，本章初始创新投入指标数据年份为 2008~2014 年，中间产出数据年份为 2009~2015 年，最终产出数据年份为 2010~2016 年。因部分地区少数行业的年份数据为 0，而 DEA 模型要求投入产出指标均大于 0，故将投入产出指标数据进行标准化处理，转化为 [1, 100] 之间的数，转化公式为：$\tilde{x}_n = 1 + 99 \times \frac{(x_n - \min_n x_n)}{(\max_n x_n - \min_n x_n)}$。这里，$x_n$ 是来源于统计年鉴的原始投入产出数据，$\tilde{x}_n$ 为标准化处理之后的数据。

第三节 中国高技术企业创新效率结果分析

将上述考察期内中国大陆26个省份各行业高技术企业创新投入产出数据作为研究样本，利用DEA模型进行测算创新效率值，结果如表5-1所示。

表5-1 2010~2016年中国高技术企业总体及各行业科技研发和成果转化效率均值

地区	科技研发效率						成果转化效率					
	总体	行业1	行业2	行业3	行业4	行业5	总体	行业1	行业2	行业3	行业4	行业5
北京	0.720	0.728	0.682	0.719	0.824	0.650	0.200	0.191	0.158	0.230	0.310	0.111
天津	0.696	0.792	0.775	0.398	0.587	0.931	0.284	0.112	0.440	0.509	0.262	0.099
河北	0.694	0.515	0.694	0.696	0.807	0.756	0.191	0.249	0.185	0.201	0.199	0.124
辽宁	0.618	0.679	0.338	0.541	0.747	0.783	0.197	0.200	0.185	0.233	0.219	0.148
上海	0.502	0.488	0.451	0.469	0.494	0.609	0.309	0.173	0.184	0.194	0.860	0.132
江苏	0.520	0.390	0.660	0.403	0.343	0.804	0.461	0.315	0.181	0.650	0.887	0.273
浙江	0.611	0.418	0.782	0.522	0.581	0.750	0.192	0.181	0.207	0.248	0.181	0.146
福建	0.570	0.592	0.759	0.374	0.361	0.766	0.230	0.146	0.245	0.344	0.296	0.118
山东	0.544	0.421	0.757	0.425	0.413	0.707	0.307	0.358	0.197	0.410	0.384	0.187
广东	0.705	0.555	0.693	0.625	0.717	0.933	0.210	0.188	0.187	0.194	0.375	0.103
山西	0.763	0.734	0.758	0.764	0.795	0.765	0.213	0.164	0.211	0.307	0.220	0.163
吉林	0.747	0.703	0.761	0.747	0.760	0.763	0.225	0.315	0.217	0.186	0.222	0.187
黑龙江	0.640	0.572	0.402	0.725	0.749	0.750	0.160	0.159	0.108	0.198	0.191	0.145
安徽	0.767	0.792	0.686	0.876	0.773	0.710	0.174	0.149	0.175	0.171	0.245	0.129
江西	0.645	0.648	0.419	0.694	0.790	0.672	0.230	0.252	0.212	0.290	0.239	0.158
河南	0.644	0.544	0.624	0.572	0.793	0.685	0.314	0.349	0.186	0.663	0.225	0.149
湖北	0.645	0.579	0.562	0.581	0.750	0.754	0.174	0.211	0.135	0.167	0.235	0.120
湖南	0.674	0.669	0.630	0.587	0.702	0.780	0.216	0.189	0.220	0.332	0.180	0.161

续表

地区	科技研发效率						成果转化效率					
	总体	行业1	行业2	行业3	行业4	行业5	总体	行业1	行业2	行业3	行业4	行业5
内蒙古	0.774	0.711	0.756	0.793	0.805	0.805	0.224	0.222	0.221	0.243	0.215	0.218
广西	0.741	0.693	0.803	0.693	0.769	0.746	0.223	0.172	0.226	0.210	0.339	0.170
重庆	0.720	0.656	0.777	0.759	0.725	0.683	0.286	0.138	0.222	0.284	0.680	0.107
四川	0.704	0.826	0.491	0.610	0.801	0.793	0.255	0.213	0.151	0.224	0.576	0.113
贵州	0.723	0.880	0.466	0.716	0.799	0.752	0.162	0.155	0.111	0.113	0.227	0.202
云南	0.777	0.812	0.803	0.744	0.776	0.747	0.198	0.143	0.221	0.209	0.218	0.201
陕西	0.578	0.663	0.209	0.548	0.813	0.659	0.162	0.195	0.167	0.134	0.199	0.117
甘肃	0.750	0.686	0.755	0.707	0.803	0.801	0.192	0.164	0.225	0.147	0.222	0.204
东部	0.618	0.558	0.659	0.517	0.587	0.769	0.258	0.211	0.217	0.321	0.397	0.144
中部	0.690	0.655	0.605	0.693	0.764	0.735	0.213	0.224	0.183	0.289	0.220	0.152
西部	0.721	0.741	0.633	0.696	0.786	0.748	0.213	0.175	0.193	0.195	0.334	0.167
全国	0.672	0.644	0.634	0.627	0.703	0.752	0.230	0.204	0.199	0.273	0.323	0.153

注：这里行业1，行业2，…，行业5分别指医药制造业、航空航天器制造业、电子及通信设备制造业、电子计算机及办公设备制造业和医疗设备及仪器仪表制造业。

从全国来看，考察期内中国高技术企业科技研发和成果转化效率均值分别为0.672和0.230，成果转化效率明显偏低，是制约中国企业创新水平提升的关键环节。分区域来看，在科技研发阶段，东部、中部、西部地区的效率均值依次递增，分别为0.618、0.690和0.721，这与以往的研究结论并不一致，主要原因在于测度方法、指标以及年份存在差异。本章主要从效率角度进行分析，上海、江苏、福建、山东等地区高技术产业研发投入较大，但专利等产出并未达到相应的水平，从而拉低了东部地区的科技研发效率水平。在成果转化阶段，东中西部地区均处于较低水平，不过东部地区效率相对较高，中西部地区则明显偏低(0.213)，贵州、陕西等地成果转化效率值不足0.170，专利等产出具有一定规模，但在新产品销售收入和主营业务收入等方面明显不足，是中西部地区成果转化效率损失的重要原因。分行业来看，在科技研发阶段，全国电子计算机及办公设备制造业和医疗设备及仪器仪表制造业效率相对较高，而医药制造业、航空航天器制造业和电子及通信设备制造业处于较低水平。东部地区科技研发效率低下源于医药制造业、电子计算机及办公设备制造业和电子及通信设备制造业效率偏低。在成果转化阶段，电子及通信设备制造业、电子计算机及办公设备制造业效率相对较高，而医药制造业、航空航天器制造业和医疗设备及仪器仪表制造业效率则处于较低水平。中西部地区效率偏低主要源于航空航天器制造业和医疗设备及仪器仪表制造业效率不高，另外，西部地区电子及通信设备制造业效率也有待提升。

图5-1和图5-2为考察期内中国高技术企业总体和分行业两阶段效率均值。在科技研发阶段，中国高技术企业总体出现先降后升再降的趋势，不过2012年之后总体变化幅度不大。医药制造业、航空航天器制造业和电子及通信设备制造业的变化趋势与全国情形类似，只不过略低于全国水平。电子计算机及办公设备制造业和医疗设备及仪器仪表制造业的变化趋势也与全国类似，但行业5效率全行业最高，其次是行业4，且基本位于全国平均水平以上。我们发现，无论是整体还是分行业，在2011年效率值均达到最低值，这里提到的2011年科技研发效率值，实际涉及2009年研发投入和2010年中间产出。由于美国次贷危机和欧债危机导致出口紧张，国内40000亿元刺激更多投向基础设施领域，导致一些高技术企业投向房地产开发等项目，企业并未将更多的专注力投身于产品技术研发活动中，专利申请数、新产品开发项目数均有一定程度的下降，高技术企业科技研发效率出现下降趋势。在成果转化阶段，全国及各行业效率基本呈现稳中略增的变化趋势。与科技研发阶段不同的是，这里电子计算机及办公设备制造业和电子及通信设备制造业处于全行业效率领先水平。医药制造业、航空航天器制造业和医疗设备及仪器仪表制造业依次递减，均低于全行业平均水平。不过，考察期内全国及各行业成果转化效率均不超过0.40，仍处于较低水平，须在新产品开发和价值增值方面进行改进，提升高技术企业成果转化效率。

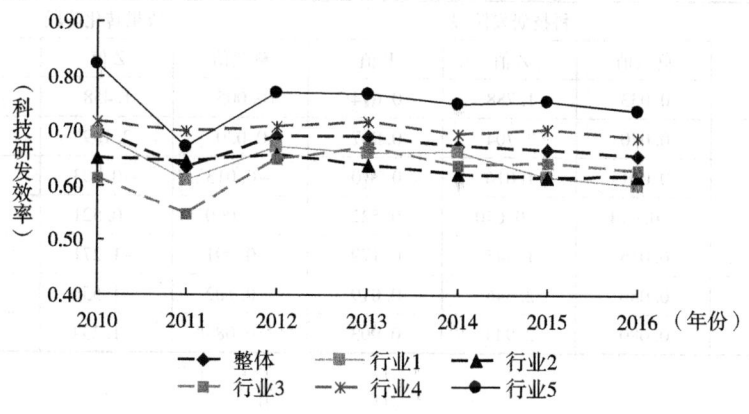

图5-1　2010~2016年中国高技术企业总体及各行业科技研发效率均值

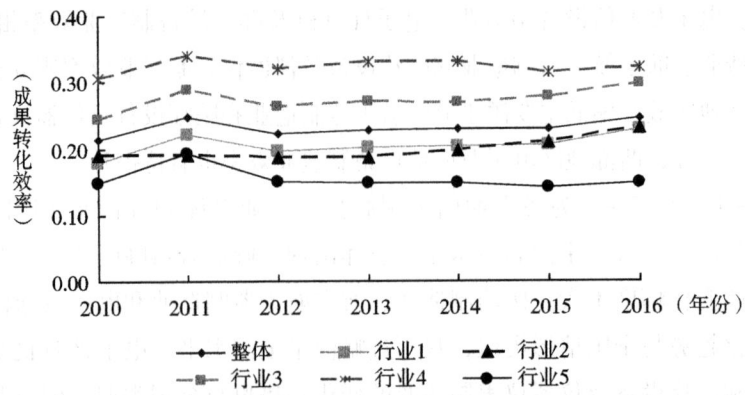

图 5-2 2010~2016 年中国高技术企业总体及各行业成果转化效率均值

第四节 企业技术创新效率的空间溢出效应实证分析

一、创新效率的空间相关性分析

上述研究测度了中国各省份高技术企业及五大行业的科技研发和成果转化效率值，下面利用前面所述的地理距离和经济社会距离权重矩阵，对中国各省份高技术企业两阶段创新效率的空间相关性进行莫兰指数测算分析，结果如表 5-2 所示。

表 5-2 中国各省份高技术企业科技研发和成果转化效率的莫兰指数

年份	科技研发阶段			成果转化阶段		
	莫兰值	Z 值	P 值	莫兰值	Z 值	P 值
2010	0.033	1.788	0.074	0.005	1.458	0.145
2011	0.070	2.704	0.007	0.030	2.159	0.031
2012	0.001	1.016	0.310	-0.013	-0.803	0.422
2013	-0.014	-0.640	0.522	-0.060	-0.521	0.602
2014	0.015	1.345	0.179	-0.091	-1.271	0.204
2015	0.056	2.346	0.019	-0.102	-1.556	0.120
2016	0.080	2.944	0.003	-0.088	-1.234	0.217

表 5-2 是基于地理距离矩阵，分别测算创新两阶段的莫兰值，以此分析创新

两阶段的空间相关性。我们发现，在科技研发阶段，考察期内仅有 2013 年表现为不显著的负相关，其余年份均表现为正相关，即科技研发效率高（低）值地区与高（低）值相邻，且基本通过了显著性水平的检验，我国省域高技术企业间科技研发效率具有地理距离的正相关性，即存在集聚的特征。我们发现，科技研发效率的空间相关性明显高于成果转化效率，说明中国高技术产业创新效率空间溢出主要依赖于科技研发阶段带动。这可能与科技研发产出主要以专利等显性外向知识为主，容易被临近地区创新型企业吸收学习和模仿有关。成果转化阶段则更多体现为生产、营销以及创新文化战略制定等内隐知识，具有一定的独特性和不确定性，阻碍了成果转化效率的空间溢出。在成果转化阶段，2011 年表现为 5% 水平的显著正相关，2012~2016 年的结果虽并不显著，但表现为负相关。不过，如果以 0.20 为检验水平，则大多数年份均通过了显著性检验，正如当前学者所争论的 p 值问题，我们不仅要关注 5% 这个节点，更要将 p 值放大以进行更为全面的分析。为了进一步确定高技术企业创新的空间溢出效应，下面将基于地理距离权重矩阵，利用空间计量经济模型对中国高技术企业创新效率的空间溢出效应及成因进行分析。

二、影响因素的空间计量回归分析

根据上述空间计量模型、影响因素选取以及收集数据，对 2010~2016 年中国高技术企业两阶段创新效率的影响因素进行空间计量回归分析，结果如表 5-3 所示。

由表 5-3 可知，在科技研发阶段，基于地理距离的空间相关系数 Spatial - rho 在 1% 的检验水平下显著，且系数为正，预示区域间科技研发效率具有显著的空间正效应，某个省份企业科技研发效率的提升会对相邻地区企业科技研发效率的提升产生积极影响，这也表明空间溢出是我国区域高技术企业科技研发能力提升的重要来源。分行业来看，医药制造业和医疗设备及仪器仪表制造业科技研发效率空间滞后项估计系数为正，可能归因于这些行业研发人员等要素流动性较强，某省份科技研发效率的提升将对临近地区科技研发效率起到积极的示范带动效应，使得相邻省份的科技研发效率较为接近。航空航天器制造业和电子计算机及办公设备制造业科技研发效率则显著空间负相关，可能与这些行业具有区域同构性有关，也可能是这些行业资源过于集中在少数发达省份，周边省份产业基础较为薄弱，两极分化较为严重。电子及通信设备制造业科技研发效率的空间效应则不明显，这可能与该行业研发要素流动性相对较差有关。

表5-3 影响因素的空间计量回归结果

变量名称	科技研发阶段						成果转化阶段					
	总体	行业1	行业2	行业3	行业4	行业5	总体	行业1	行业2	行业3	行业4	行业5
SCALE	-0.000 (-0.03)	-0.000 (-0.01)	0.011* (1.81)	-0.002 (-0.08)	0.011 (1.46)	0.005 (0.68)	0.010 (1.00)	0.016 (1.32)	0.011*** (2.66)	0.065*** (2.64)	0.025*** (2.93)	-0.003 (-1.24)
OWNER	-0.076 (-1.08)	-0.088 (-0.70)	0.286** (2.30)	-0.017 (-0.11)	0.136 (1.19)	0.014 (0.11)	0.050 (0.85)	-0.031 (-0.45)	0.162* (1.92)	-0.061 (-0.37)	-0.352*** (-2.61)	-0.092** (-2.19)
IPP	2.307*** (3.51)	2.080* (1.76)	0.828 (0.74)	0.996 (0.69)	6.164*** (5.73)	-0.075 (-0.33)	-0.237 (-0.43)	-0.785 (-1.21)	2.596*** (3.36)	-2.291 (-1.48)	2.895** (2.28)	0.001 (0.01)
RESEA	-0.207* (-1.83)	-0.181 (-0.90)	-0.015 (-0.08)	0.169 (0.69)	-0.451** (-2.46)	-0.424* (-1.92)	-0.112 (-1.17)	-0.130 (-1.17)	0.212 (1.60)	-0.077 (-0.29)	-0.411* (-1.91)	-0.105 (-1.53)
LABOR	-0.068 (-0.35)	0.466 (1.32)	-0.454 (-1.36)	1.163*** (2.71)	0.388 (1.2)	0.316 (0.80)	-0.280* (-1.71)	0.058 (0.30)	-0.426* (-1.88)	-0.620 (-1.34)	-0.363 (-0.95)	-0.071 (-0.58)
FINAN	-0.010 (-0.44)	-0.041 (-0.97)	-0.062 (-1.50)	0.049 (0.95)	0.040 (1.02)	-0.080* (-1.69)	-0.011 (-0.57)	-0.033 (-1.40)	-0.016 (-0.55)	-0.032 (-0.58)	0.004 (0.08)	-0.019 (-1.30)
FDI	-0.006 (-0.13)	-0.053 (-0.67)	0.082 (1.05)	0.058 (0.57)	0.184** (2.48)	-0.053 (-0.62)	0.221*** (5.60)	0.095** (2.18)	0.066 (1.25)	0.374*** (3.46)	0.401*** (4.53)	0.014 (0.54)
W×SCALE	0.004 (0.22)	-0.002 (-0.04)	-0.032 (-1.34)	0.044 (1.07)	-0.015 (-0.58)	0.001 (0.02)	-0.059*** (-3.69)	0.013 (0.61)	-0.067*** (-3.28)	-0.143*** (-3.27)	-0.078** (-2.33)	0.002 (0.19)

续表

变量名称	科技研发阶段						成果转化阶段					
	总体	行业1	行业2	行业3	行业4	行业5	总体	行业1	行业2	行业3	行业4	行业5
W×OWNER	-0.214 (-0.88)	0.012 (0.03)	0.763* (1.69)	-1.199** (-2.27)	1.412*** (3.42)	-0.716 (-1.21)	0.550*** (2.76)	0.679*** (2.81)	0.908*** (3.16)	0.549 (0.99)	0.876* (1.86)	0.402** (2.23)
W×IPP	0.663 (0.17)	-4.420 (-0.68)	1.738 (0.31)	-8.550 (-1.12)	18.064*** (2.87)	-0.447 (-0.76)	7.042** (2.27)	-1.351 (-0.39)	11.326*** (2.95)	13.691* (1.74)	9.936 (1.57)	-0.029 (-0.16)
W×RESEA	0.317 (0.49)	-1.990* (-1.72)	-0.120 (-0.10)	1.183 (0.83)	0.225 (0.21)	-1.875 (-1.40)	-1.200** (-2.17)	0.042 (0.07)	0.226 (0.27)	-1.896 (-1.24)	3.574*** (2.87)	0.176 (0.43)
W×LABOR	-0.421 (-0.92)	-1.689** (-2.00)	0.867 (1.00)	-0.593 (-0.64)	-2.426*** (-3.15)	-0.678 (-0.55)	0.245 (0.65)	0.564 (1.31)	0.575 (0.98)	0.346 (0.34)	1.429* (1.66)	0.272 (0.70)
W×FINAN	-0.049 (-1.29)	-0.066 (-1.00)	0.028 (0.49)	-0.075 (-0.95)	-0.096 (-1.76)	0.004 (0.06)	0.016 (0.53)	0.069** (1.99)	0.042 (1.09)	-0.008 (-0.09)	0.094 (1.41)	0.043** (2.01)
W×FDI	-0.138 (-0.47)	-0.494 (-1.01)	0.835* (1.88)	-0.137 (-0.22)	0.542 (1.05)	-0.535 (-1.13)	0.535** (2.25)	-0.175 (-0.65)	0.111 (0.36)	0.316 (0.49)	1.584*** (2.65)	0.160 (1.10)
Spatial-rho	0.452*** (3.40)	0.332** (2.06)	-0.524* (-1.88)	0.208 (1.13)	-0.900*** (-3.21)	0.549*** (4.72)	0.114 (0.53)	-0.627** (-2.28)	-0.519** (-2.29)	-0.044 (-0.17)	-0.162 (-0.69)	0.548*** (5.06)
R^2	0.240	0.245	0.115	0.152	0.259	0.212	0.366	0.112	0.313	0.263	0.323	0.289
logL	352.84	246.79	257.10	212.06	262.00	226.05	388.18	354.60	327.83	199.75	234.35	438.72

注：1. 行业1，行业2，…，行业5分别指医药制造业、航空航天器制造业、电子及通信设备制造业、电子计算机及办公事设备制造业、医疗设备及仪器仪表制造业；
2. "*" "**" "***"分别表示10%、5%和1%的显著性水平。

从各影响因素的估计系数和显著性来看,知识产权保护水平(IPP)在1%的检验水平下与高技术产业科技研发效率显著正相关,知识产权保护水平每增加1%,中国高技术产业科技研发效率将提升2.307%。由于研发具有公共品属性,创新者无法获取研发创新带来的全部收益,缺乏创新的动力,通过对创新者的设计或技术产品进行专利保护,有利于激发研发人员的创新热情,使得新兴技术不断涌现,从而导致科技研发效率的不断提升。加强知识产权保护也有利于技术领先方对落后方的许可和转让,为彼此之间的交流和合作提供了保障机制,有利于中国高技术企业的技术学习和成长,实现对外资的技术追赶。

基础研究投入(RESEA)与中国高技术产业科技研发效率显著负相关,基础应用研究所占比重越高,高技术产业科技研发效率反而越低。这与我们普遍的观点不太一致,可能原因有两个:一是我国基础研究经费每年都持续增加,但其主要投向了高校和科研单位,而并不是高技术企业,因而地区基础研究投入越高,并未对高技术企业科技研发效率产生积极影响;二是我国基础应用研究经费仍然处于相对较低水平,只有当基础应用研究经费投入达到一定的积累时,其对高技术企业科技研发效率的正向影响才可能凸显,因而与前文假设并不矛盾。

产权结构(OWNER)。产权结构对高技术企业科技研发效率的影响并不显著,吴延兵(2012)等学者认为,国有企业由于创新所有权与控制权的分离,缺乏研发创新的动力,研发产出和效率偏低,国有比重越大,企业科技研发效率越低。李政、陆寅宏(2014)发现国有企业本身不缺乏创新动力和效率,如航空航天器制造业,由于涉密以及国家安全等原因,其并不是一个完全竞争的市场,这需要国家进行大量人员和资金支持。本章分行业实证检验发现,航空航天器制造业科技研发效率在5%的检验水平下,与产权结构显著正相关。国有经济比重每提升1个单位,航空航天器制造业科技研发效率增加0.286个单位,提升效应显著。

金融环境(FINAN)对高技术企业科技研发效率的影响统计不显著,与Guan和Chen(2012)和肖仁桥等(2018)的结论类似,一般而言,银行等金融机构贷款为高技术企业的创新发展提供了重要的资金保障,但现实中金融机构往往投资于一些生产性基础建设项目,对风险较高的创新性项目并不青睐。且金融机构更倾向于投资国有大中型企业,这些企业并不缺乏资金,而一些中小科技型民营企业却融资困难,从而抵消了金融环境对科技研发效率的积极作用。

劳动者素质(LABOR)仅对电子及通信设备制造业研发效率具有显著的积

极影响，这可能与该行业在基础研究领域激烈竞争有关，如我国芯片等技术开发存在的最大问题是基础研究人才的缺乏。因而加大对高等教育体制的改革，持续释放人才红利已成为当务之急。

外商投资（FDI）仅对电子计算机及办公设备制造业科技研发效率具有积极影响，对其他行业的影响并不显著。众所周知，我国手机所使用的安卓系统、电脑所使用的 Windows 和微软都来自外资企业，外商投资对该行业的影响非常深远。我国很多新技术的开发都是以外资企业的原始技术为基础，有时甚至直接购买外资技术进行再创新，因此外商投资越大，该行业研发效率越高。对于其他行业而言，由于我国高技术企业已具有一定的研发创新能力，存在可替代的国产技术，使得外商投资的影响并不显著。

在成果转化阶段，高技术企业总体表现为正向的空间溢出效应，但其结果并不显著。各行业的空间溢出效应则存在明显差异。如医疗设备及仪器仪表制造业的空间相关系数 Spatial–rho 在 1% 的检验水平下显著为正，存在显著的正向空间溢出效应，归因于此类产业成果转化阶段要素流动性较好，相邻省份之间产生了技术示范和溢出效应，使得相邻省份高技术产业成果转化效率接近。医药制造业和航空航天器制造业则存在显著的空间负相关，存在"以邻为壑"的负效应。可能原因在于这些地区行业布局存在同构性，一方面重复引进国外成熟技术进行生产，推出的产品和服务也较为相似；另一方面要素主要集中于北京、上海、南京、杭州等大城市，从而对周边地区创新人力等资源形成吸附效应。电子及通信设备制造业、计算机及办公设备制造业的成果转化效率的空间关系则不显著，可能与该行业成果转化要素流动性较差有关。另外，从解释变量的空间滞后项系数来看，知识产权保护、产权结构、外商投资、企业规模和基础研究投入等变量存在显著的空间溢出效应，表明在空间依赖视角下，各地区政府相继调整自身的经济发展政策，如加大招商引资的力度和管理等，这也再次说明本书考虑空间溢出效应的必要性。

从影响因素的估计系数和显著性来看，外商投资（FDI）对我国高技术企业成果转化效率起到明显的促进作用，外商投资水平每提高 1%，高技术企业成果转化效率增加 0.535%。这也与前人的结论类似（吴延兵，2012），外资企业主要在我国从事技术的产品化和销售活动，对成果转化产出和效率影响显著。劳动者素质（LABOR）对成果转化效率提升起到明显抑制作用，可能原因是我国高技术人才分布不均衡，部分东部地区高技能人才存在拥挤效应，而在边远西部地区存在人才短缺现象，使得劳动者素质对成果转化效率的积极效应并未得到发挥。另外，本章劳动者素质是以地区大专以上人口占15岁以上人口比重进行衡量，地区高层次人才可能流向企业、高校和科研单位多种去处，存在部分地区高技术人才主要集中于高校和科研单位的情形，从而得到上述结论。知识产权保护（IPP）仅对航空航天器制造业和电子计算机及办公设备制造业成果转化效率产生显著的积极影响，而对其他行业的影响并不显著。可能原因在于这些行业属于技术含量较高的行业，对知识产权保护水平的变化更为敏感（Yang and Maskus, 2001）。

本章小结

本章基于两阶段价值链理论，利用两阶段DEA模型测算2010~2016年中国各省份高技术企业整体与分行业的两阶段效率值。并考虑两阶段创新的空间溢出效应，构建空间计量模型分析我国高技术企业整体与分行业效率的影响因素，研究结果表明：①2010~2016年中国高技术企业科技研发和成果转化效率均值分别为0.672和0.230，成果转化效率明显偏低。考察期内中国高技术企业科技研发效率出现先降后升再降的趋势，全国及各行业成果转化效率基本呈现稳中略增的变化趋势。在科技研发阶段，西部、中部和东部地区依次递减，医疗设备及仪器仪表制造业、电子及通信设备制造业效率较高，其次是医药制造业、航空航天器制造业。在成果转化阶段，东部地区企业效率均值较高，中西部地区效率相对偏低，电子计算机及办公设备制造业、电子及通信设备制造业效率相对较高，医药制造业、航空航天器制造业和医疗设备及仪器仪表制造业效率依次递减。②中国高技术企业整体及各行业科技研发效率存在明显的空间溢出效应，表明某一省份高技术企业整体或分行业科技研发效率会对相邻省份整体及分行业科技研发效率产生显著的影响。全国、医药制造业、医疗设备及仪器仪表制造业科技研发效率空间滞后项系数为正，航空航天器制造业和电子计算机及办公设备制造业科技研发效率则显著为负，电子及通信设备制造业科技研发效率不显著。在成果转化阶段，医疗设备及仪器仪表制造业效率空间滞后项系数显著为正，而医药制造业和航空航天器制造业效率显著为负，高技术企业整体、电子及通信设备制造业、电子计算机及办公设备制造业效率则不显著。在空间依赖视角下,知识产权保护、产权结构、外商投资、企业规模和基础研究投入等变量也存在显著的空间溢出效应。③知识产权保护水平对高技术企业科技研发效率的提升产生显著的积极影响,基础研究投入与科技研发效率显著负相关,基础应用研究所占比重越高,科技研发效率反而越低。在成果转化阶段,外商投资对效率值起明显的促进作用,劳动者素质对效率提升则起明显抑制作用。各行业两阶段效率的影响因素检验结果显著性存在差异。以上结论蕴含的启示如下:

(1) 从科技研发和成果转化两阶段出发,提升高技术企业创新效率。从行业差异化政策来看,医药制造业和航空航天器制造业是中国高技术企业创新效率提升的重点关注对象。需摆脱以往依靠仿制、模仿创新再生产的经营模式,注重原始性自主创新,将影响产业发展的关键技术予以突破。打造核心技术的创新生态环境,使其在原始技术基础上不断迭代升级,与现有的外部环境进行有效兼容,形成完整的产业生态链条。加大力度推进市场化进程,促进创新要素资源的空间合理流动,发挥技术创新效率的空间溢出效应,带动临近省份、中西部地区研发中心以及成果转化平台的建设和发展,使创新要素的作用得到最大限度的发挥。政府需在保障企业利益的同时,鼓励企业员工在不同地区、不同行业、不同企业之间的流动,加强区域间的技术合作,以区域协调发展理念配置要素。

(2) 加大知识产权保护力度,营造尊重人才、尊重知识的社会氛围和环境,激发研发人员的创新动力。需加强对知识产权执法监督管理,创造公平的创新环境,保障创新者的合法利益。扩大对外开放度,充分利用外资技术。在产业发展过程中,需借助 WTO、"一带一路"等国际规则和组织,探索开放型创新政策环境,加大与国外企业之间的产业链合作,建立良好并可替代性的供应商联盟关系,通过聘请上游外资企业工程师为技术顾问,指导本土企业的产品创新方案设计,促进外资技术溢出。企业或采取"走出去"的创新发展战略,到欧美等发达国家去投资办厂,去国外高校融智等,充分利用国外先进的基础研究能力,为我国高技术企业研发注入新的发展活力。

(3) 加强对我国基础研究能力的建设,通过市场为主导的方式,在资金和政策层面,支持一些具有研究实力的高校或科研单位为企业开发生产核心技术和关键设备。与此同时,加大对我国教育体制的改革,转变传统的灌输式服从教育,培养学生的批判思维、好奇心以及创新能力,不要用唯一的标准答案去统一要求学生,避免束缚学生的想象力和发散思维,容许学生的差异化发展等。

第六章　环境约束下考虑空间外溢效应的中国区域企业技术创新效率研究

第一节　环境约束下工业企业创新效率及其空间溢出理论分析

环境约束下企业技术创新是指在生产经营活动中依靠现代科学技术的力量研究开发绿色产品或进行绿色工艺改造，以节约资源和原材料、减少废弃物排放、改善生态环境，实现经济与环境协调发展的工艺或产品绿色化的活动过程（朱建峰等，2015；Shu 等，2016）。绿色创新效率指的是在考虑环境污染的前提下，组织进行创新活动的产出与投入之比（赵琳、范德成，2011），它反映了单位创新投入对创新产出的贡献程度，对绿色创新效率的测算和分析有利于组织减少投入冗余、优化创新资源配置。目前，学术界主要从区域和行业对比等角度展开对绿色创新效率的研究。韩晶（2012）运用 DEA 方法，对中国大陆 30 个省份的绿色创新效率进行了测算，结果发现东部地区的绿色创新效率明显高于中部、西部以及东北地区；姚西龙等（2015）也运用 DEA – RAM 模型测算了中国 30 个省份（港澳台地区和西藏除外）的绿色创新效率，得出了中东部绿色创新转型效率高于西部的结论；王惠等（2016）学者的研究也得出了类似的结论。

此外，另有一部分学者探索了绿色创新效率的内外部影响因素。黄奇等（2015）指出高水平的员工素质有利于企业劳动生产率和 R&D 项目活跃度的提高，而研发资金投入虽然对绿色创新活动有促进作用，但是需与企业规模相匹配；Chang 和 Chen（2013）研究了企业伦理水平与创新效率的关系，发现伦理水平提高能有效促进企业进行环境保护及提升管理者的企业家精神。在技术水平这一影响因素上,杨东、柴慧敏(2015)认为企业需要通过加大技术推广力度、完善技术市场交易环境等措施来实现从技术研发到创新绩效的转化;Hashimoto 和 Haneda(2008)则认为政府环境政策会对绿色创新效率产生显著影响,其中政策支持和政策规制分别产生正向和负向的激励作用。此外,绿色创新效率还会受到市场因素的影响,如金融机构的资金支持以及顾客、供应商等利益相关者的绿色需求等(曹霞、张路蓬,2017)。Olson(2013)则从开放度视角进行了研究,发现创新价值链中的知识共享会促进企业绿色创新活动。可见现有绿色创新影响因素研究主要集中于创新主体和创新环境层面,忽视了空间因素的影响,绿色创新效率的区域作用机制值得深入探讨。

溢出是创新活动的重要特征(张贵等,2016),多数学者已经证实了区域创新具有显著的空间溢出效应。如 Coe 和 Helpman(1995)指出一国的研发会对其贸易伙伴的全要素生产率产生影响;Moreno 等(2005)研究了欧洲 17 个国家创新活动的空间分布,发现了技术溢出在区域知识创造和扩散过程中的作用;王家庭(2012)运用空间交叉回归模型对中国 30 个省区(港澳台地区和西藏除外)技术创新空间溢出与区域工业增长的关系进行了验证,结果显示区域工业经济的空间相关性大部分是由技术创新的空间溢出效应引起的。然而,在早期的研究中,学术界多采用创新产出来衡量一个地区的创新水平,如产业产值(姚丽、谷国锋,2015)、专利申请及受理量等(郭嘉仪、张庆霖,2012),只能从单一结果层面衡量一个地区的创新水平,并不能体现区域创新的全部信息。随着研究的深化,创新溢出的另一个表现形式逐渐受到重视,即创新效率的溢出效应,它不仅能反映创新产出水平,还能计算出创新投入与产出之间的比值、体现创新资源配置的合理性,因此更具代表性。比如,黄奇等(2015)基于绿色增长理念深入研究了技术创新效率的空间溢出机制,发现中国工业企业绿色创新效率存在明显的空间集聚特征;类似的研究还包括张贵、温科(2017)等。虽然上述学者们对创新空间溢出的研究取得了一些有价值的成果,但仍然存在需要进一步改进的地方。第一,已有研究对创新溢出影响因素的探索较为片面,主要集中于研发投入、人力资本及知识存量等企业内部驱动因素方面(王家庭,2012;李志宏等,2013),对政府政策、市场开放度等外部环境因素的关注较少。因此本章将综合内外部因素,深入探讨政府支持、市场开放度、产业结构及人力资本等变量对创新效率溢出的作用。同时本章将知识产权保护水平变量纳入空间计量模型当中,这是由于目前学术界对知识产权保护溢出效应的研究主要集中于国际领域,将其用于分析中国国内区域创新溢出的研究少之又少。第二,已有关于创新效率溢出的文献多将创新活动看成是一个"黑箱",普遍忽视了创新系统内部不同阶段的异质性。Guan 和 Chen (2010) 将创新分为上游科技研发和下游成果转化两个阶段,肖仁桥等 (2015) 也提出创新两阶段的效率存在较大差异。因此分析创新系统内部不同阶段效率的溢出效应十分必要,这有利于为区域创新政策的制定提供更具有针对性的政策建议。

综上,结合当前绿色创新效率及其空间溢出领域的研究现状和不足,本章将基于创新两阶段价值链视角,对 2005~2014 年中国 30 个省市 (港澳台地区和西藏除外) 工业企业绿色创新效率及其空间溢出效应进行研究。本章剩余部分的结构如下:在构建指标体系及超效率 DEA 模型的基础上,对我国不同地区工业企业绿色创新的整体及分阶段 (科技研发和成果转化) 效率进行测度与比较;然后,构建多种空间面板计量经济模型、地理及社会经济距离权重矩阵,确定影响绿色创新效率空间溢出的环境控制变量;最后,实证分析我国工业企业绿色创新效率的空间溢出效应,并全面论述政府支持、知识产权保护水平、开放度、产业结构及人力资本变量对绿色创新分阶段效率的直接影响与空间溢出效应。

第二节 环境约束下中国工业企业创新效率测度与评价

一、变量选取与指标说明

环境约束下企业创新效率评价指的是从投入产出角度对决策单元的创新水平和绩效进行定量化分析,因此,构建投入产出指标体系是进行效率评价的基础。本章基于创新价值链视角,将创新过程分解为科技研发 (E1) 和成果转化 (E2) 两个子阶段 (Guan and Chen, 2010;肖仁桥、丁娟, 2017),构建包含初始投入、中间产出及最终产出在内的绿色创新效率评价指标体系。指标选取及数据处理详情如下:

(1) 科技研发阶段投入与产出指标。科技研发是企业进行自主创新的第一步,R&D 经费内部支出和 R&D 人员全时当量是常见的财力及人力投入指标,此外新产品开发经费也常被学者采纳。该阶段,企业创新的成果主要为科技知识类产出，如专利、创新产品项目等。其中专利指标可以用专利申请数和专利授权数来衡量，但专利授权数易受相关审核机构的人为影响，因此学者们通常选取专利申请数作为科技研发产出。为了更加全面地反映一个企业的创新效率，本章还将发明专利申请数和新产品开发项目数纳入指标体系中（冯志军、陈伟，2014）。综上，科技研发阶段的投入指标包括R&D经费内部支出（X1）、R&D人员全时当量（X2）和新产品开发经费（X3），产出指标包括专利申请数（Z1）、发明专利申请数（Z2）和新产品开发项目数（Z3）。本章采取永续盘存法对经费类指标X1和X3做存量处理（黄奇等，2015），并以2005年为基期，利用研发价格指数（0.75×工业出厂者价格指数+0.25×居民消费价格指数）对其进行平减（Frantzen，2003；朱有为、徐康宁，2006）。

（2）成果转化阶段投入与产出指标。成果转化是指企业科技成果市场化并带来经济产出的过程。通常，科技研发阶段生成的中间产出，如专利等，并不会立即退出创新系统，而是会作为一种投入被二次开发（如专利交易、技术转让等），从而继续为创新过程服务。但是新产品开发项目在二次开发上不具有上述优势，一般不作为成果转化阶段的投入指标。此外，由于技术水平的限制，引进消化吸收式创新在我国企业中仍占据重要地位，因此，在成果转化阶段，本章选取专利申请数（Z1）、发明专利申请数（Z2）和企业引进消化吸收经费（$X_2$1）作为投入指标，其中引进消化吸收经费的处理方式与科技研发阶段的经费类指标相同。最后本章选取新产品销售收入（Y1）和工业总产值（Y2）作为期望产出指标，分别采用2005年不变价工业生产者出厂价格指数和GDP指数对其进行平减（肖仁桥等，2015）。除此之外，为了体现绿色创新旨在促进节能环保、实现经济社会效益共增的本质内涵，本章选取工业废水、二氧化硫、烟粉尘排放总量和单位工业GDP能耗作为非期望产出，其中单位工业GDP能耗等于工业终端能源消费量（将原煤、焦炭、汽油、煤油、柴油、燃料油、天然气及电力等八种主要能源折算成万吨标准煤计算得出）与工业总产值之比（周五七、聂鸣，2012），用熵值法对上述四种非期望产出进行标准化处理，转化为环境综合指标（Y3）。

考虑到创新投入转化为产出具有时滞性，创新产出指标均采取滞后一期处理，因此科技研发阶段投入、中间产出（包含非创新投入）、成果转化阶段产出的对应年份分别为2005~2012年、2006~2013年和2007~2014年。数据来自《中国统计年鉴》《中国科技统计年鉴》《中国环境统计年鉴》《中国能源统计年鉴》及《工业企业科技活动统计年鉴》等。

二、研究方法与模型构建

效率评价主要以随机前沿分析（SFA）和数据包络分析（DEA）为主。其中数据包络分析法能够对包含多投入多产出的复杂系统进行评价，因此在绿色创新效率研究领域内被学者广泛运用（官建成、陈凯华，2009）。研究早期以传统的 DEA（CCR 或 BBC）模型为主，随着研究的不断深入，DEA 模型逐渐被优化成各种扩展形式，如 DEA – Malmquist 指数法、DEA – SBM、DEA – RAM 等。虽然上述模型解决了效率评价中的投入产出松弛量和非期望产出等问题，但是只能对决策单元进行有效和无效的区分，无法比较效率值均为 1 的决策单元之间的创新水平差异。王惠（2016）等人在研究中提出的超效率 DEA 模型则得到了扩展，它可以进一步衡量有效决策单元之间的效率高低。因此，本章基于两阶段创新价值链，运用超效率 DEA 模型分别计算我国 30 个省市 2005～2014 年工业企业绿色科技研发（E1）及成果转化效率（E2），并借鉴余泳泽（2009）的研究，用两阶段效率的乘积来衡量整体效率（E3）。超效率 DEA 模型的计算公式如下：

$$\begin{cases} \min \theta \\ \sum_{j=1, j \neq j_0}^{n} X_j \lambda_j + S^- = \theta X_0 \\ \sum_{j=1, j \neq j_0}^{n} Y_j \lambda_j - S^+ = Y_0 \\ \lambda_j \geq 0, j = 1, 2, \cdots, j_0 - 1, j_0 + 1, \cdots, n \\ S^- \geq 0, S^+ \geq 0 \end{cases} \quad (6-1)$$

式（6-1）中，θ 即为决策单元的效率值，X_j 和 Y_j 分别表示第 j 个决策单元投入和产出变量的集合，n 为决策单元的数量，S^- 和 S^+ 表示松弛变量。在超效率 DEA 模型中，无效单元的效率值与传统 DEA 模型相同，但是有效决策单元的效率值会发生变化。若某决策单元效率值大于 1，那么大于 1 的部分表示该决策单元即使再同比例增加相应的投入，效率仍然能够保持有效（朱帮助等，2013）。如决策单元效率值为 1.75，则即使它同比例增加 75% 的投入，效率仍然有效。

三、工业企业绿色创新效率测算结果分析

利用 EMS 1.3 软件对 2005～2014 年我国大陆 30 个省市工业企业绿色创新的科技研发（E1）、成果转化（E2）及整体效率（E3）进行测算（见表 6 – 1，由

于篇幅限制,仅列举三个年度的效率测算结果),并分析三种效率在考察期内的动态变化情况(见图6-1)。

表6-1 工业企业绿色创新分阶段及整体效率测算结果

年度 地区	2006~2008			2009~2011			2012~2014			均值		
	E1	E2	E3	E1	E2	E3	E1	E2	E3	E1	E2	E3
北京	0.650	0.783	0.509	0.595	0.606	0.361	0.766	0.563	0.431	0.801	0.661	0.504
天津	0.971	0.480	0.466	0.584	0.383	0.224	0.606	0.453	0.275	0.805	0.413	0.323
河北	0.454	1.059	0.454	0.422	0.688	0.290	0.474	0.457	0.217	0.496	0.688	0.333
山西	0.382	0.543	0.208	0.284	0.326	0.092	0.363	0.165	0.060	0.349	0.372	0.132
内蒙古	0.346	0.812	0.281	0.322	0.656	0.212	0.357	0.320	0.114	0.387	0.547	0.210
辽宁	0.306	0.508	0.156	0.293	0.345	0.101	0.455	0.240	0.109	0.353	0.355	0.120
吉林	0.289	0.732	0.211	0.164	0.870	0.143	0.680	0.511	0.348	0.377	0.715	0.247
黑龙江	0.452	0.339	0.153	0.452	0.278	0.126	0.424	0.185	0.078	0.467	0.260	0.122
上海	0.586	0.551	0.323	0.414	0.500	0.207	0.626	0.415	0.260	0.635	0.484	0.309
江苏	0.411	0.658	0.270	0.396	0.579	0.229	0.551	0.512	0.298	0.492	0.578	0.282
浙江	0.543	0.349	0.189	0.493	0.442	0.218	0.831	0.591	0.491	0.666	0.435	0.303
安徽	0.985	0.237	0.234	0.633	0.270	0.171	0.959	0.334	0.321	0.888	0.275	0.235
福建	0.386	1.019	0.386	0.365	0.858	0.313	0.552	0.571	0.315	0.445	0.799	0.346
江西	0.609	0.716	0.436	0.408	0.680	0.278	0.579	0.594	0.344	0.518	0.643	0.334
山东	0.556	0.651	0.362	0.405	0.607	0.246	0.450	0.680	0.306	0.495	0.631	0.314
河南	0.632	0.576	0.364	0.465	0.526	0.244	0.539	0.618	0.333	0.585	0.541	0.318
湖北	0.494	0.421	0.208	0.505	0.314	0.159	0.494	0.384	0.190	0.565	0.347	0.195
湖南	0.854	0.551	0.470	0.673	0.386	0.260	0.683	0.320	0.218	0.857	0.423	0.357
广东	0.959	0.861	0.826	0.618	0.970	0.599	0.638	1.025	0.638	0.822	0.912	0.729
广西	0.591	0.463	0.274	0.575	0.512	0.294	0.598	0.279	0.167	0.646	0.424	0.274
海南	1.055	0.999	0.999	0.852	0.659	0.561	0.854	0.461	0.394	1.196	0.716	0.686
重庆	0.743	0.492	0.365	0.490	0.511	0.250	0.686	0.475	0.326	0.683	0.454	0.308
四川	0.800	0.418	0.334	0.529	0.347	0.183	0.797	0.256	0.204	0.749	0.338	0.249
贵州	1.057	0.309	0.309	0.623	0.254	0.158	0.647	0.180	0.116	0.761	0.240	0.184
云南	0.798	0.702	0.561	0.433	0.547	0.237	0.587	0.349	0.205	0.646	0.574	0.379
陕西	0.891	0.430	0.383	0.575	0.331	0.190	0.634	0.335	0.212	0.816	0.377	0.305
甘肃	0.777	0.554	0.430	0.521	0.400	0.209	0.612	0.241	0.148	0.694	0.401	0.281

续表

年度 地区	2006~2008			2009~2011			2012~2014			均值		
	E1	E2	E3	E1	E2	E3	E1	E2	E3	E1	E2	E3
青海	0.407	1.046	0.407	0.231	1.017	0.231	0.397	1.070	0.397	0.333	0.999	0.332
宁夏	0.796	0.688	0.548	0.560	0.342	0.192	0.808	0.242	0.195	0.795	0.391	0.313
新疆	0.599	0.645	0.387	0.436	0.595	0.260	0.700	2.411	0.700	0.652	0.593	0.385
东部	0.622	0.698	0.434	0.501	0.596	0.304	0.617	0.523	0.325	0.654	0.591	0.377
中部	0.560	0.548	0.285	0.434	0.479	0.187	0.564	0.381	0.223	0.555	0.460	0.239
西部	0.763	0.587	0.414	0.489	0.483	0.212	0.652	0.618	0.278	0.680	0.315	0.228
全国	0.646	0.620	0.383	0.477	0.527	0.241	0.611	0.462	0.280	0.630	0.455	0.281

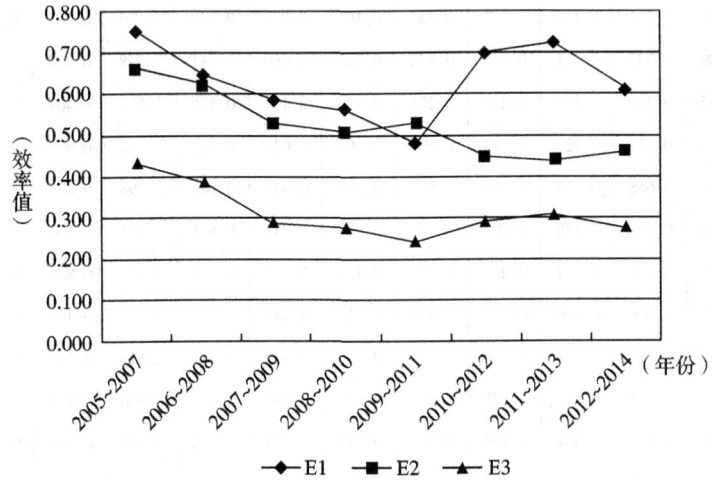

图6-1 2005~2014年全国绿色创新效率变化趋势

（1）工业企业绿色创新效率的变化。从图6-1可以看出，2005~2014年我国工业企业绿色创新整体及分阶段效率均存在先降低后缓慢上升的变动趋势。这与传统创新效率的变化规律有所不同，宇文晶等（2015）的研究显示传统创新效率自2008年以来一直呈稳步上升状态，但是本书研究发现工业企业绿色创新效率在2005~2011年始终呈下降趋势，2011年以后才有所好转。可见，虽然我国企业创新能力不断加强、生产力逐渐提高，但大多建立在环境污染以及能源消耗的基础上，创新的经济效益和社会效益在相当长的时间内并不平衡。2011年之后整体和分阶段效率开始回升，这可能是由于"十二五"规划以来，国家有关环境保护和节能减排的法律法规得到了落实,环境经济政策工作取得了良好进展。

(2)工业企业绿色创新效率水平。根据表6-1和图6-1我们发现,考察期内工业企业绿色创新整体及分阶段效率均值均存在较大的提升空间。从整体效率来看,历年全国最高均值只有0.439,说明我国创新和经济的绿色化发展仍然处于起步状态,创新投入并没有带来经济与社会利益的双丰收。从分阶段角度来看,科技研发效率高于成果转化效率,且在部分年间差距极大,严重阻碍了我国企业创新整体效率的提高。科技研发效率较高反映出人员和经费投入为企业带来了较好的科技知识成果,使我国工业企业的创新具有很大的发展潜力。但是,成果转化效率不尽如人意,一方面,工业企业的科技知识类成果并没有全部转化为生产力,创新的经济绩效较低;另一方面,一项新发明新创造在开发早期可能会出现各种技术难题,工业企业由于自身技术水平的限制以及降低生产成本的需要,宁愿依靠传统的能源资源消耗也不愿意冒险开发新技术,申请专利对于部分企业而言或许只是获取国家政策优惠的途径。为了解决上述问题,国家可以完善技术市场交易环境,促进专利、技术等在企业间的流动,促进知识共享,提高技术转化效率。同时,为了防止工业企业利用制度漏洞恶意申请创新资金及政策支持,国家可以适当提高创新型企业的界定标准,并且保证界定指标的多样性,如增加污染排放量、环境保护治理额、新产品销售收入等指标。

(3)各地区工业企业绿色创新效率对比分析。根据表6-1的结果,我国各地区工业企业绿色创新的整体及分阶段效率均值存在较大差异。总体上来说,东部地区创新能力高于中部和西部地区,科技研发及成果转化效率均处于较高水平,而中部和西部虽然整体效率相差不大,但是在分阶段效率上独具优势,其中中部拥有相对较高的成果转化效率,西部拥有相对较高的科技研发效率。上述结论说明,我国东部沿海大部分城市无论是在经济发展水平、创新管理水平、高等教育质量以及环境保护意识方面都处于全国先列,技术水平和产业结构升级快,从而导致其科技研发和成果转化效率较高。中部地区在"中部崛起""产业转移"等政策的指导下,企业逐渐开始实现追赶,但仍处于工业发展早期,环境意识不强,大部分企业承接东部地区产业转移的门槛较低,导致区域内可能大量引入技术较落后、污染较严重的产业。此外,值得注意的是,西部地区的科技研发效率比本书研究的预期高,部分年份的效率均值甚至超过东部地区。存在上述情况的原因可能有两点:一是西部中重庆、四川等地的高等教育机构质量较好,能为企业输送大量的科技人才;二是我国"西部大开发"中实施的人才战略取得了良好成效,随着东中部人才市场的逐渐饱和,部分高校毕业生选择"西进",从而为西部地区科技研发效率做出了贡献。但是西部地区成果转化效率较低,技术市场和产品市场环境不完善,科技成果不能很好地为企业创造经济价值。因此,国家可以优惠条件帮助西部地区引进外资,并创造东中西部企业合作平台,促进西部地区经济水平的提高。

(4) 工业企业绿色创新资源利用模式分类。为了具体分析中国大陆30个省市工业企业绿色创新效率的差异,本章根据各省市历年分阶段效率的均值,以0.6和0.4为界限划分四个象限来代表不同类型的创新水平(见图6-2)。

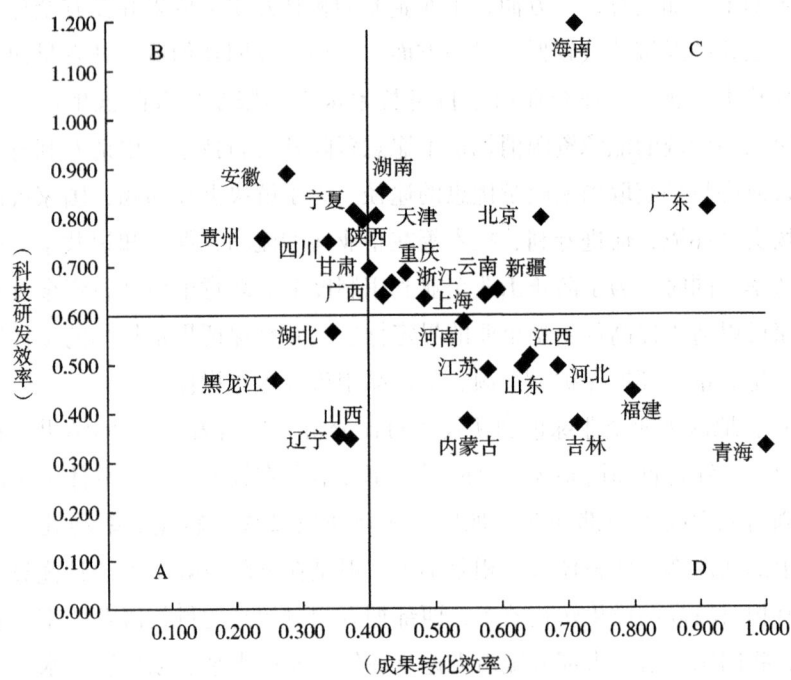

图6-2 中国各省份科技研发与成果转化效率象限图

图6-2显示了各地区工业企业绿色科技研发和成果转化效率在四个象限A(LL)、B(HL)、C(HH)、D(LH)中的分布情况。第一,A(LL)象限代表的是低研发低转化式创新。该象限内地区的工业企业绿色创新两阶段效率均处于较低水平,代表性地区有黑龙江、辽宁、山西、湖北等。首先,研发经费冗余及科技产出不足导致其科技研发效率较低。其次,这类地区的经济发展主要由重工业带动,能源消耗和环境污染严重,从而导致其成果转化阶段存在大量的非期望产

出。因此,这些地区需要合理配置创新资源,不能盲目投入资金和人力,应该注重提高企业内部创新管理水平、科技人员数量以及转变经济发展方式。第二,B(HL)象限代表的是高研发低转化式创新、D(LH)象限则相反,位于上述两个象限内的地区在创新过程中存在短板,科技研发和成果转化效率暂时不能够同时处于较优状态。首先,高研发低转化(B)的代表性地区有安徽、四川、贵州等,此类地区工业企业目前在技术研发、专利发明等方面取得了良好成效,未来应该聚焦于如何将有效的科技成果转化为新产品,从而提升企业和地区的经济效益,同时要尽可能地减少污染排放和资源消耗,以实现经济、社会和环境效益的统一。其次,低研发高转化(D)的代表性地区包括福建、江西、青海、吉林等,该类地区在成果转化阶段拥有较高的经济效益或环境效益,但是没有充分发挥技术研发在整个创新系统中的重要作用。随着国际竞争的加剧、生产要素及资源的日益消耗,未来企业需要加大技术获取能力,在自主创新的同时可以借鉴先进地区和国家的研发经验,更需要注重高技术人才的引进和激励,以便发挥后发优势、实现技术水平突破。第三,C(HH)象限代表的是高研发高转化式创新。代表性地区包括北京、广东、上海、浙江和海南等。其中,北京和广东分别是政治中心和改革开放的前沿地区,上海和浙江等地则位于东部沿海经济带,人才集中、经济基础雄厚、政策优惠多、技术和产品市场完善使其拥有着较高的科技研发和成果转化效率。同时,海南省作为经济特区在享受优惠政策、吸引外资的同时,注重优化产业结构,经济发展主要由第三产业和低碳制造业等行业带动,因此在环境治理方面做出了杰出贡献。这类企业是全国绿色创新的楷模,可发挥经济和知识的辐射带动作用。值得注意的是新疆、云南等西部地区也位于"双高"象限,这是由于本章计算的是工业企业绿色创新效率,衡量的是各个地区工业企业创新投入、环保水平、经济产出等多方面的发展状况,虽然一些西部地区企业整体经济和技术实力不及东中部,但是较为合理的创新投入、良好的生态环境使其绿色创新效率仍然较高。

第三节 工业企业绿色创新的空间溢出模型与指标选取

考察期内我国工业企业绿色创新整体和分阶段效率均存在较大的地区差异,因此有必要检验各地区之间的效率溢出效应,以便从区域协同发展视角为提高全国创新水平提出对策建议。本章将运用空间面板模型检验 2005～2014 年各地区工业企业绿色创新的三种效率溢出效应，并考察相关环境变量对绿色创新分阶段效率的直接影响和间接影响（空间溢出效应）。

一、空间自相关检验

与第五章中的检验方法类似，本章选取莫兰指数作为空间溢出的检验指标，其计算公式如下。

$$\text{Moran's I} = \frac{\sum_{i=1}^{n}\sum_{j=1}^{n} w_{ij}(x_i - \bar{x})(x_j - \bar{x})}{\sum_{i=1}^{n}(x_i - \bar{x})^2} \quad (6-2)$$

其中，W_{ij} 为行标准化的空间权重矩阵，表示区域 i 和区域 j 之间的空间距离。莫兰指数的计算结果在 -1 到 1 之间，大于 0 表示正的空间自相关，小于 0 表示负的空间自相关，等于 0 则表示观测值之间无空间相关性。

二、空间权重矩阵的构建

空间权重矩阵（W_{ij}）的选择也与第五章类似，采用如下三种距离权重矩阵，这也是学者们通常采用的方法，具体如下：

（1）空间邻接权重矩阵。空间邻接权重矩阵代表区域之间的相邻关系，两个区域有共同的边或共同的顶点均可认为其有相邻关系。若区域 i 和区域 j 相邻，则赋值 $W_{ij}=1$；若不相邻，则赋值 $W_{ij}=0$。因此，空间邻接权重矩阵可用以下公式表示：

$$W_{ij} = \begin{cases} 1, & \text{当区域 i 与区域 j 相邻} \\ 0, & \text{当区域 i 与区域 j 不相邻} \end{cases} \quad (6-3)$$

（2）地理距离空间权重矩阵。地理距离空间权重矩阵是以区域间的中心距离来定义空间相关程度（刘和东，2013），往往用各省会城市之间的球面距离 d 来表示，具体公式如下：

$$W_{ij} = \begin{cases} \dfrac{1}{d^2}, & i \neq j \\ 0, & i = j \end{cases} \quad (6-4)$$

（3）社会经济距离空间权重矩阵。社会经济距离反映区域之间的社会经济关系，人均 GDP、人力资本、信息传播量等是较为常用的指标。本章借鉴林光平等（2005）的做法，利用样本期间内各地区人均 GDP 差值 q 来构建社会经济距离空间权重矩阵，具体公式如下：

$$W_{ij} = \begin{cases} \dfrac{1}{q^2}, & i \neq j \\ 0, & i = j \end{cases} \quad (6-5)$$

空间权重矩阵的构建方式有多种，目前研究中最常用的是空间邻接矩阵，但是也有学者认为社会经济距离更能体现我国地区经济的发展状况（林光平等，2005）。因此，本章分别构建上述三种空间权重矩阵来考察绿色创新效率的空间依赖情况，从而检验各种权重对本书研究的合理性和适用性。

三、空间面板计量经济模型的构建

空间面板计量经济模型一般被分为以下三种：空间面板滞后模型（SAR）、空间面板误差模型（SEM）和空间面板杜宾模型（SDM）。其中空间面板滞后和误差模型是最常见的两种空间面板计量模型，分别侧重于考察被解释变量的空间滞后项及随机误差项之间的互相影响。空间面板杜宾模型则同时包含前两者的优点，它同时考虑了因变量的空间溢出效应以及自变量之间的空间相关性，因此当模型中的随机扰动项存在空间相关性，并且有可能具有内生性问题的情况下适宜采用空间杜宾模型（范斐等，2016）。上述三种模型均采用极大似然估计法（MLE）进行估计，其计算公式如下（陈强，2010）：

$$\begin{cases} y_{it} = \rho w'_i y_t + x'_{it}\beta + d'_i X_t \delta + u_i + y_i + \varepsilon_{it} \\ \varepsilon_{it} = \lambda m'_i \varepsilon_t + \upsilon_{it} \\ i = 1, 2, \cdots, n; \ t = 1, 2, \cdots, T \end{cases} \quad (6-6)$$

其中，n 和 T 分别表示区域数量和面板长度；$d'_i X_t \delta$ 表示解释变量的空间滞后；ε_{it} 为随机扰动项，而 d'_i 和 m'_i 分别为相应的空间权重矩阵以及扰动项空间权重矩阵的第 i 行；u_i 和 r_i 分别代表的是个体效应和时间效应。式（6-6）是空间面板模型 MLE 估计最基本的公式，更改其中的相关参数即可得到多种特殊的模型。如果 $\lambda = 0$，则上式可化为空间杜宾模型；如果 $\lambda = 0$ 且 $\delta = 0$，则可化为空间滞后模型；如果 $\rho = 0$ 且 $\delta = 0$，则为空间误差模型。本章将综合运用上述三种空间面板模型，并将其与基本面板模型相对比。同时，利用空间自回归系数、对数极大似然函数值等对模型进行选择（姚丽、谷国锋，2015）。

四、环境控制变量选取及说明

根据工业企业绿色创新的特点,以及目前学术界关于创新效率和空间溢出的研究现状,选取五个影响因素作为分析各地区工业企业绿色创新整体及分阶段效率空间溢出效应的环境控制变量。

开放度(OPEN)。一个地区的经济开放度对企业绿色创新效率的提升具有重要影响,一般情况下,开放度越高,企业改进创新生产技术的动力越大、绿色创新溢出效果也越强。借鉴黄奇等(2015)的做法,开放度用各省份进出口总额占各省份GDP比重来表示。

知识产权保护水平(KNO)。对知识产权保护水平的研究目前多集中于国际技术溢出领域,将其引入国内区域创新溢出的研究较少。我国地域辽阔,各地区执法水平的差异导致知识产权保护水平参差不齐,因此研究其对工业企业绿色创新效率及溢出的影响十分必要。借鉴孔伟杰、苏为华(2012)的计算方法,用各地区GP指数乘以执法水平来衡量知识产权保护水平。其中GP指数代表的是知识产权保护立法强度,主要由国家立法和政策决定,因而各地区立法强度均相等,为"保护覆盖范围""国际条约成员""保护的损失""执法机制"和"专利保护期限"等五个指标的得分之和。执法水平却因地区而异,借鉴韩玉熊、李怀祖(2005)的研究,利用"人均GDP""成人识字率""律师比例""立法时间"及"WTO成员"等五项指标对其进行计算。

政府支持(GOV)。工业企业进行绿色创新需要消耗大量财力、物力和人力,因此会增加企业的非生产性成本。政府的资金支持可以在一定程度上弥补企业创新带来的额外损失,具有创新激励作用。采用各地区工业企业科技活动经费中政府经费所占比重来表示政府支持,由于2008年以后企业科技活动经费的官方统计口径有所改变,因此2008年之后用企业R&D经费内部支出代替科技活动经费,有研究指出上述两种指标在2008年和2009年的相关性高达0.993和0.982,相互替换并不会影响政府支持比重的整体变化趋势(谢子远、吴丽娟,2017)。

产业结构(IND)。区域产业结构越合理,绿色创新效率水平相对而言也会越强(郝国彩等,2018;肖仁桥、丁娟,2017)。相关研究表明产业间的前后向联系会促进知识溢出,那么区域之间进行产业合作是否也会对技术进步和环境改善产生显著的正向影响,以上是值得被研究的问题。本章选用各地区第三产业产值占工业总产值的比重表示产业结构。

人力资本水平（HUM）。人力是绿色创新的基础，从业人员技术知识水平高低直接影响着工业企业的绿色创新能力。同时，人才具有较强的流动性，区域人才之间往往会通过技术交流、业务合作等形式来互相借鉴与学习，因此也会对绿色创新溢出产生作用。与宇文晶等（2015）的研究相同，本章用各地区每十万人口中高等学校的在校人数表示人力资本水平。以上数据来自相应年份的《中国统计年鉴》《中国律师统计年鉴》《国家知识产权保护局》《中国科技统计年鉴》以及国家统计局网站各省统计年鉴等。

第四节 中国企业绿色创新效率的空间溢出效应实证分析

一、空间自相关检验结果

基于空间邻接权重矩阵、地理距离以及社会经济距离空间权重矩阵，利用Stata 12.0 软件计算出2005~2014年我国工业企业绿色创新分阶段及整体效率的莫兰指数值，如表6-2所示。

表6-2 中国企业绿色创新分阶段及整体效率的莫兰指数

阶段	年份	空间邻接权重矩阵			地理距离权重矩阵			社会经济距离权重矩阵		
		MoranI	Z值	P值	MoranI	Z值	P值	MoranI	Z值	P值
科技研发效率	2006	0.089	1.303	0.096	0.089	1.303	0.096	-0.042	-0.042	0.483
	2007	0.142	1.869	0.031	0.142	1.869	0.031	-0.066	-0.172	0.432
	2008	0.169	2.168	0.015	0.169	2.168	0.015	-0.033	0.009	0.496
	2009	0.185	2.346	0.009	0.185	2.346	0.009	-0.142	-0.593	0.277
	2010	0.164	2.159	0.015	0.164	2.159	0.015	-0.092	-0.326	0.372
	2011	0.203	2.521	0.006	0.203	2.521	0.006	-0.003	0.172	0.432
	2012	0.089	1.307	0.096	0.089	1.307	0.096	-0.222	-1.024	0.153
	2013	-0.002	0.344	0.366	-0.002	0.344	0.366	-0.122	-0.485	0.314

续表

阶段	年份	空间邻接权重矩阵			地理距离权重矩阵			社会经济距离权重矩阵		
		MoranI	Z值	P值	MoranI	Z值	P值	MoranI	Z值	P值
成果转化效率	2007	-0.111	-0.811	0.209	-0.111	-0.811	0.209	-0.2	-0.908	0.182
	2008	-0.059	-0.257	0.398	-0.059	-0.257	0.398	-0.016	0.101	0.46
	2009	-0.226	-2.056	0.02	-0.226	-2.056	0.02	-0.049	-0.082	0.468
	2010	-0.097	-0.679	0.248	-0.097	-0.679	0.248	-0.075	-0.228	0.41
	2011	-0.17	-1.462	0.072	-0.17	-1.462	0.072	0.03	0.359	0.36
	2012	-0.113	-0.868	0.193	-0.113	-0.868	0.193	0.118	0.873	0.191
	2013	-0.073	-0.433	0.332	-0.073	-0.433	0.332	0.133	0.967	0.167
	2014	-0.09	-0.611	0.271	-0.09	-0.611	0.271	-0.156	-0.684	0.247
整体效率	2007	0.067	1.114	0.133	0.067	1.114	0.133	0.046	0.454	0.325
	2008	0.167	2.326	0.01	0.167	2.326	0.01	-0.061	-0.16	0.436
	2009	0.111	1.688	0.046	0.111	1.688	0.046	-0.07	-0.212	0.416
	2010	0.19	2.62	0.004	0.19	2.62	0.004	-0.234	-1.206	0.114
	2011	0.208	2.843	0.002	0.208	2.843	0.002	-0.108	-0.445	0.328
	2012	0.16	2.198	0.014	0.16	2.198	0.014	-0.052	-0.1	0.46
	2013	0.07	1.276	0.101	0.07	1.276	0.101	-0.093	-0.372	0.355
	2014	-0.033	0.021	0.492	-0.033	0.021	0.492	-0.296	-1.492	0.068

资料来源：笔者根据相关国家统计年鉴中的数据计算得出。

根据表6-2可以得出以下结论：第一，从整体上看，基于空间邻接权重矩阵和地理距离空间权重矩阵的空间自相关检验结果一致，考察期内我国工业企业绿色创新效率的莫兰指数值不等于0，并且多数年份通过了显著性检验。这说明我国各区域工业企业绿色创新效率存在空间依赖性，需要构建考虑空间因素的面板数据模型对其进行分析。值得注意的是，在社会经济距离下，三种绿色创新效率的莫兰指数值却没有通过显著性检验，这是因为以往溢出研究考虑的创新产出主要涵盖了一个地区的工业GDP信息，而GDP水平较高的地区绿色创新效率并不一定也很高，因此以人均GDP差值来构建社会经济距离矩阵并不能全面反映绿色创新效率溢出的真实情况，空间邻接权重矩阵和地理距离权重矩阵更适于本章的研究。第二，从分阶段角度来看，科技研发和成果转化阶段的创新效率均具有空间依赖性，但是两阶段的空间依赖方向和大小存在差异。其中科技研发效率存在正的空间依赖性,即效率高(低)值与高(低)值相邻,而成果转化效率却存在负的空间依赖性,即效率高(低)值与低(高)值相邻,并且科技研发效率的空间依赖性明显强于成果转化阶段,绿色创新效率整体效率的溢出主要是由科技研发阶段带动的,这是由于绿色科技研发成果主要为专利等外显性知识,多以公开、书面的形式呈现,容易被创新主体获得,而成果转化效率溢出依赖于创新人员之间的交流沟通,且该阶段可供创新主体进行交流的主要为管理、销售、战略制定等内隐性知识,具有较强垄断性和环境不确定性,阻碍了成果转化效率溢出。综上,下文基于空间邻接权重矩阵,运用空间面板计量经济模型,对我国企业绿色创新整体和分阶段效率的空间溢出效应做详细的检验和分析。

二、空间面板估计结果分析

空间面板计量经济模型的对比与选择。本章使用 Stata12.0 软件对我国工业企业绿色创新整体及分阶段效率的空间面板计量经济模型进行估计,具体结果如表 6-3 所示。进行面板模型估计之前,首先要通过豪斯曼检验来判断该使用固定效应还是随机效应,由于篇幅限制,在此不做赘述,下面将重点对比基本面板模型(见表 6-4)与空间面板模型的检验结果,并利用拟合优度、空间自相关系数及对数似然函数值等对空间面板模型进行选择。

表6-3 工业企业绿色创新分阶段及整体效率的空间面板模型估计结果

模型 变量	科技研发效益外溢			成果转化效益外溢			整体效益外溢		
	SAR	SEM	SDM	SAR	SEM	SDM	SAR	SEM	SDM
OPEN	0.035 (0.43)	0.157* (1.82)	0.234*** (2.76)	0.232*** (3.22)	0.123 (1.20)	-0.046 (-0.44)	0.109** (2.26)	0.151*** (2.91)	0.008 (0.11)
KNO	-0.138 (-1.59)	-0.368*** (-3.32)	-0.472*** (-4.19)	-0.076 (-0.69)	-0.140 (-1.12)	0.123 (0.84)	-0.121* (-1.86)	-0.197*** (-2.59)	-0.141** (-2.00)
GVO	-0.624* (-1.72)	-0.577 (-1.64)	-0.523 (-1.53)	-0.759** (-2.07)	-0.607 (-1.58)	-0.387 (-1.03)	-0.897*** (-3.21)	-0.993*** (-3.49)	-0.865*** (-2.99)
IND	0.207 (0.64)	-0.206 (-0.63)	-0.040 (-0.12)	0.112 (0.40)	-0.071 (-0.22)	0.327 (0.94)	0.369* (1.78)	0.283 (1.25)	-0.348 (-1.29)
lnHUM	0.042 (0.44)	0.013 (0.12)	0.042 (0.35)	-0.285*** (-3.40)	-0.368*** (-3.48)	-0.132 (-0.98)	-0.086 (-1.44)	-0.082 (-1.29)	-0.145* (-1.84)

续表

模型变量	科技研发效益外溢			成果转化效益外溢			整体效益外溢		
	SAR	SEM	SDM	SAR	SEM	SDM	SAR	SEM	SDM
_cons	—	—	—	2.782*** (5.59)	—	—	1.124*** (3.20)	1.509*** (3.96)	—
ρ/λ	0.604*** (10.29)	0.677*** (11.85)	0.618*** (11.03)	0.220** (2.30)	0.153 (1.35)	0.140 (1.36)	0.407*** (5.01)	0.414*** (4.31)	0.421*** (5.34)
R^2	0.0589	0.0551	0.1687	0.3002	0.2903	0.3503	0.3020	0.2774	0.3399
log-L	216.681	222.416	231.437	156.681	217.793	228.171	211.853	209.026	275.955

注："*""**""***"分别表示在10%、5%和1%水平下显著；括号内为Z统计量；表中样本量为240。

表6-4 企业绿色创新效率的基本面板模型估计结果

阶段 变量	科技研发效率	成果转化效率	整体效率
OPEN	(0.840) 0.057	(4.130) 0.284***	(3.280) 0.162***
KNO	(-2.32) -0.215**	(-1.41) -0.153	(-3.14) -0.211***
GVO	(-1.23) -0.510	(-2.11) -0.791**	(-3.19) -0.961***
IND	(2.450) 0.748**	(0.310) 0.089	(2.320) 0.512**
lnHUM	(0.160) 0.014	(-3.76) -0.318***	(-2.03) -0.131**
_cons	(1.970) 0.955**	(7.970) 3.405***	(5.210) 1.832***
P	0.0015	0.0000	0.0000
R^2	0.0705	0.2797	0.2814

注：**、***分别表示在5%和1%水平下显著；括号内为Z统计量；表中样本量为240。

从表6-3显示的结果来看，科技研发及整体效率的三种空间面板模型均通过了1%水平的显著性检验，成果转化效率的空间滞后模型（SAR）也通过了5%水平的显著性检验，并且相关系数均为正，说明相邻地区绿色创新效率的提高会对本地区产生正向影响,空间溢出是区域创新能力提升的重要因素,另外科技研发和成果转化最优溢出模型的空间滞后项系数分别为 0.618 和 0.220,反映了前者的空间依赖性强于后者,这与前文的空间自相关检验结果相一致。同时根据表 6-4 发现,与基本面板模型(OLS)相比,空间面板模型有着更大的 R^2,可见对工业企业绿色创新效率的分析需要纳入空间因素。此外,对于科技研发和整体效率,空间杜宾模型(SDM)的对数似然函数值(log-L)和 R^2 均大于空间滞后(SAR)和空间误差模型(SEM),而对于成果转化效率,仅有 SAR 模型的空间相关性系数通过了显著性检验,为此,本章选用 SDM 模型对科技研发效率的溢出效应进行分析,用 SAR 模型对成果转化效率的溢出效应进行分析。

三、环境控制变量的直接、间接及总效应

前文已经确定了工业企业绿色创新效率溢出效应的空间面板模型,但仅仅得出了相邻地区与本地区企业绿色创新两阶段效率存在正相关关系的结论。为了进一步考察我国绿色创新效率及其溢出效应的影响因素,还需要对模型中各自变量的直接、间接及总效应进行分析,总效应指的是自变量对所有区域创新效率造成的平均影响,直接和间接效应分别表示自变量对本地区及其他区域的平均影响(具体见表 6-5)。其中,人力资本变量可能存在指数增长趋势,故需要取对数来避免变量之间剧烈变动对检验结果的影响,同时绿色创新的整体效率是由科技研发阶段和成果转化阶段效率共同决定的,为避免论述内容及观点重复,本章将着重探讨开放度、知识产权保护水平等变量对科技研发及成果转化效率的直接影响和空间溢出效应。

表 6-5 环境控制变量的直接、间接及总效应

阶段 变量	科技研发效率			成果转化效率		
	直接	间接	总效应	直接	间接	总效应
OPEN	0.254***	0.363**	0.617***	0.232***	0.064*	0.297***
	(2.79)	(2.38)	(2.64)	(3.27)	(1.80)	(3.36)
KNO	-0.393***	1.308***	0.915**	-0.078	-0.018	-0.095
	(-3.69)	(2.86)	(2.00)	(-0.70)	(-0.51)	(-0.68)
GVO	-0.562	-0.797	-1.359	-0.781**	-0.228	-1.010**
	(-1.60)	(-1.50)	(-1.57)	(-2.13)	(-1.37)	(-2.06)

续表

阶段 变量	科技研发效率			成果转化效率		
	直接	间接	总效应	直接	间接	总效应
IND	0.237 (0.73)	4.824*** (3.31)	5.061*** (3.24)	0.122 (0.46)	0.037 (0.42)	0.159 (0.46)
lnHUM	-0.045 (-0.40)	-1.512** (-2.47)	-1.557** (-2.54)	-0.285*** (-3.39)	-0.082* (-1.74)	-0.367*** (-3.32)

注:"*""**""***"分别表示在10%、5%和1%水平下显著。

开放度(OPEN)。从总效应来看,地区开放度对绿色创新两阶段的效率均起到显著的正向影响,这与黄奇等(2015)的研究结论相一致,一方面开放度高有利于企业之间进行先进技术和管理经验的交流,从而提升技术创新能力。另一方面区域之间联系紧密有助于企业时刻保持居安思危的紧迫感,从而不断改进生产技术,以便提高竞争力。从影响因素分解角度来看,开放度变量在两阶段的直接效应均通过了1%水平下的显著性检验,间接效应的显著性水平分别为5%和10%,并且系数均为正,表明开放度水平提高对本地区及邻区科技研发和成果转化效率起到了正向影响。因此,工业企业之间可以通过跨区域技术合作、人才交流与外派、招商引资等途径来实现技术创新水平的共同进步。但是,开放度变量对本地区的正向影响要强于其对相邻地区的影响,这一点在成果转化阶段表现得更为明显。这是因为企业之间毕竟存在着激烈的竞争关系,为了获取更多的市场份额,企业或许会对顾客需求分析、新产品宣传及销售管理等方面有所保留,甚至还会采取差异化的战略,因此开放度对本地区技术转化的影响更为显著。

知识产权保护水平(KNO)。在科技研发阶段,知识产权保护水平的总效应通过了5%水平下的显著性检验,并且系数为正,说明提高知识产权保护水平对我国工业企业的技术发明与创造具有良好的促进作用。但是从直接效应和间接效应来看,知识产权保护水平的影响方向却大不相同,其对本地区的影响为负,对邻区的影响却为正。产生这种情况的原因可能有两点:首先,一个地区知识产权保护水平高,容易导致创新型企业投入大量成本用于技术保护,如专利诉讼、增加产品复杂程度等,从而致使创新资金投入不足,阻碍技术进步;其次,对于非创新型企业而言,知识产权保护水平过高会增加其技术模仿和交易成本,最终也会导致创新的低效率,而资金、技术流出将会成为上述两点综合作用的结果。在成果转化阶段，知识产权保护水平的直接、间接及总效应均不显著，这可能是由绿色创新各个阶段的特点所决定。科技研发阶段主要是技术的发明与创造，会涉及更多的技术模仿、转让及交易，而成果转化阶段主要是技术的应用与转化，因此受知识产权的影响较小，受市场环境的影响较大。

政府支持（GVO）。政府资金支持通常情况下可以通过增加企业的创新投入来提高其绩效水平（Hashimoto and Haneda，2008），但是本章的研究结果与之相反，政府支持变量在绿色创新两阶段的直接、间接及总效应系数均为负，说明政府支持对企业创新并没有起到很好的激励作用。具体来看，政府支持在科技研发阶段的直接影响和空间溢出效应为负，这是因为目前我国为了鼓励企业创新，制定了诸多优惠政策，但是不乏一些地区或企业为了获得政府的大力支持而采取一些与其自身发展状况不匹配的行为，如不顾企业成本恶意增加研发投入、不重视科技质量盲目追求专利数量等，上述种种均可导致本地区和相邻地区企业绿色创新科技研发效率止步不前。值得庆幸的是这种负向影响并不显著，尚在可控范围之内，因此为了提高制度对创新的正向激励作用，政府必须在科技研发阶段严格把关，在对企业进行创新补贴时可适当提高标准，同时采取阶段性补贴的方式，避免资金的大规模及一次性流出。政府还应该重视企业科技创新成果的质量，利用专业人员对企业科技成果进行阶段性的评估。在成果转化阶段，政府支持对本地区创新效率的影响显著为负，这也从一个侧面说明了目前多数补助资金没有得到优化配置和利用。政府对企业创新进行资金支持的目的是提高其创新能力，但是多数企业并没有将这部分资金运用到科技研发上，而是花费到其他途径上来降低企业生产成本，如产品宣传、扩大企业规模等，而这部分成本本该由企业自身支付。可见政府在实施优惠政策之后还需要实时监控资金的去向，优化政府资金及企业生产成本的合理配置。在该阶段，政府支持的空间溢出效应并不显著，相邻地区受本地区的负向影响较小，这是由于政府支持主要是通过改变企业创新资金的数量及配置情况来影响其效率水平，而一个地区的政府资助水平会影响相邻地区对政策的渴求程度，却不会对其创新资金的配置情况产生较大影响。

产业结构（IND）。产业结构变量的直接、间接及总效应在两阶段的系数符号均为正，说明产业结构优化升级有利于我国工业企业绿色创新水平的提高，这与宇文晶等（2015）的研究结论相一致。在科技研发阶段，产业结构的直接效应不显著，而间接效应在1%的水平下显著，说明本地区产业结构升级对相邻地区的影响远大于对其自身的影响。可能是因为本地区产业结构合理、环境保护技术先进主要得益于科技人员素质、技术研发水平,一方面上述两种要素对产业升级的影响需要通过一段时间的积累才会见效;另一方面技术基础良好导致产业结构的正向作用存在有限的提升空间。相邻地区通过与本地区在产业上的纵向交易或横向交流,较容易快速获得新的、附加价值高的知识技术,因此产业结构变量的空间溢出效应较强。在成果转化阶段,产业结构的直接及间接效应均不显著,表明我国区域之间多进行的是技术交流与学习,而对于管理经验、技术转化等方面的交流较少。未来区域之间、企业之间可以加强举办非技术型的合作活动,从而借鉴对方先进的项目管理和市场开发经验。另外产业结构较优化的地区往往具有很强的节能环保意识,区域之间宣扬绿色化、可持续化的发展理念将对企业的长期发展大有裨益。

人力资本(HUM)。人力资本是影响创新效率的重要因素,理论上来说,高素质人才比重越高,企业的 R&D 活跃度通常也越高。然而,本章研究发现人力资本在企业绿色创新两阶段的直接与间接效应均为负,并且只有科技研发阶段的直接影响不显著,其余效应均通过显著性检验,人力资本对创新的促进作用并没有很好地显现。上述现象可能是由目前我国工业企业人力资本结构不合理、创新发展需求与员工水平不匹配造成的。虽然工业企业人力资本在数量上存在优势,但是严重缺乏高水平的研发人员和专业化的管理人员,企业内部员工知识水平更新速度慢、创新活力不强,没能对创新的科技研发和成果转化效率起到推动作用。同时,本地区员工素质不高也不利于区域之间的人才合作,首先,员工之间缺乏可供交流的、高质量的知识技术和经验。其次,员工的知识吸收能力也较弱,因此阻碍了地区间的创新溢出。综上所述,为了提高人力资本素质、激发企业创新活力,企业必须更新用人理念,注重高层次人才的招聘、录用与激励;国家也需要加大高等教育投入力度,尽量避免大学进行盲目扩招。同时需要完善产学研合作机制,促进企业与高等院校和科研院所之间的信息交流,为企业不断输入创新人才。

本章小结

本章基于两阶段创新价值链及绿色化发展理念,利用超效率 DEA 模型测算 2005~2014 年我国 30 个省份(不包含港澳台地区和西藏)工业企业绿色创新整体及分阶段效率,采用空间面板计量模型考察了我国企业绿色创新效率的空间溢出效应,并深入分析了开放度、人力资本、知识产权保护等变量对创新效率的直接及间接效应,得到结论如下:

(1) 考察期内工业企业绿色创新的整体及分阶段效率存在先下降后缓慢增长的趋势,但是三种效率均存在较大提升空间,成果转化效率低下是阻碍整体效率提高的主要因素。企业绿色创新整体及分阶段效率的地区差异明显,东部地区整体效率最高,中西部次之。在分阶段效率上,东部大部分地区拥有高研发和高转化效率,而中西部目前均存在自身的创新短板,科技研发和成果转化效率尚不能达到"双高"状态。因此,东部地区需进一步发挥全国创新模范作用,增加对中西部地区的资本及技术投资,但仍需不断学习发达国家先进技术及经验。中部地区未来则需加大科研投入、完善企业内部用人机制,在承接产业转移时适当提高技术门槛,增强对落后且环保性差的技术的甄别能力。西部地区应着重完善技术市场交易环境,学习东部以及国外发达地区的发展经验,促进科技成果的市场化。

(2) 企业绿色创新整体及分阶段效率存在明显的空间溢出效应。从总体上看,绿色创新效率在各地区之间存在正的相关性,本地区绿色创新效率提升对相邻地区的创新水平具有促进作用。从分阶段角度来看,科技研发及成果转化效率均存在正的空间溢出效应,但是前者的溢出效应相较于后者而言更强。不同环境控制变量对企业绿色创新分阶段效率的直接影响及空间溢出效应存在差异。开放度和产业结构对绿色创新分阶段效率产生了不同程度的正向作用,而政府支持和人力资本的影响方向却为负。此外,知识产权保护水平在科技研发阶段对本地区和相邻区创新分别产生显著负向和正向效应,而在成果转化阶段的作用不显著。因此,各地区可以通过跨区域产业合作、人才外派等途径实现技术及管理经验的借鉴与学习。同时,工业企业需要转变用人观念、更新人才结构,促进高技术及专业管理人才的流入与激励,以便提升区域知识吸收能力,为创新溢出奠定基础。最后,政府可根据各地区技术水平来制定差异化的知识产权保护制度。经济相对落后地区可以适当降低知识产权保护水平,以便减少本地区企业技术交易成本,而经济技术发达地区则可以提高知识产权保护水平,从而激发地区企业技术创新活力。

第七章 中国企业技术创新绩效提升的政策研究

第一节 从战略高度提升企业绿色技术创新效率

一、合理配置要素资源，促进绿色技术创新产出和效率提升

为了提高企业技术创新能力，实现产业向价值链高端跃进，近年来我国各地区工业企业研发投入持续攀升。但增加创新投入只是开展企业技术创新活动的必要条件，还需关注创新过程以及效率，借此最大限度地充分利用创新资源，并将其转化为创新能力、新产品和服务。从全国来看，环境约束下我国企业技术创新效率并未达到最优，部分省份还有较大的提升空间。本书研究发现，引进消化吸收费用和研发人员投入指标的冗余率相对较高，工业"三废"和工业碳排放量污染产出较高，是当前需关注的重点。因此，当前要素资源配置优化的重点是引进消化吸收费用以及研发人员等指标，减少资源的冗余浪费，与此同时，注重技术创新的环境效益，研发并使用清洁生产技术，降低工业"三废"污染物和碳排放量，实现全国各省份工业企业技术创新活动均达到最优水平。

我国区域经济发展不平衡，各地区工业企业因人才资源、经济基础以及制度安排等要素存在差异，使它们在绿色创新产出和效率方面具有明显差别，总体来看，中西部地区技术创新水平与东部地区还存在一定差距。因此，对中西部地区企业而言，一方面需向东部地区或发达国家学习先进的技术和管理经验，加强技术与制度创新，转变传统追求规模忽视质量、追求经济忽视环境的粗放式发展方

式和思维理念,借鉴东部地区工业企业发展的经验与教训,减少因不当生产造成的环境污染后果和成本,避免再走"先污染再治理"的老路。严格制定和落实污染排放标准,对污染较为严重企业予以关闭或停业整顿,因不遵守规定将工业污染物随意排放而导致水源、大气、土壤严重污染的企业,该企业相关责任人及所属管辖地方政府负责人也需严肃问责。另一方面由于中西部地区经济基础以及工业化水平仍有待提升,因此需以承接东部地区产业转移为契机,优化地区产业结构和技术创新水平。与此同时,利用后发优势布局一些战略性新兴产业,如新能源、新材料、人工智能等,使其与传统行业形成耦合互动发展,用高技术产业改造传统制造业,用工业改造传统农业,如加大对农产品的深加工和服务,注重对农产品制造过程中的技术创新和环境保护等。通过对传统产业的升级改造和智能制造,不断延伸产业链条,实现社会经济价值增值和环境友好。充分利用地区有限的创新人才、资金资源,大力开展产学研合作创新,注重土地等要素的集约化利用,不盲目招商引资,实现中西部地区工业企业向绿色创新发展方式转变。最后,正如德鲁克所言,有些创新并不需要多少高科技,如麦当劳流水线生产等,商业模式创新在一定程度上也能带来较大的社会经济价值。中西部地区企业可以在商业模式选择、创新战略重构等方面进行思考,结合自身禀赋优势,努力发展具有特色的生产性服务业,并努力打造成老字号品牌,通过产业结构优化等方式促进地区经济社会环境的可持续发展。

东部地区企业需跟踪国际前沿技术水平,持续开展清洁生产和末端治理技术的创新活动。严格遵守环境标准,加大对治理污染投资,开展废物回收利用技术和生产工艺性创新,并注重绿色创新成果在各流程、不同阶段间的扩散,实现绿色治理效果的最优化。东部地区工业化水平相对较高,但由于人口交通密集以及工业生产等原因,地区空气污染仍比较突出,PM2.5等颗粒物超标较为严重。因此,需将大气污染治理作为东部地区政府绩效考核的重要指标,对企业排放污染物进行严格环境管制,达不到排放标准的企业予以坚决淘汰,从而倒逼地区企业加大对绿色技术创新的投入,在此基础上给予适度的税收优惠政策,有效推动地区高技术和环保产业(如新一代信息技术、生物医药与生命科学、高端环保、新材料等)的创新与可持续发展。与此同时,东部地区企业需着眼于未来,紧盯国际主流绿色创新技术的发展,进行长期的基础研究技术投资和战略布局。当前企业技术竞争已趋于白热化,十几年前很多知名品牌销声匿迹。因此企业不能满足于赚快钱,而要对已有技术产品进行不断迭代创新,注重对技术的积累和学习,树立知识产权保护意识,加大对原始共性技术的研究与投入,注重培养原始技术或产品的生态环境,使其与现有其他产品或技术保持友好兼容。努力占领国内乃至全球产业价值链的高端,由传统代工企业向研发制造企业转型,实现核心技术产品和高端设备(如智能手机平台系统、集成电路、汽车发动机、电脑操作系统等)的国产化,避免"中国芯"之痛重演。时刻保持危机意识,拿出不断吃掉自己"孩子"(指旧产品)的决心,持续开展绿色技术创新活动。

二、提高企业绿色技术创新水平:基于创新价值链理论

根据两阶段创新价值链理论,需关注企业绿色创新过程及分阶段异质性特征。具体而言,在绿色创新活动中,应加强对绿色研发和成果转化过程的投入和管理。在绿色研发阶段,持续开展绿色研发设计、测试、"干中学"等活动。由于核心技术是化缘不来的,因此需充分利用高校、科研院所的基础研究能力,加强产学研合作的深度和广度,解决产学研合作各方利益诉求不一致等问题,高校科研单位希望将科研成果以论文形式发表,而对于企业而言,这些科研成果一旦发表,企业经济效益将会受到较大损失。因此,一方面需协调利益分配机制,对因不能发表论文而造成高校科研单位损失给予经济补偿;另一方面对于高校有关部门在设定研究人员绩效考核、职称评定时,需将参与产学研合作经济社会绩效纳入考评体系内。由于我国企业技术研发水平与发达国家还有较大的差距,在企业技术研发过程中,存在一味模仿国外技术产品的趋势,"拿来主义"盛行,缺乏对技术的消化吸收和再学习,因而需要在深度学习前沿技术和实践中探索的基础上,深刻掌握技术产品开发背后的基础原理,并增强对产品设计理念的培养和付诸实践。人工智能时代即将到来,很多传统的工作将会被机器代替,此时最有价值的就是我们的头脑思维和好的想法。因而在绿色研发过程中,需关注创意产生的过程和环境,营造一种具有包容性、宽容失败、轻松的创新氛围,培养敢于创新、勇于尝试的研发设计者和实践创新者。

我国企业乃至世界大多数发达国家,都存在科技成果转化效率不高的问题。企业科技成果转化主要涉及新产品开发、制造和产品营销等环节,是将企业技术成果(如专利、商标等)转为社会经济环境效益的过程。因此,企业在成果转化过程中,需将产品的环保、节能以及可回收利用性等作为重要功能指标,以满足社会经济环境发展需求。并通过营销广告等方式,指出传统的产品使用带来的不利影响,大力倡导绿色产品和低碳服务消费,让顾客具有潜在的环境保护意识，从而实现企业生产和消费者需求的绿色协同发展。另外，采用股权或物质奖励等方式激励研发人员开展绿色成果转化活动，提高专利发明人在成果转化收益中所占的比重。鼓励高校科研单位与企业技术转让合作以及共同研发转化，对在具有共性技术领域的重大成果转化过程中取得突破的研发人员给予额外奖励。成果转化效率提高也离不开外部金融支持，需要营造良好的金融环境和资本市场，对一些具有良好前景的新技术、新产品给予支持，需加快我国金融体系的建设和完善，引导资金流向高技术成果转化领域，而不是一些生产性基础建设行业。还需逐步放宽民营资本准入门槛，使其能更好促进工业企业创新发展，解决企业融资难等问题。另外，地方政府还需加大对高技术的甄别力度，逐步提高技术认定的标准，设置专门的评审委员会，并定期轮换。对于那些为了申请政府项目资助而对原有技术进行包装，但并未有实质性创新的技术不予再资助。让有限的政府资金能精准扶持从事高技术成果转化的企业，在一定程度上引导了银行金融机构的正确投资方向。最后，需认识到有些重大技术转化为产品需要一定的周期和配套环境，如美国20世纪六七十年代发明互联网技术，但是直到21世纪互联网行业才大放异彩并不可或缺。因此，对于一些沉睡专利而言，需要持续予以关注和思考，当外界条件发生变化时，积极将其与当前环境下的可能事物进行融合跨界创新等，不断拓展绿色技术创新活动的研发边界，地方政府也需适当放宽行业管制，实现创新成果的不断涌现，从而创造更大的社会经济价值。

根据创新资源利用方式与研发成果转化之间的关系，将各省份企业分为高绿色研发低成果转化、低绿色研发高成果转化、低绿色研发低成果转化以及高绿色研发高成果转化等四种类型。对于不同类型企业，需根据自身优势和不足，扬长避短，提高企业创新水平。如对于低绿色研发高成果转化型地区企业而言，则需将战略关注的重点放在绿色研发活动的投入与管理上，努力加快绿色技术变革的步伐，开展技术与管理制度创新，建立长期深度学习、反思、"干中学"等文化制度，聘请国际顶尖工程师为技术顾问，对企业员工进行技术培训等，从企业内部深挖技术研发潜力，将企业发展建立在原始创新技术不断涌现的基础上。注重产学研合作的开展，不局限于购买高校的专利技术，还应快速掌握当前科技前沿的发展态势，利用高校的基础研究能力共同开发市场紧缺的技术和产品，提升本企业员工原始创新能力，并使外部创新资源逐步内化为企业核心创新能力。

对于高绿色研发低成果转化型地区企业而言，则预示当前企业科技研发和经济效益转化脱节，部分企业存在为了获得政府资助而申报专利的行为，专利质量以及转化率偏低，并未将经济环境效益最大化作为企业科技研发的出发点，同时也存在缺乏良好的融资环境而无法将研发技术进行快速转化的情形。因此，一方面，政府在对技术成果进行资助时，需加大对高技术成果的审查力度，防止因过度包装而反复申请政府资助浪费现象；另一方面，需不断完善科技成果转化平台，努力实现凭借一个良好的创意就能吸引到风险投资，就能成立一家公司的局面。不断完善和落实知识产权保护等法律法规，确保成果转化利益能更多惠及研发创新者。坚持以市场为引导，促进资本与技术的良好融合。并对一些具有战略性的技术突破，银行等金融机构应该给予一定的融资或贷款支持，从而避免我国创新型企业在初生期就面临被外资收购的局面。

对于低绿色研发低成果转化型企业而言，则需双管齐下，在关注企业绿色研发效率的同时，注重技术成果的市场化和商业化。也可采取迂回绿色创新策略，由双低型向一低一高型转换，然后过渡到双高型创新模式。对于高绿色研发高转化型地区企业而言，则需从相对薄弱环节入手，持续提高企业绿色创新水平，毕竟这里的高绿色研发高转化是相对国内企业而言。需以发达国家或地区为参照标准，开展绿色前沿技术的探索研究，加大国际交流合作的力度和广度，使中国企业更好融入世界高端产业分工体系中，逐渐摆脱对资源的依赖和环境的破坏。

三、提高企业管理水平，缩小区域技术差距

由于我国不同区域绿色创新生产技术的异质性，各省份企业绿色创新无效率的根源也存在差异。须在全国企业绿色创新发展战略的总体框架下，实现区域企业创新的分工与合作。东部地区以资本、技术密集型企业为主，创新模式是以技术引进与自主创新并举。中西部地区由于长期以来形成的区域技术壁垒，其创新水平低下，创新生产模式仍以技术引进和技术改造为主，劳动密集型企业较多。需充分认识到东中西部地区企业之间的技术差距，制定差别化的创新政策。另外，我们发现东部地区企业创新无效率主要源自管理无效率，效率损失主要由企业自身管理失误和水平低下所致。中西部地区企业绿色创新无效率则与区域技术差距和管理无效均有关，两种前沿之间的技术差距所造成的外源性阻力以及企业管理的内生障碍是其效率损失的共同原因。为此，东部地区企业需在引进国外先进清洁生产技术、优化企业绿色创新环境的同时，加强对企业内源性创新动力的激发和培养，从绿色创新战略导向、现代企业管理制度以及企业文化建设等方面入手，注重我国企业科技研发和成果转化工作的管理效率提升，减少内生性发展

障碍。与此同时，东部地区企业应积极帮扶中西部地区企业技术和管理能力提升，开展一些跨区域企业技术和经验交流活动，普及一些基本的绿色创新产品设计、技术开发和创新管理知识，了解如何避开国际专利陷阱等技术诀窍，实现对口支援，从而辐射带动中西部地区企业从事绿色研发和生产活动，实现全国企业绿色创新水平的整体提高。

中西部地区企业需认真向东部发达地区学习先进的技术和管理经验，转变原有重视规模而忽视质量、重视引进而忽视创新的发展思路，充分利用地区高校人才资源开展校企研发合作，并积极引进高素质技术人才，做到"用发展、成果分享和感情留人"。并努力打破地区间的技术壁垒，促进区域间人才、技术、资金等创新要素的自由流动和高效配置，吸引一些东部并不占优势但中西部紧缺的行业企业入驻。充分利用中西部地区的后发优势，在技术发展战略以及主导产业选择方面合理布局，科学设置企业能耗及排污标准等，减少地区环境污染成本。国家在制定创新发展政策时，需向中西部地区倾斜，继续深化"西部大开发""东北老工业振兴"等发展战略。加大对这些省份企业的财政支持，提高地区交通基础设施水平、改善企业职工住房、医疗、教育、城市居住条件，支持国家级工程技术中心以及国家重点实验室建设扶持等，打造科技研发新高地。筑巢引凤，吸引一批高科技人才和风险投资机构，促进东中西部地区企业协同创新发展。

第二节 从技术溢出角度提升全国企业绿色创新水平

一、加强管理体制和机制创新，发挥我国区域企业创新的溢出效应

打破区域间的技术壁垒和封锁，促进要素资源在不同区域之间的相互流动，且政府资助不能过于集中于某一行业或地区，应向创新正溢出效应的地区或行业集中。研发人员作为先进技术的重要载体，其自身的专业知识和工作经验有利于企业绿色生产率的提升。因而需充分发挥人力资源在绿色研发和成果转化过程中的技术消化吸收和科技知识再创造能力，营造有利于人才引进和减少人才流失的创新环境，并努力建立临近地区人才资源共享机制，加强区域企业研发人员之间

的技术交流和合作。使技术的空间溢出成为区域企业绿色创新能力提升的重要途径。诺贝尔经济学奖获得者梯若尔曾于2014年对中国媒体说过,中国各省份之间跨省贸易还存在互相征税现象,这是不可思议的,内部互相征税只会阻碍自由贸易,影响地区经济发展。当前各地区政府仍在使用税收、审批等手段对本土企业进行过度保护,而对外地企业的竞争进行限制,导致区域企业间的经济联系与分工合作被人为割裂,这拉高了地区间企业技术合作、人才流动、贸易活动的成本。世界上没有哪一家企业的所有零部件均为自制件,无不是采用分工协作或技术合作的方式完成。因而有必要努力打破这种人为的地区垄断、以邻为壑的困局,充分共享各自的技术人才、仪器设备以及管理经验等,实现我国区域企业创新发展一体化和分工协作,使绿色创新的空间溢出效应得到最大限度的发挥,有利于我国各区域企业创新生产率的大幅提升。

另外,需根据各地区工业企业经济效益和绿色研发技术水平的局域特征,制定并落实有利于工业企业绿色创新绩效提升的空间局域化科技政策。结合各地区已有的特色产业创新集群和产学研合作机制,提高绿色专利、新产品产出等产出指标和绿色创新效率的空间溢出效应,从而提高我国各省域工业企业绿色创新水平。通过技术引进、消化吸收等方式提高中西部地区企业绿色创新绩效,不断缩小区域间的技术差距,使相对落后地区形成局域绿色研发和成果转化产业集群,从而促进我国企业绿色创新水平的整体提升。

二、加强区域产学研合作,建立专业化研究机构

如何充分发挥高校、研究院所的基础研究能力,更好为地区企业技术研发和商业化提供科技支撑,成为当前产业界和学界关注的热点问题。可以参考美国产学研合作的做法,以项目形式支持企业与高校开展合作研究,坚持以市场为主导,政府支持建立以企业、高校和研究院所为组成单元的共同研究群体,对一些涉及企业发展的重大关键共性技术进行联合攻关。政府支持一些行业领头企业在知识创新和行业间溢出作用的发挥,如硅谷对研发人员在企业间的跳槽并没有十分严格的限制,这有利于技术在不同企业之间的溢出,带动了整个行业的创新发展。对于我国而言,需搭建相邻地区高校和企业共性绿色技术创新平台,将高校和企业闲置的仪器设备和冗余创新人力资源等充分利用起来,进行跨区域、校企间合作,促进绿色生产和末端治理技术的扩散和空间溢出。由于高校和企业在产学研合作中的利益诉求存在一定冲突,且高校的基础研究能力与企业所需要的产

品技术并不十分匹配,使得产学研合作效率并不明显。由基础研究、测试到技术产生,然后再从技术转化为产品,这是一个连续的价值创造的链条,需要经历很多环节,不可能样样精通,如何将已有技术转化为产品本身也是一大难题,且不谈直接将基础研究能力转化为产品。因而可效仿深圳特区企业产学研合作专业研究院发展模式,深圳虽然没有北大、清华这样基础研究能力强的名校,但是其周围分布着各种专业的研究院,包括清华、北大等在此设立的研究机构。这些专业的研究机构能够为企业发展中存在的具体问题展开深入研究,并为企业针对性地提供相应技术和方案,极大地推动了深圳市工业企业的创新发展,使得清华、北大等高校设立的专业研究机构知识溢出效应得到充分发挥,值得借鉴和学习。

与此同时,产学研合作不能只关注将现有专利技术转化为产品和服务,还需要关注前沿技术的探索,提升企业原始创新能力,从而实现向产业价值链的高端攀升。一些发达国家跨国公司不仅重视绿色技术的开发和市场化,还对与企业技术发展相关联的基础研究非常感兴趣,并持续增加基础研究领域的投入。一旦某项基础性应用技术获得突破(如互联网、手机安卓系统等),就能较快投入企业产品创新过程中,从而产生颠覆性的创新成果和社会经济效益。2016 年,华为在法国建立数学研发中心,旨在挖掘法国基础数学资源,致力于通信物理层、网络层、数据压缩存储等基础算法研究,并聚焦于 5G 等战略项目,华为已在全球设立 16 个研究所。因而企业产学研合作不能仅局限于国内高校或本省高校,而应该在全球范围内进行资源整合利用,寻求基础研究领域的合作。另外,产学研合作不能仅停留在购买国外高校技术专利或项目合作等层面,应该大胆"走出去",到发达国家去融智(办厂或研究所),学习他们的创新文化和思维方法,招聘当地优秀的科研人员,和中国本土研发人员一起组成研究兴趣小组,共同探索开发企业所需要的技术和产品,促进隐性知识在彼此间的交流和吸收,也有利于将外部资源内化为企业核心技术和竞争优势。

三、加强诚信体系建设,降低交易成本

随着区域企业间地理距离的增加,彼此间的信息不对称程度被放大,两者间信任关系也会减弱,加上地方保护主义这一因素,使得企业间技术合作的成本增加,绿色创新效率的溢出作用发挥受限(余泳泽、刘大勇,2013)。为此,政府应不断加强诚信体系建设,营造风清气正、诚信合作的创新氛围,减少因诚信问题带来的交易成本。由于彼此间强关联,有利于信息之间的了解,合作成功率较

高。但强关联往往占据较多精力和资源，企业绿色创新发展更多依赖那些看似并不十分紧密的弱关系，而弱关系往往存在信息不对称带来的风险承担问题，此时政府给予适度的诚信管制是十分有必要的。从长远角度来讲，地方政府不能护短，对违法排放污染物、金融欺骗消费者或合作者的企业法人予以追责，需建立公平诚信的经营环境，吸引更多的诚信经营企业入驻。与此同时，可采取严禁发布一些虚假信息为自己牟利且对其他企业造成损害的行为，并对因诚信问题导致合作伙伴重大损失而不履行责任的企业个人给予法律制裁。将一些违背道德诚信、生活奢靡而欠债不还的企业负责人纳入行业黑名单，在全国范围内进行通报，等等。地方政府及相关部门还需加大对企业信息真实性的甄别力度，防止一些不法企业恶意利用政府资源替自己行骗（如一些庞氏骗局），从而造成重大经济损失。保障诚信经营者的利益，对长期遵纪守法诚信经营的企业，予以适当政治褒奖。引导更多的外地企业和金融机构敢于和本地区企业合作，有利于促进区域间的技术交流合作，从而发挥企业创新的空间溢出效应。

第三节　完善以市场为主导的绿色创新管理制度

一、加强知识产权保护

根据知识产权保护的最优临界值，制定科学合理的知识产权保护政策和执法水平。加强对知识产权保护水平的测量，了解我国及各省份知识产权保护的临界值以及实际知识产权保护水平。知识产权保护水平不宜过低，否则创新者无法获得研发所带来的大部分利润，不能有效激发其自主创新潜力；知识产权保护水平也不能过于严苛，否则可能造成专利持有者的垄断势力（尤其是外资企业）而使得市场扭曲和资源配置不合理，也不利于经济落后地区技术扩散和模仿创新，知识产权保护有一个适度原则，过高或过低都不利于地区经济创新可持续发展。根据不同行业领域的发展实际，逐步提高知识产权保护水平。将利益相关方都纳入知识产权保护政策制定框架内，既保护创新者的合法利益，同时兼顾使用者和社会大众的利益，宽严相济，逐步接近国际知识产权法规执行水平，同时坚决反对外资企业利用专利丛林战略垄断我国中高端消费市场利润（如汽车、集成电路等）的托拉斯行为。另外，可借鉴日本、韩国等国家知识产权保护的经验，如日本在20世纪70年代以前，采取较为宽松的知识产权保护政策，鼓励本国企业引进欧美国家的先进技术，在此基础上开展模仿创新活动，大大促进了地区经济的发展。随着本国技术和人才的不断积累，以及欧美国家技术保护壁垒增强，20世纪70年代以来，日本开始实行较为严苛的知识产权保护制度，此时日本与欧美企业之间的技术差距并不十分明显，知识产权保护对自主创新的积极影响大于对技术模仿的抑制作用，使得日本企业自主创新能力得到大幅提升（阳立高等，2013）。

因而对我国经济相对发达的东部沿海城市，应采取严苛的知识产权保护政策，加强知识产权保护执法力度，严厉打击侵权、盗版等行为，营造良好的创新氛围，鼓励企业加大研发投入，积极实施后向一体化创新发展战略，将核心技术和零部件生产作为企业发展的重点。不断完善技术交易市场建设，并对技术合同登记等制度进行有效的监管和改进，探索建立技术交易活动的诚信体系，对违规违法或不道德行为予以公示或处罚等措施。大力支持我国科技中介服务机构的发展，尤其是注重一些区域性和专业性科技中介服务体系的建设和发展。利用各种新闻媒体和其他公益组织，在企业、学校以及社区大力开展知识产权宣讲活动，适度公布一些典型知识产权案例，加强司法和执法的透明度，来增加民众对知识产权保护的了解和保护意识。通过硕士或博士教育项目，培养高层次的知识产权领域专业人才，一方面，提升我国知识产权执法水平；另一方面，避免掉入"专利陷阱"。指导企业和个体制定专利、商标以及行业标准等知识产权战略，重视绿色技术的价值评估和专利拍卖转移活动，并激励企业利用知识产权战略实现绿色技术挖掘和二次创新。经济相对落后地区，如新疆、贵州、云南等，可以适当降低知识产权保护水平，以便减少本地区企业技术交易成本、促进产业集聚、吸引外地资本及技术流入，为技术模仿行为提供更大的发展空间。对于中部地区省份而言，如湖北、安徽等地区，则需根据区域技术发展水平，制定相适宜的知识产权保护政策，确定合理的知识产权保护水平，做到技术模仿和自主创新之间的平衡，促进地区创新能力提升和经济稳定增长。

根据不同行业发展特点，制定有所差别的知识产权保护政策，采取差异化的执法水平。对于一些技术水平较高、人力资本丰富的产业而言，此类行业对知识产权保护政策相对敏感，如电子及通信设备制造业，此类产业集中了中国较多的人力和资金资源，其创新产出也占中国高技术产业的半壁江山，需加强对知识产权的保护。一方面，中国在此类行业与国外先进技术之间的差距不大，且外资企业加大了对技术的封锁，已无多大模仿创新的空间；另一方面，加大对知识产权保护也有利于我国企业自主创新能力提升，其增加了企业危机意识，需转变以往一味追求经济规模的经营方式，将突破企业核心技术作为未来发展的重点方向，有利于我国企业在全球产业竞争中掌握更多的标准制定和话语权，从而摆脱价值链低端锁定，促进产业结构优化升级。另外，此类技术水平较高行业集中了我国较多的资源要素，加大知识产权保护有利于避免后发企业"一哄而上"（如光伏产业）从事模仿性生产以谋求低成本微薄利润，同时挤压了创新型企业的生存空间，导致"劣币驱逐良币"的不利结局。对于我国农林牧渔业、纺织、食品以及汽车等技术水平相对较低、人力资本水平不高的行业而言，自主创新能力明显不足，且与欧美等发达国家还有较大差距，此时需采用较为宽松的知识产权保护预期战略，充分发挥技术引进和模仿创新的作用，适度降低知识产权保护的力度，通过模仿促进我国产业技术水平的提升。待技术水平提高到一定程度之时，又要逐步提升知识产权保护力度，促进企业开展绿色研发和绿色成果转化活动，坚持市场导向，由模仿创新向绿色自主创新方式转变。另外，对于我国兴起的互联网、大数据产业（如共享单车）而言，传统的知识产权保护制度可能无法进行解释和界定，需要对一些新模式、新业态、新产品的知识产权保护水平进行重新审定，优化知识产权保护政策的制定过程，探索并建立符合互联网产业发展的知识产权保护体系，使其更好地助力价值创造和价值捕获。最后，一些小企业致力于产品上市，并不乐于申请专利进行正式知识产权保护，而是以商业秘密形式进行保护。但是随着社会科技经济的发展，在开放式绿色创新环境下，专利更容易进行绿色技术转让，也便于向外界展示自己的实力，专利成为融资和与大企业合作的有利条件。因此，小企业需进一步转变战略思路，逐步建立以专利申请为主的正式知识产权保护体系。

二、扩大对外开放

一般而言，市场开放程度越高，我国企业获取新技术的可能性越大，绿色技术知识积累越多，越有利于工业企业绿色创新效率的提升。但盲目的对外开放可能会带来一系列的环境问题，因此，有必要对贸易开放程度进行合理把控。加大对国外先进制造设备、核心零部件和新能源、新材料的进口额度和范围。持续开放经济市场，利用亚太经合组织、上海自由贸易区、"一带一路"等方式逐步消除国家以及区域之间的贸易壁垒，优化国家和区域绿色创新资源配置水平，促进区域经济融合和分工协作，共同提高绿色创新发展水平。如在此次中美贸易谈判中，我国政府提出了增加对国外高技术零部件、高端产品进口的需求，习总书记也经常在国际会议上，呼吁欧美国家放宽对华高技术产品出口的管制，这些措施都有利于我国企业绿色创新发展和产业结构优化升级。与此同时，也要求欧美在华企业需按照母国的环境技术标准生产产品和销售，一方面，不能给东道国带来环境污染；另一方面，中国市场和欧美市场提供产品质量需遵从同一标准。这就要求地方政府在引资时，严格按照审定标准执行，不能为了地方经济发展而竞相降低引资门槛。由于我国在20世纪80年代初期存在资源匮乏的情形，通过进口国外一些废弃铜线等物品而进行循环利用，但往往伴随着一些不易分解的各种生活垃圾，给我国生态环境保护造成一定的影响，因此，政府出台了禁止进口国外垃圾的政策，虽引起欧美国家的不满，但这一政策应该持续进行下去，有利于实现地区经济转型和生态环境优化。

另外，需充分利用外资这一重要技术资源，通过完善知识产权保护法律法规、加快市场环境建设等方式，鼓励跨国公司在我国建立研发机构，根据外资企业从事技术转让和新产品开发所获得的收入，给予相应的所得税减免，有效促进外资企业与内资企业开展实质性技术合作，并为外资研发机构与本地企业、科研院所在基础技术、信息等方面的交流合作提供较好的平台。鼓励港澳台资、中外合资、中外合作等类型高技术企业入驻，此类企业将一定的技术转让给我国内资企业，有利于我国企业的技术模仿、学习以及二次创新能力的提升。亦可引进一些技术超前的外商独资企业，虽然此类企业技术保密程度较高，但通过企业研发人员流动和技术示范效应，也能有效促进内资企业的创新环境改善和危机意识增强。不过，我们也要防止外商独资企业通过技术专利垄断而形成"托拉斯"市场独占行为，避免对内资企业形成过度挤压效应。支持外资企业招聘中国本土员工和人才流动，解决就业问题同时促进本土技术溢出。建立我国完善的市场经济制度，充分发挥市场价格机制在我国创新资源配置中的作用，保护民营科技型中小企业的合法权益，有效促进国外先进绿色技术的传播和扩散。增加一些博士出国联合培养项目，关注学生的想象力、好奇心和批判思维能力培养。与此同时，加大对技工型人才的培养，聘请外资企业工程师为实践导师，培养原始性创新思维能力。

从企业层面来看，内资企业须在开放式创新环境下，定期与外资企业建立技术许可合作或其他形式的经验交流活动,促使不同企业文化和治理结构企业之间的交流,往往不同领域知识交流和碰撞常常能获得全新科学技术和管理制度突破。当然,在企业加大对外交流的过程中,也要遵守知识产权法律法规,尊重彼此的专利和商业秘密,在技术合作交流中共同进步,实现双赢。在改革开放初期,偶尔抄袭别人的专利或技术可能不会被惩罚,但这不利于该行业创新和可持续发展,也容易导致后来者"一哄而上"而使该行业作废掉。在当前知识产权保护不断加强的背景下,需不断寻求与外部市场主体的合作,加强与外资企业或高校之间的技术交流和合作。与此同时,企业外向开放时需权衡利弊得失,合理选择开放内容和方式。不同国家之间可以建立自贸区等形式组织一些绿色治理合作网络和创新平台,在合作平台上实现创新资源共享、风险分担,从而提升整体绿色创新水平。我国内资企业还可以此为契机,通过共享资源、技术消化吸收等,最大化发挥原有清洁生产和末端治理技术的溢出和扩散效应,有效促进我国企业绿色创新能力提升。

三、优化金融环境

加快我国金融业全面发展,促进金融创新与中小微科技型企业创新协同发展。当前我国金融体系大致可分为政府性金融、银行信贷和资本市场融资等三种类型。政府通过一些政策或资金等方式,如财政科技拨款、税收优惠、贴息以及创业投资引导基金等,支持中小企业开展研发和成果转化活动,这种政策性金融对于我国企业创新能力提升起到至关重要的作用,也通过信号传递给银行等金融机构,从而适度放宽其贷款限制和审批要求等。然而,政府性融资政策具有不连贯和非系统性特征,不同时期的政策执行力度和效果存在明显差异,尤其是金融危机以来,金融机构对高风险的创新项目支持骤减。银行信贷根据市场风险进行选择,那些规模较大的生产性投资行业(如基础建设、房地产等)往往更受青睐,这进一步加重了产能过剩和环境污染,对一些高技术项目采取谨慎借贷态度,严格控制放贷速度和贷款规模,使金融支持对企业技术创新的促进效应明显滞后。资金规模较大的银行信贷更多流向大型企业或具有国有背景的企业,这些企业往往并不缺钱,银行信贷反而起到挤出效应,规模较小的民营科技型企业则融资困难。央行报告数据统计表明,占据企业数量约为90%的中小企业,其贷款总额比重不到30%(祝佳,2015)。为此,政府或央行等相关部门需引导我国国有银行以及商业银行等建立多元化的创新支持体系和发展思路、目标,加大对我国中小微企业创新项目的支持力度，简化一些不必要的审批手续，加快商业银行审批和放款速度。优先支持一些人工智能、半导体、绿色环保等战略领域行业的技术创新发展，对部分因国家科技竞争战略需要而出现资金缺口较大企业，需给予适度低息和追加贷款规模等优惠政策。另外，国家还应鼓励发展网络银行、融资租赁、众筹等金融服务，解决传统金融体系不够完善、对技术创新的多层次支持不足等问题。政府还可以引导民间资本对中小企业绿色技术创新项目进行融资支持，同时监督和保障民间借贷的合法性和财产安全，防止虚列项目骗取大量民间资金，造成金融环境恶化等现象，使 e 租宝类似事件不再重演。与此同时，严厉大力打击和整治民间高利贷、强行放贷收贷等违法行为，营造良好的金融市场环境，促进中国金融服务改革与企业技术创新水平的协同发展。

加快建设多层次资本市场，解决企业技术创新融资难题。当前中国资本市场发展水平仍然较低，市场在资源配置中并未起到主导作用，投融资服务无法满足技术创新主体（不同规模、不同性质企业等）在各创新阶段（研发、成果转化）的多样化需求。当前中国资本市场主要分为主板市场（上海证券交易所和深圳证券交易所）、创业板市场和场外交易市场（"代办股份转让系统"和地方产权交易市场）。创新型企业可以在主板和创业板市场等公开发行股票（IPO）来进行融资。但是当前我国证券市场发展还不够完善，许多监管制度存在一些漏洞，缺乏市场退出机制，一旦成为上市公司，则很难自动退出或被勒令清退，导致我国上市公司数量持续增大，不利于上市公司结构优化和质量提升。上市过程层层审批手续烦琐，而且很不规范，一定程度上影响了企业技术创新项目融资成功率和办事效率，使得金融促进技术创新的作用明显滞后。为此，中国应大力发展债券市场、保险市场、外汇市场以及期货市场等多种资本市场，为中小科技型企业融资提高多样化渠道。加大对证券市场的改革与监管力度，防止在企业上市过程中腐败、弄虚作假行为，杜绝为了套取资金而包装上市现象，同时对真正从事技术创新活动的企业，在上市过程中给予审批优先等政策照顾。为了更好地发挥资本市场金融服务企业技术创新作用，需建立一种公平合理的股市退出机制，定期对一些指标不合格的落后企业进行劝退，淘汰一些不符合科技发展趋势的公司，优化上市公司治理环境，使有限的资本市场能充分发挥其积极影响。与此同时，我们还需大力发展私募基金、天使投资、量化基金、小企业集合票据等，为技术创新项目提供多种融资渠道。还可适度引导外资进入中国高技术产业，通过税收减免等政策鼓励外资在中国发展高技术产业，并通过技术溢出和示范效应，带动中国内资企业的模仿创新乃至自主创新能力提升。最后，企业还可以通过"互联网+"创新模式，包括众包、创客空间等，利用集体智慧并以共同创新的方式解决技术研发难题，避免了企业因传统高研发投入高风险而带来的融资困境，从需求角度出发解决企业技术创新融资难问题。

四、加强环境管制

根据波特假说，设计合理的环境管制有利于企业创新生产技术和工艺流程，其带来的创新补偿效应足以弥补环境成本，从而有效提升了产业竞争力（Porter and Vander，1995；Domazlicky and Weber，2004）。当前我国环境规制强度还处于较低水平，无法有效激励企业开展绿色研发和绿色成果转化活动。因此，政府及环境部门应当提升中国的环境规制强度水平，加强对环境的执法和监督力度。培养技术过硬的环境监督评估人员，强化环境监管部门的相应法律责任，提高环境污染现场执法的可操作性，整合资源查处环境污染问题，促进企业开展清洁生产和末端治理工作，从源头上控制污染物的排放。与此同时，确保环境规制的执行统一性，制定统一的环境规制标准，防止政出多门而互相打架的现象，优化环境保护资源的配置水平，提高我国环境规制的效率。另外，加快推进由排污费向环境税转变的改革，出台有关环保税的政策文件。现实中，排污费制度对企业环境保护行为的约束力不强，且容易出现寻租行为（Downing and White，1986），部分地方政府为了招大商引大资而降低环境保护技术门槛，实施免征排污费等"优惠政策"，往往存在种种弊端。因而实施环保税不仅可以增加政府财政收入，而且倒逼企业实施绿色研发战略，成为环境创新主体。

在继续完善环境规制体系、加强环境规制强度的同时，需注重环境规制工具的创新，针对不同区域、不同行业实现多种环境规制工具的组合和灵活运用。当前我国是以行政命令型环境规制为主要治理方式，手段相对单一，且这种控制性的正式环境规制效果在短期内效果明显，但从长远来看并不十分理想。由于行政式环境规制的强制性约束，可能导致企业生产成本上升，对企业研发投入产生挤出效应，比如企业在机器设备更新、技术改进决策上，需将环境标准纳入生产决策框架内，使得企业研发可使用的技术集变小，企业在生产运营过程中的难度也会随之变大，无形中增加了企业生产成本。因此正式环境规制的使用需要有一定的适用范围和限度，否则可能适得其反。因此，可借鉴日本和欧美国家的经验，如日本的循环经济、北欧的环境税以及美国的碳排放交易权等政策，消除不利于激励企业绿色研发的环保补贴等政策，注重环境规制工具的创新和配套使用。可采用政府行政、市场激励和公众参与型环境规制相结合的方式。鉴于东部地区环境规制水平相对较高，且企业环境创新能力强于中西部地区。因此，东部地区可采用行政式、市场激励和公众参与型环境规制三种方式，逐步由行政式向搭配使用市场型和公众参与型转变，通过环境税、碳排放权交易等规制方式，充分发挥市场的主体作用，激励企业根据自身发展特点持续开展绿色创新活动。与此同时，通过一些信息披露、公众参与监督等方式倒逼企业提高环保水平。中部地区可采用行政型和市场型相结合的规制方式，双管齐下，实现两种方式的协同并进，提高地区企业绿色创新水平。对于产业技术相对落后、污染较为严重的部分地区企业而言，则采用行政式规制手段更为合适，尤其是少数西部和东北地区，其生态环境较为脆弱、粗放式发展情形未得到明显改善，短期内采用行政式规制方式效果会更好。尤其在承接东部地区产业转移的时候，需采用更为先进的环保生产技术和末端治理水平，充分发挥其后发优势，严格审定和执行环境技术标准。总之，环境规制对于我国企业绿色技术创新水平的作用机理较为复杂，需要针对具体行业、具体区域、具体项目出发，采用差别化的环境规制强度和规制方式，借助于人力资本和技术水平的提升，从而最终实现我国企业创新能力提升、产业结构升级和环境经济共同发展。

第八章 总结与展望

第一节 简要结论

（1）本书首先基于高技术制造业创新效率的区域差异和行业并联理论，构建并联网络 DEA 模型测度分析我国各省份高技术制造企业技术创新效率，并从行业差异角度出发对各地区制造企业创新无效率值进行分解。结果表明：中国高技术制造企业创新效率偏低，还有 53.1% 的提升空间，东、中、西部地区企业创新效率依次递减。医疗设备制造业效率最高，而航空航天器制造业效率最低。全国区域及各省份高技术制造业创新无效率的根源存在明显差异，东部地区无效率损失主要源于电子及通信设备制造业，中部和西部地区无效率损失则分别主要源于医药和航空航天器制造业。本书丰富了我国高技术制造企业创新效率理论的研究，可通过产业并行关联视角促进企业创新能力提升，亦可甄别制约各省份高技术制造业效率提升的关键行业。

（2）将环境效应纳入传统创新效率研究框架，利用超效率 DEA 模型测度 2008~2015 年环境约束下中国各省份工业企业创新效率值，并将其与不考虑环境约束下的效率值进行对比，给出了绿色创新资源利用的四种模式，利用投影分析法指出 DEA 无效地区企业的效率改进路径，选取动态 GMM 模型检验了绿色创新效率的影响因素。结果表明：①2008~2015 年全国工业企业绿色创新超效率均值为 0.896（最大值 1.329），还有较大的提升空间。全国区域、各省绿色创新效率差异明显，东部、西部和中部地区企业效率值依次递减。两种情形下省际效率排名高度正相关，表明经济效率偏低的省份环境技术创新水平也低下。②属于低科技经济低环境型的省份企业约占 23.3%，主要来自中西部或东北地区，还有 43.4% 的省份企业在技术的经济效益转化或环境效益转化方面存在效率损失。全国引进消化吸收费用和研发人员全时当量指标投入冗余率相对较高，单位 GDP 的工业"三废"和碳排放量产出率严重不足。③创新氛围对绿色创新效率起明显促进作用，企业绿色创新效率值与知识产权保护强度呈倒"U"型关系，当前各省份知识产权保护有利于效率提升。企业规模、政府支持、外商投资和金融环境对效率起阻滞作用，产学研合作和环保投入强度的影响不显著。

（3）根据创新资源在两阶段间的共享关联特征，构建两阶段共享投入关联型网络 DEA 模型测度 2008～2015 年我国各省份企业绿色创新效率值，并检验效率的影响因素。考虑我国东中西部地区企业之间的技术差距，利用共同前沿 DEA 模型对我国各省份企业绿色创新效率进行分析，并从区域生产技术差距无效和管理无效两维度进行分解，寻找效率损失的真实根源。结果表明：①中部地区企业绿色研发效率明显偏低。约占 20% 的地区企业创新资源利用模式为低绿色研发低成果转化型，基本来自我国中西部地区，约占 46.7% 的省份企业在绿色研发或成果转化阶段效率损失明显。创新氛围、环保投入以及外商投资等变量均对我国企业绿色研发效率起到促进作用，知识产权保护与研发效率呈"U"型曲线关系，此时拐点为 0.074，而我国知识产权保护水平目前还未达到拐点。与之正好相反，工业企业成果转化效率与知识产权保护水平之间表现为倒"U"型关系，当前加强知识产权保护有利于成果转化效率的提升。②共同前沿框架下我国企业绿色创新两阶段效率均值依次为 0.683 和 0.691，中国各省份企业创新效率存在显著的差异。东部地区企业绿色创新两阶段效率 TGR 值均处于全国首位，而中西部地区两阶段效率与全国最优创新技术水平还有较大的距离。东部地区企业绿色创新无效率主要源于企业管理无效；大部分中西部地区企业无效率则共同受制于落后的区域创新生产技术和企业管理水平；内蒙古、云南、四川和陕西企业绿色成果转化效率不高的原因在于其落后的区域成果转化技术。

（4）考虑区域企业创新效率的空间溢出效应，在测算 2010～2016 年中国高技术企业两阶段效率值的基础上，利用空间计量模型分析整体与分行业效率的溢出效应及其影响因素，结果表明：①2010～2016 年中国高技术企业科技研发和成果转化效率均值分别为 0.672 和 0.230，西部、中部和东部地区科技研发效率依次递减，医疗设备及仪器仪表制造业、电子及通信设备制造业效率较高。在成果转化阶段，东部地区企业效率较高，而中西部地区偏低，电子计算机及办公设备制造业、电子及通信设备制造业效率相对较高。②全国整体、医药制造业、医疗设备及仪器仪表制造业科技研发效率空间滞后项系数为正,航空航天器制造业和电子计算机及办公设备制造业科技研发效率则显著为负。在成果转化阶段,医疗设备及仪器仪表制造业效率空间滞后项系数显著为正,而医药制造业和航空航天器制造业效率显著为负。在空间依赖视角下,知识产权保护、产权结构、外商投资、企业规模和基础研究投入等变量存在显著空间溢出效应。③知识产权保护水平对科技研发效率提升具有积极影响,基础研究投入与中国高技术产业科技研发效率显著负相关。在成果转化阶段,外商投资对成果转化效率起到显著的促进作用,劳动者素质对企业成果转化效率提升则起到明显抑制作用。各行业层面两阶段效率的影响因素统计检验结果显著性存在差异。

(5)将环境约束和空间溢出效应纳入统一的研究框架,首先利用超效率DEA模型对2005~2014年我国大陆30个省市工业企业绿色创新整体及分阶段效率进行了测算。其次,采用空间计量经济模型考察了各地区企业绿色创新效率的空间溢出效应,研究结果表明:①考察期内企业绿色创新整体及分阶段效率存在先下降后缓慢增长的趋势,但三种效率均存在较大提升空间,成果转化效率低下是阻碍整体效率提高的主要因素。企业绿色创新整体及分阶段效率的地区差异明显,东部地区整体效率最高,中西部次之。在分阶段效率上,东部大部分地区拥有高研发和高转化效率,而中西部目前均存在自身的创新短板。②企业绿色创新整体及分阶段效率存在明显的空间溢出效应。从总体上看,工业绿色创新效率在各地区之间存在正的空间相关性,本地区绿色创新效率提升对相邻地区的创新水平具有促进作用。从分阶段角度来看,科技研发及成果转化效率均存在正的空间溢出效应,但是前者的溢出效应相较于后者而言更强。开放度和产业结构对绿色创新分阶段效率产生积极影响,而政府支持和人力资本的影响方向为负。知识产权保护水平在绿色研发阶段对本地区和邻近地区创新分别产生了显著的负向和正向效应,而在成果转化阶段,知识产权保护水平对效率的影响并不显著。

(6)根据上述研究结论,对我国企业技术创新效率的提升政策进行系统分析,主要从下面几个要点提出一些针对性的建议和措施:①将提升绿色技术创新效率作为企业发展战略重点。合理配置要素资源,促进绿色技术创新产出和效率提升,从两阶段创新价值链角度出发,寻找相对薄弱环节,提高我国工业企业绿色研发和成果转化水平。由于我国不同区域绿色创新生产技术的异质性,使得其无效率的根源也存在差异,因而一方面需提高区域内企业管理水平,另一方面不断缩小区域间的技术差距。②从技术溢出角度提升全国企业绿色创新水平。加强管理体制和机制创新,充分发挥我国区域企业创新的溢出效应,加强区域内产学研合作,建立专业化研究机构,促进科学技术的产业化和绿色化。加强诚信体系建设,降低交易成本,随着区域企业间地理距离的增加,彼此间的信息不对称程度被放大,政府应不断加强诚信体系建设,营造风清气正、诚信合作的创新氛围,减少因诚信问题带来的交易成本。③完善以市场为主导的绿色创新管理制度。根据知识产权保护的最优临界值,制定科学合理的知识产权保护政策和执法水平。扩大对外开放,加大对国外先进制造设备、核心零部件的进口额度和范围,充分发挥外资的技术溢出和示范作用。加快我国金融业全面发展,促进金融创新与中小微科技型企业创新协同发展,加快建设多层次资本市场。加强对环境的执法和监督力度,推进由排污费向环境税转变的改革,针对不同区域、不同行业实现多种环境规制工具的组合创新和灵活运用等。

第二节 研究不足与展望

尽管本书对环境约束和空间外溢视角下中国企业技术创新效率及其影响因素进行理论和实证研究,但受客观条件限制,本书仍存在一些不足之处,未来值得进一步深入研究:

(1) 本书主要研究的是我国各地区工业企业绿色创新效率的差异及空间溢出效应,忽视了国内绿色创新水平与发达国家的对比,未来可以搜集国际数据,进一步对比国内与国际的创新效率差距。本书的研究样本为我国不同地区的工业企业或高技术企业,为了使绿色思想覆盖我国整个经济生产系统,需要增加对服务业及现代农业的研究。可基于微观企业调查数据,进一步拓展本书的研究结论。

(2) 在研究方法上,本书测算效率时,主要采用传统 DEA 模型、两阶段 DEA 模型或共同前沿 DEA 模型等,未来可根据创新投入产出阶段和特点,构建更为合适的方法进行效率测算分析,如两阶段博弈型 DEA 模型、模糊 DEA 模型、多目标非期望产出模型等。在距离权重矩阵选取方面,仅介绍了邻接、地理距离、社会经济距离矩阵等构建方法,接下来可基于交通距离、人力资本距离和技术水平距离等,来构建多元化的空间权重矩阵,以增加研究的深度与广度。

(3) 在绿色创新效率影响因素方面，本书主要分析了政府支持、环保投入、产学研合作、外商投资、人力资本、知识产权保护等变量的影响。缺乏从美国贸易保护政策、国内要素市场改革、产权结构以及环境工具优化等角度的系统分析，这也是未来需要进一步研究的地方。

参考文献

[1] 白俊红,卞元超.要素市场扭曲与中国创新生产的效率损失 [J].中国工业经济,2016,34(11):39-55.

[2] 白俊红,王林东.创新驱动对中国地区经济差距的影响:收敛还是发散?[J].经济科学,2016(2):18-27.

[3] 白俊红,江可申,李婧.应用随机前沿模型测评中国区域研发创新效率 [J].管理世界,2009(10):51-61.

[4] 毕克新,付珊娜,杨朝均,李妍.制造业产业升级与低碳技术突破性创新互动关系研究 [J].中国软科学,2017(12):141-153.

[5] 毕克新,杨朝均,黄平.中国绿色工艺创新绩效的地区差异及影响因素研究 [J].中国工业经济,2013(10):57-69.

[6] 蔡虹,吴凯,蒋仁爱.中国最优知识产权保护强度的实证研究 [J].科学学研究,2014,32(9):1339-1346.

[7] 曹琦,樊明太.中国省级能源效率及其影响因素分析 [J].贵州财经大学学报,2016(3):85-94.

[8] 曹霞,于娟.绿色低碳视角下中国区域创新效率研究 [J].中国人口资源与环境,2015,25(5):10-19.

[9] 曹霞,张路蓬.金融支持对技术创新的直接影响及空间溢出效应——基于中国2003~2013年省际空间面板杜宾模型 [J].管理评论,2017,29(7):21-30.

[10] 陈德球,金雅玲,董志勇.政策不确定性、政治关联与企业创新效率 [J].南开管理评论,2016,19(4):27-35.

[11] 陈凯华,官建成.非同质平衡子系统整体效率的DEA测度与分解 [J].系统工程,2010,28(1):58-63.

[12] 陈凯华,官建成.共享投入型关联两阶段生产系统的网络DEA效率测

度与分解[J]. 系统工程理论与实践, 2011, 31 (7): 1211-1221.

[13] 陈凯华, 官建成, 寇明婷, 康小明. 网络 DEA 模型在科技创新投资效率测度中的应用研究[J]. 管理评论, 2013, 25 (12): 1-14.

[14] 陈劲, 刘景江, 杨发明. 绿色技术创新审计指标测度方法研究[J]. 科研管理, 2002, 23 (2): 64-71.

[15] 陈劲. 协同创新与国家科研能力建设[N]. 中国高新技术产业导报, 2012-01-06 (10).

[16] 陈诗一. 能源消耗、二氧化碳排放与中国工业的可持续发展[J]. 经济研究, 2009 (4): 41-55.

[17] 陈强. 高级计量经济学及 Stata 应用[M]. 北京: 高等教育出版社 (第二版), 2010: 594.

[18] 陈英. 技术创新与经济增长[J]. 南开经济研究, 2004 (5): 34-38.

[19] 池仁勇. 企业技术创新效率及其影响因素研究[J]. 数量经济技术经济研究, 2003 (6): 105-108.

[20] 崔淼, 苏敬勤. 技术引进与自主创新的协同: 理论和案例[J]. 管理科学, 2013, 26 (2): 1-12.

[21] 戴魁早, 刘友金. 要素市场扭曲与创新效率——对中国高技术产业发展的经验分析[J]. 经济研究, 2016 (7): 72-86.

[22] 戴静, 张建华, 许传华. 中国区域工业全要素 R&D 效率不平等研究[J]. 管理学报, 2014, 11 (9): 1383-1389.

[23] 段永瑞, 田澎, 张卫平. 具有独立子系统的 DEA 模型及其应用[J]. 管理工程学报, 2006, 20 (1): 27-31.

[24] 范斐, 张建清, 杨刚强, 孙元元. 环境约束下区域科技资源配置效率的空间溢出效应研究[J]. 中国软科学, 2016 (4): 71-80.

[25] 冯锋, 张雷勇, 高牟, 马雷. 两阶段链视角下科技投入产出链效率研究: 来自我国 29 个省市数据的实证[J]. 科学学与科学技术管理, 2011, 32 (8): 33-38.

[26] 冯伟, 徐康宁, 邵军. 基于本土市场规模的产业创新机制及实证研究[J]. 中国软科学, 2014, 29 (1): 55-67.

[27] 冯志军. 中国工业企业绿色创新效率研究[J]. 中国科技论坛, 2013 (2): 82-88.

[28] 冯志军,陈伟. 中国高技术产业研发创新效率研究——基于资源约束型两阶段 DEA 模型的新视角 [J]. 系统工程理论与实践, 2014, 34 (5): 1202 – 1212.

[29] 方福前,张平. 我国高技术产业的投入产出效率分析 [J]. 中国软科学, 2009 (7): 48 – 55.

[30] 符淼. 地理距离和技术外溢效应——对技术和经济集聚现象的空间计量学解释 [J]. 经济学(季刊), 2009, 8 (4): 1549 – 1566.

[31] 官建成,陈凯华. 我国高技术产业技术创新效率的测度 [J]. 数量经济技术经济研究, 2009 (10): 19 – 33.

[32] 官建成,史晓敏. 技术创新能力和创新绩效关系研究 [J]. 中国机械工程, 2004, 15 (11): 1000 – 1003.

[33] 桂黄宝. 我国高技术产业创新效率及其影响因素空间计量分析 [J]. 经济地理, 2014, 34 (6): 100 – 107.

[34] 郭嘉仪,张庆霖. 省际知识溢出与区域创新活动的空间集聚 [J]. 研究与发展管理, 2012, 24 (6): 1 – 11.

[35] 韩晶. 中国区域绿色创新效率研究 [J]. 财经问题研究, 2012 (11): 130 – 137.

[36] 韩玉雄,李怀祖. 关于中国知识产权保护水平的定量分析 [J]. 科学学研究, 2005, 23 (3): 377 – 382.

[37] 何小钢. 绿色技术创新的最优规制结构研究——基于研发支持与环境规制的双重互动效应 [J]. 经济管理, 2014 (11): 144 – 153.

[38] 郝国彩,徐银良,张晓萌,陈明华. 长江经济带城市绿色经济绩效的溢出效应及其分解 [J]. 中国人口·资源与环境, 2018, 28 (5): 75 – 83.

[39] 胡凯,吴清,胡毓敏. 知识产权保护的技术创新效应——基于技术交易市场视角和省级面板数据的实证分析 [J]. 财经研究, 2012, 38 (8): 15 – 25.

[40] 黄奇,苗建军,李敬银,王文华. 基于绿色增长的工业企业技术创新效率空间外溢效应研究 [J]. 经济体制改革, 2015 (4): 109 – 115.

[41] 江剑,官建成. 中国中低技术产业创新效率分析 [J]. 科学学研究, 2008, 26 (6): 1325 – 1332.

[42] 孔伟杰,苏为华. 知识产权保护、国际技术溢出与区域经济增长 [J]. 科研管理, 2012, 33 (6): 120 – 127.

[43] 孔晓妮,邓峰. 中国各省区绿色创新效率评价及其提升路径研究——

基于影响因素的分析 [J]. 新疆大学学报: 哲学·人文社会科学版, 2015, 43 (4): 14 - 18.

[44] 李婧, 何宜丽. 基于空间相关的区域创新系统间知识溢出效应评价 [J]. 科技管理研究, 2016 (13): 58 - 69.

[45] 李靖, 谭清美, 白俊红. 中国区域创新生产的空间计量分析 [J]. 管理世界, 2010 (7): 43 - 55.

[46] 李平. 论绿色技术创新主体系统 [J]. 科学学研究, 2005, 23 (3): 414 - 418.

[47] 李婉红. 中国省域工业绿色技术创新产出的时空演化及影响因素: 基于30个省域数据的实证研究 [J]. 管理工程学报, 2017, 31 (2): 9 - 19.

[48] 李向东, 李南, 白俊红, 谢忠秋. 高技术产业研发创新效率分析 [J]. 中国软科学, 2011, 26 (2): 52 - 61.

[49] 李新春, 李胜文, 张书军. 高技术与非高技术产业创新的单要素效率 [J]. 中国工业经济, 2010, 28 (5): 68 - 77.

[50] 李垣, 汪应洛. 企业技术创新动力机制构成要素的探讨 [J]. 科学管理研究, 1994, 12 (4): 43 - 45.

[51] 李政, 陆寅宏. 国有企业真的缺乏创新能力吗——基于上市公司所有权性质与创新绩效的实证分析与比较 [J]. 经济理论与经济管理, 2014 (2): 27 - 38.

[52] 李志宏, 王娜, 马倩. 基于空间计量的区域间创新行为知识溢出分析 [J]. 科研管理, 2013, 34 (6): 9 - 16.

[53] 林光平, 龙志和, 吴梅. 我国地区经济收敛的空间计量实证分析: 1978~2002 年 [J]. 经济学 (季刊), 2005, (4): 67 - 82.

[54] 刘丙泉, 田晨, 马占新. 财政分权对区域技术创新效率的影响研究 [J]. 软科学, 2018, 32 (7): 5 - 9.

[55] 刘海鹰, 邹志勇. 基于 DEA - Malmquist 模型的我国造纸业绿色技术创新效率实证分析 [C]. Advances in Artificial Intelligence—Proceedings of 2011 International Conference on Management Science and Engineering, 2011 (5): 437 - 440.

[56] 刘和东. 区域创新内溢、外溢与空间溢出效应的实证研究 [J]. 科研管理, 2013, 34 (1): 28 - 36.

[57] 刘俊, 白永秀, 韩先锋. 城市化对中国创新效率的影响——创新二阶

段视角下的SFA模型检验[J]. 管理学报, 2017, 14 (5): 704-712.

[58] 刘顺忠, 官建成. 区域创新系统创新绩效的评价[J]. 中国管理科学, 2002, 10 (1): 75-78.

[59] 刘思明, 侯鹏, 赵彦云. 知识产权保护与中国工业创新能力——来自省级大中型工业企业面板数据的实证研究[J]. 数量经济技术经济研究, 2015, 32 (3): 40-57.

[60] 刘婷婷. R&D投入、创新机制与经济增长——新技术指标体系下的理论分析与实证检验[J]. 南开经济研究, 2017 (3): 139-153.

[61] 刘志迎, 郭磊, 周志翔. 基于共同边界模型的中国工业行业技术创新效率[J]. 系统工程, 2013, 31 (6): 14-21.

[62] 吕承超, 商圆月. 高技术产业集聚模式与创新产出的时空效应研究[J]. 管理科学, 2017, 30 (2): 64-79.

[63] 苗成林, 孙丽艳, 杨力. 能源消耗与碳排量约束下区域技术效率研究[J]. 科研管理, 2016, 37 (2): 1-8.

[64] 钱丽, 王文平, 肖仁桥. 共享投入关联视角下中国区域工业企业绿色创新效率差异研究[J]. 中国人口·资源与环境, 2018, 28 (5): 27-39.

[65] 钱丽, 肖仁桥, 陈忠卫. 环境约束、技术差距与企业创新效率——基于中国省际工业企业的实证研究[J]. 科学学研究, 2015, 33 (3): 378-389.

[66] 任娟. 基于博弈DEA的竞争战略识别研究[J]. 管理工程学报, 2015, 29 (4): 102-108.

[67] 任晓玲. 国际专利分类绿色清单——世界知识产权组织推出绿色技术专利便捷检索工具[J]. 中国发明与专利, 2010 (11): 99.

[68] 任耀等. 绿色创新效率的理论模型与实证研究[J]. 管理世界, 2014 (7): 176-177.

[69] 沈坤荣, 马俊. 中国经济增长的俱乐部收敛特征及其成因研究[J]. 经济研究, 2002, 48 (1): 33-39.

[70] 沈能, 张路佳. 考虑技术异质性的中国省区环境创新效率评价[J]. 科技进步与对策, 2016, 33 (13): 125-129.

[71] 沈能, 周晶晶. 技术异质性视角下的我国绿色创新效率及关键因素作用机制研: 基于Hybrid-DEA和结构化方程模型[J]. 管理工程学报, 2018, 32 (4): 46-53.

[72] 苏治，徐淑丹. 中国技术进步与经济增长收敛性测度——基于创新与效率的视角 [J]. 中国社会科学，2015 (7)：4 - 25.

[73] 孙晓华，郭旭，王昀. 政府补贴、所有权性质与企业研发决策 [J]. 管理科学学报，2017，20 (6)：22 - 35.

[74] 宋马林，王舒鸿. 环境规制、技术进步与经济增长 [J]. 经济研究，2013 (3)：122 - 134.

[75] 唐未兵，傅元海，王展祥. 技术创新、技术引进与经济增长方式转变 [J]. 经济研究，2014 (7)：31 - 43.

[76] 田虹，潘楚林. 企业环境伦理对绿色创新绩效的影响研究 [J]. 西安交通大学学报（社会科学版），2015，35 (3)：32 - 39.

[77] 涂正革. 环境、资源与工业增长的协调性 [J]. 经济研究，2008 (2)：93 - 105.

[78] 万建香，汪寿阳. 社会资本与技术创新能否打破"资源诅咒"？——基于面板门槛效应的研究 [J]. 经济研究，2016 (12)：76 - 89.

[79] 汪克亮，孟祥瑞，杨宝臣，程云鹤. 技术异质下中国大气污染排放效率的区域差异与影响因素 [J]. 中国人口·资源与环境，2017，27 (1)：102 - 110.

[80] 王刚刚，谢富纪，贾友. R&D 补贴政策激励机制的重新审视——基于外部融资激励机制的考察 [J]. 中国工业经济，2017 (2)：60 - 78.

[81] 王辉，常阳. 组织创新氛围、工作动机对员工创新行为的影响 [J]. 管理科学，2017，30 (3)：51 - 62.

[82] 王惠，苗壮，王树乔. 空间溢出、产业集聚效应与工业绿色创新效率 [J]. 中国科技论坛，2015 (12)：33 - 38.

[83] 王惠，王树乔，苗壮，李小聪. 研发投入对绿色创新效率的异质门槛效应——基于中国高技术产业的经验研究 [J]. 科研管理，2016，37 (2)：63 - 71.

[84] 王家庭. 技术创新、空间溢出与区域工业经济增长的实证研究 [J]. 中国科技论坛，2012 (1)：55 - 61.

[85] 王鹏，曾坤. 创新环境因素对区域创新效率影响的空间计量研究 [J]. 贵州财经大学学报，2015 (2)：74 - 83.

[86] 王群伟，周鹏，周德群. 生产技术异质性、二氧化碳排放与绩效损失——基于共同前沿的国际比较 [J]. 科研管理，2014，35 (10)：41 - 48.

[87] 魏守华，姜宁，吴贵生. 本土技术溢出与国际技术溢出效应——来自

中国高技术产业创新的检验[J]. 财经研究, 2010, 36 (1): 54-65.

[88] 吴超, 杨树旺, 唐鹏程, 吴婷, 付书科. 中国重污染行业绿色创新效率提升模式构建[J]. 中国人口·资源与环境, 2018, 28 (5): 40-48.

[89] 吴超鹏, 唐菂. 知识产权保护执法力度、技术创新与企业绩效——来自中国上市公司的证据[J]. 经济研究, 2016 (11): 125-139.

[90] 吴华清, 梁樑, 吴杰, 杨锋. DEA 博弈模型的分析与发展[J]. 中国管理科学, 2010, 18 (5): 184-192.

[91] 吴利华, 纪静. 中美电子信息制造业产业环境比较分析——基于关联产业的视角[J]. 科学学研究, 2014, 32 (2): 236-241.

[92] 吴晓波. 基于核心——辅助技术匹配的二次创新及其演化路径研究[J]. 管理工程学报, 2011 (4): 8-16.

[93] 吴晓波, 吴东, 周浩军. 基于产业升级的先进制造业理论模型研究[J]. 自然辩证法研究, 2011, 27 (5): 62-67.

[94] 吴延兵. 中国哪种所有制类型企业最具创新性? [J]. 世界经济, 2012 (6): 3-29.

[95] 吴友, 刘乃全. 不同所有制企业创新的空间溢出效应[J]. 经济管理, 2016 (11): 45-59.

[96] 吴玉鸣, 何建坤. 研发溢出、区域创新集群的空间计量经济分析[J]. 管理科学学报, 2008, 11 (8): 59-66.

[97] 项本武. 中国工业行业技术创新效率研究[J]. 科研管理, 2011, 32 (1): 10-14.

[98] 肖仁桥, 陈忠卫, 钱丽. 异质性技术视角下中国高技术制造业创新效率研究[J]. 管理科学, 2018, 31 (1): 48-68.

[99] 肖仁桥, 丁娟. 我国企业绿色创新效率及其空间溢出效应[J]. 山西财经大学学报, 2017, 39 (12): 45-58.

[100] 肖仁桥, 钱丽, 陈忠卫. 中国高技术产业创新效率及其影响因素研究[J]. 管理科学, 2012, 22 (5): 85-98.

[101] 肖仁桥, 王宗军, 钱丽. 环境约束下中国省际工业企业技术创新效率研究[J]. 管理评论, 2014, 26 (6): 56-66.

[102] 肖仁桥, 王宗军, 钱丽. 我国不同性质企业技术创新效率及其影响因素研究: 基于两阶段价值链视角[J]. 管理工程学报, 2015, 29 (2): 190-201.

[103] 肖文, 林高榜. 政府支持、研发管理与技术创新效率——基于中国工业行业的实证分析 [J]. 管理世界, 2014 (4): 71-80.

[104] 谢靖, 廖涵. 技术创新视角下环境规制对出口质量的影响研究——基于制造业动态面板数据的实证分析 [J]. 中国软科学, 2017 (8): 55-64.

[105] 谢子远, 吴丽娟. 产业集聚水平与中国工业企业创新效率——基于20个工业行业 2000~2012 年面板数据的实证研究 [J]. 科研管理, 2017, 38 (1): 91-99.

[106] 杨东, 柴慧敏. 企业绿色技术创新的驱动因素及其绩效影响研究综述 [J]. 中国人口·资源与环境, 2015, 25 (11): 132-136.

[107] 阳立高, 贺正楚, 柒江艺, 韩峰. 发展中国家知识产权保护、人力资本与经济增长 [J]. 中国软科学, 2013 (11): 123-138.

[108] 姚丽, 谷国锋. 区域技术创新、空间溢出与区域高技术产业水平 [J]. 中国科技论坛, 2015 (1): 91-95.

[109] 姚西龙, 牛冲槐, 刘佳. 创新驱动、绿色发展与我国工业经济的转型效率研究 [J]. 中国科技论坛, 2015 (1): 57-62.

[110] 姚西龙, 王文熹, 刘佳. 能源要素价格、环境规制强度与工业绿色创新效率的关系研究 [J]. 价格理论与实践, 2014 (10): 40-42.

[111] 叶阿忠, 吴继贵, 陈生明等. 空间计量经济学 [M]. 厦门大学出版社, 2015: 50.

[112] 叶锐, 杨建飞, 常云昆. 中国省际高技术产业效率测度与分解——基于共享投入关联 DEA 模型 [J]. 数量经济技术经济研究, 2012 (7): 3-17.

[113] 宇文晶, 马丽华, 李海霞. 基于两阶段串联 DEA 的区域高技术产业创新效率及影响因素研究 [J]. 研究与发展管理, 2015, 27 (3): 137-146.

[114] 余泳泽. 我国高技术产业技术创新效率及其影响因素研究: 基于价值链视角下的两阶段分析 [J]. 经济科学, 2009 (4): 62-74.

[115] 余泳泽. 中国区域创新活动的"协同效应"与"挤占效应"——基于创新价值链视角的研究 [J]. 中国工业经济, 2015 (10): 37-52.

[116] 余泳泽, 刘大勇. 我国区域创新效率的空间外溢效应与价值链外溢效应——创新价值链视角下的多维空间面板模型研究 [J]. 管理世界, 2013 (7): 6-19.

[117] 袁建国, 后青松, 程晨. 企业政治资源的诅咒效应——基于政治关联

与企业技术创新的考察 [J]. 管理世界, 2015 (1): 139-155.

[118] 原毅军, 谢荣辉. 环境规制与工业绿色生产率增长——对"强波特假说"的再检验 [J]. 中国软科学, 2016 (7): 144-154.

[119] 章成帅. 中国高技术产业创新效率研究: 一个文献综述 [J]. 中国科技论坛, 2016 (4): 56-62.

[120] 张刚, 张小军. 国外绿色创新研究脉络梳理与展望 [J]. 外国经济与管理, 2011, 33 (8): 25-32.

[121] 张贵, 梁莹, 徐杨杨. 生态系统视阈下区域创新效率的多维溢出效应——对面板数据的空间计量分析 [J]. 科技进步与对策, 2016, 33 (15): 30-37.

[122] 张贵, 温科. 协调创新、区域一体化与创新绩效——对中国三大区域数据的比较研究 [J]. 科技进步与对策, 2017, 34 (5): 35-44.

[123] 张江雪, 蔡宁, 毛建素, 杨陈. 自主创新、技术引进与中国工业绿色增长——基于行业异质性的实证研究 [J]. 科学学研究, 2015, 33 (2): 185-194.

[124] 张江雪, 朱磊. 基于绿色增长的我国各地区工业企业技术创新效率研究 [J]. 数量经济技术经济研究, 2012 (2): 113-125.

[125] 张杰, 周晓艳, 李勇. 要素市场扭曲抑制了中国企业R&D? [J]. 经济研究, 2011 (8): 78-91.

[126] 张军扩. 论市场在资源配置中起决定性作用的核心问题及相关改革 [J]. 经济纵横, 2014 (7): 1-8.

[127] 张可, 汪东芳, 周海燕. 地区间环保投入与污染排放的内生策略互动 [J]. 中国工业经济, 2016 (2): 68-82.

[128] 张伟, 李虎林, 安学兵. 利用FDI增强我国绿色创新能力的理论模型与思路探讨 [J]. 管理世界, 2011 (12): 170-171.

[129] 张文丽. 国家绿色创新生产率变动的实证分析 [D]. 大连理工大学, 2015.

[130] 张秀峰, 陈光华, 杨国梁. 基于DEA模型的产学研合作研发效率研究 [J]. 研究与发展管理, 2016, 28 (5): 82-90.

[131] 赵仓喜, 徐朋辉. R&D知识溢出对江苏城市创新绩效的空间计量经济分析 [J]. 科技进步与对策, 2011, 28 (20): 29-32.

[132] 赵宏志,刘凤朝,姜滨滨.基于来源—执行的中美研发经费效率评价研究[J].中国科技论坛,2014,30(12):141-146.

[133] 赵琳,范德成.我国高技术产业技术创新效率的测度及动态演化分析——基于因子分析定权法的分析[J].科技进步与对策,2011,28(11):111-115.

[134] 赵萌.并联决策单元的动态DEA效率评价研究[J].管理科学,2011,24(1):90-97.

[135] 赵树宽,余海晴,巩顺龙.基于DEA方法的吉林省高技术企业创新效率研究[J].科研管理,2013,34(2):36-43.

[136] 赵玉林,魏芳.高技术产业发展对经济增长带动作用的实证分析[J].数量经济技术经济研究,2006,23(6):44-54.

[137] 赵增耀,章小波,沈能.区域协同创新效率的多维溢出效应[J].中国工业经济,2015(1):32-44.

[138] 周兵,梁松,邓庆宏.金融环境视角下FDI流入与产业集聚效应的双门槛检验[J].中国软科学,2014,29(1):148-159.

[139] 周五七,聂鸣.中国工业碳排放效率的区域差异研究——基于非参数前沿的实证分析[J].数量经济技术经济研究,2012(9):58-70.

[140] 周亚虹,贺小丹,沈瑶.中国工业企业自主创新的影响因素和产出绩效研究[J].经济研究,2012,47(5):107-119.

[141] 朱帮助,吴万水,王平.基于超效率的中国省际能源效率评价[J].数学的实践与认识,2013,43(5):13-19.

[142] 朱德胜,周晓珮.股权制衡、高管持股与企业创新效率[J].南开管理评论,2016,19(3):136-144.

[143] 朱建峰,郁培丽,石俊国.绿色技术创新、环境绩效、经济绩效与政府奖惩关系研究——基于集成供应链视角[J].预测,2015(5):61-66.

[144] 朱有为,徐康宁.中国高技术产业研发效率的实证研究[J].中国工业经济,2006,24(11):38-45.

[145] 祝佳.创新驱动与金融支持的区域协同发展研究——基于产业结构差异视角[J].中国软科学,2015(9):106-116.

[146] Arfi W. B., Hikkerova L., Sahut J. M. External Knowledge Sources, Green Innovation and Performance [J]. Technological Forecasting & Social Change,

2018 (129): 210 -220.

[147] Aghion P., Howitt P. A Model of Growth through Creative Destruction [J]. Econometrica, 1992, 60 (2): 323 -351.

[148] Aguilera J., Ortiz N. Green Innovation and Financial Performance on Institutional Approach [J]. Organization & Environment, 2013, 26 (4): 365 -385.

[149] Almeida P., Kogut B. Localization of Knowledge and the Mobility of Engineers in Regional Networks [J]. Management Science, 1999 (45): 905 -916.

[150] Amabile T. M., Conti R., Coon H., Lazenby J., Herron M. Assessing the Work Environment for Creativity [J]. Academy of Management Journal, 1996, 39 (5): 1154 -1184.

[151] Amore M. D., Bennedsen M. Corporate Governance and Green Innovation [J]. Journal of Environmental Economics and Management, 2016, 75 (1): 54 -72.

[152] Anderson P., Petersen C. Procedure for Ranking Efficient Units in Data Envelopment Analysis [J]. Management Science, 1993, 39 (10): 1261 -1264.

[153] Anthony A., Rene K. Measuring Eco - innovation [R]. United Nations University, Working Papers, 2009 (17): 1 -40.

[154] Audretsch D. B., Feldman M. P. R&D Spillovers and Geography of Innovation and Production [J]. American Economy Review, 1996 (86): 630 -641.

[155] Autant C., Billand P., Frachisse D., Massard N. Social Distance versus Spatial Distance in R&D Cooperation: Empirical Evidence from European Collaboration Choices in Micro and Nanotechnologies [J]. Papers in Regional Science, 2007, 86 (3): 495 -519.

[156] Banker R. D., Charnes A., Cooper W. W. Some Models for Estimating Technical and Scale Inefficiencies in Data Envelopment Analysis [J]. Management Science, 1984, 30 (9): 1078 -1092.

[157] Barro R. Government Spending in a Simple Model of Endogenous Growth [J]. Journal of Political Economy, 1990, 98 (5): 103 -125.

[158] Bathelt H., Malmberg A., Maskell P. Clusters and Knowledge: Local Buzz, Global Pipelines and the Process of Knowledge Creation [J]. Progress in Human Geography, 2004 (28): 31 -56.

[159] Battese G. E., Rao D. S. P. Technology Gap, Efficiency, and a Stochas-

tic Meta-frontier Function [J]. International Journal of Business and Economics, 2002, 1 (2): 87-93.

[160] Battese G. E., Rao D. S. P., O'Donnel C. A Meta-frontier Production Function for Estimation of Technical Efficiencies and Technology Gaps for Operating under Different Technologies [J]. Journal of Productivity Analysis, 2004, 21 (1): 91-103.

[161] Bernauer E. et al. Explaining Green Innovation [R]. Working Paper, Center for Comparative and International Studies, 2006: 1-16.

[162] Blomstrom M., Kokko A. Multinational Corporations and Spillovers [J]. Journal of Economic Surveys, 1998, 12 (3): 247-277.

[163] Bos J. B. W., Ecinomidou C., Koetter M. Technology Clubs, R&D and Growth Patterns: Evidence from EU Manufacturing [J]. European Economic Review, 2010, 54 (1): 60-79.

[164] Brown L. R. State of the World: A Worldwatch Institute Report on Progress toward A Sustainable Society [EB/OL]. (1999-01-31). www.worldwatch.org.

[165] Chang C. H. The Determinants of Green Product Innovation Performance [J]. Corporate Social Responsibility and Environmental Management, 2016, 23 (2): 65-76.

[166] Chang C. H., Chen Y. S. Green Organizational Identity and Green Innovation [J]. Management Decision, 2013, 51 (5): 1056-1070.

[167] Charnes A., Cooper W. W., Rhodes E. Measuring the Efficiency of Decision-Making Units [J]. European Journal of Operational Research, 1978, 2 (6): 429-444.

[168] Chen C. T., Chien C. F., Lin M. H., Wang J. T. Using DEA to Evaluate R&D Performance of the Computers and Peripheries Firms in Taiwan [J]. International Journal of Business, 2004, 9 (4): 347-359.

[169] Chen P. C., Hung S. W. Collaborative Green Innovation in Emerging Countries: A Social Capital Perspective [J]. International Journal of Operations & Production Management, 2014, 34 (3): 347-363.

[170] Chen Y. S., Lai S. B., Wen C. T. The Influence of Green Innovation

Performance on Corporate Advantage in Taiwan [J]. Journal of Business Ethics, 2006, 67: 331-339.

[171] Chen X. F., Liu Z. Y., Zhu Q. Y. Performance Evaluation of China's High-tech Innovation Process: Analysis Based on the Innovation Value Chain [J]. Technovation, 2018, 38 (1): 42-53.

[172] Chiu C. R., Liou J. L., Wu P. I., Fang C. L. Decomposition of the Environmental Inefficiency of the Meta-frontier with Undesirable Output [J]. Energy Economics, 2012, 34 (5): 1392-1399.

[173] Chun H., Kim J. W., Lee J. How does Information Technology Improve Aggregate Productivity? A New Channel of Productivity Dispersion and Reallocation [J]. Research Policy, 2015, 44 (5): 999-1016.

[174] Cooper W. W., Park K. S., Pastor J. T. RAM: A Range Adjusted Measure of Inefficiency for Use with Additive Models, and Relations to Other Models and Measures in DEA [J]. Journal of Productivity Analysis, 1999, 11 (1): 5-42.

[175] Coe D. S., Helpman E. International R&D Spillovers [J]. European Economic Review, 1995, 39 (5): 859-887.

[176] Colombo M. G., D'adda D., Pirelli L. H. The Participation of New Technology-Based Firms in EU-Funded R&D Partnerships: The Role of Venture Capita [J]. Research Policy, 2016, 45 (2): 361-375.

[177] Czarnitzki D., Licht G. Additionality of Public R&D Grants in a Transition Economy: The Case of Eastern Germany [J]. Economics of Transition, 2006, 14 (1): 101-131.

[178] Dangelico M. R., Pujari D. Mainstreaming Green Product Innovation: Why and How Companies Integrate Environmental Sustainability [J]. Journal of Business Ethics, 2010 (95): 471-486.

[179] Domazlicky B. R., Weber W. L. Does Environmental Protection Lead to Slower Productivity Growth in the Chemical Industry? [J]. Environmental & Resource Economics, 2004, 28 (3): 301-324.

[180] Downing P. B., White L. J. Innovation in Pollution Control [J]. Journal of Environmental Economics & Management, 1986, 13 (1): 18-29.

[181] Edquist C., Zabala J. Pre-commercial Procurement: A Demand or Sup-

ply Instrument in Relation to Innovation [J]. R&D management, 2015, 45 (2): 85 – 94.

[182] Fernando J. S., Jon M. Z. I., Jose L. Z., Elena C. M. Evaluating Research Efficiency within National R&D Programmes [J]. Research Policy, 2011, 40 (2): 230 – 241.

[183] Franke J. A., Rose A. K. Is Trade Good or Bad for the Environment? Sorting out the Causality [J]. Review of Economics & Statistics, 2005, 87 (1): 85 – 91.

[184] Frantzen D. The Causality between R&D and Productivity in Manufacturing: An International Disaggregate Panel Data Study [J]. International Review of Applied Economics, 2003, 17 (2): 125 – 146.

[185] Fritscha M., Frankeb G. Innovation, Regional Knowledge Spillovers and R&D Cooperation [J]. Research Policy, 2004 (33): 245 – 255.

[186] Frondel M., Horbach J., Rennings K. What Triggers Environmental Management and Innovation? Empirical Evidence for Germany [J]. Ecological Economics, 2008, 66 (1): 153 – 160.

[187] Fu X., Yang Q G. Exploring the Cross – Country Gap in Patenting: A Stochastic Frontier Approach [J]. Research Policy, 2009, 38 (7): 1203 – 1213.

[188] Glass A. J., Saggi K. Intellectual Property Rights and Foreign Direct Investment [J]. Journal of International Economics, 2002, 56 (2): 387 – 410.

[189] Griliches Z. R&D and Productivity Slowdown [J]. American Economic Review, 1980, 70 (1): 343 – 348.

[190] Grossman G. M., Helpman E. Innovation and Growth in the Global Economy [M]. Massachusetts: Massachusetts Institute of Technology Press, 1991: 55 – 58.

[191] Guan J. C., Chen K. H. Modeling Macro – R&D Production Frontier Performance: An Application to Chinese Province – level R&D [J]. Scientometrics, 2010, 82 (1): 165 – 173.

[192] Guan J. C., Chen K. H. Measuring the Innovation Production Process: A Cross – region Empirical Study of China's High – tech Innovations [J]. Technovation, 2010, 30 (5): 348 – 358.

[193] Guan J. C., Chen K H. Modeling the Relative Efficiency of National Innovation Systems [J]. Research Policy, 2012, 41 (1): 102 – 115.

[194] Hansen M. T., Birkinshaw J. The Innovation Value Chain [J]. Harvard Business Review, 2007, 85 (6): 121 – 130.

[195] Hashimoto A., Haneda S. Measuring the Change in R&D Efficiency of the Japanese Pharmaceutical Industry [J]. Research Policy, 2008, 37 (4): 1829 – 1836.

[196] Hauknes J., Knell M. Embodied Knowledge and Sectoral Linkages: An Input – output Approach to the Interaction of High – and Low – tech Industries [J]. Research Policy, 2009, 38 (3): 459 – 469.

[197] Horbach, J. Determinants of Environmental Innovations – New Evidence from German Panel Data Sources [J]. Research Policy, 2008, 37 (1): 163 – 173.

[198] Inge R. The Unsustainable Directionality of Innovation – the Example of the Broadband Transition [J]. Research Policy, 2012, 41 (9): 1631 – 1642.

[199] Iyigun M. Clusters of Invention, Life Cycle of Technologies and Endogenous Growth [J]. Journal of Economic Dynamics and Control, 2006, 30 (4): 687 – 719.

[200] Jacobs J. The Economy of Cities [M]. New York: Vintage, 1969: 256 – 280.

[201] Jaffe A. Real Effects of Academic Research [J]. American Economic Review, 1989, 79 (5): 957 – 970.

[202] James D. E., Jansen H. M. A., Opschoor J. B. Economic Approaches to Environmental Problems [M]. Amsterdam: Elsevier Scientific Publishing Company, 1978.

[203] Javorcik B. S., Spatareanu M. Do Foreign Investors Care about Labor Market Regulations? [J]. Review of World Economics, 2005, 141 (3): 375 – 403.

[204] Jefferson G. H., Bai H. M., Guan X. J., Yu X. Y. R&D Performance in Chinese Industry [J]. Economics of Innovation and New Technology, 2006, 15 (4): 2 – 13.

[205] Kao C. Efficiency Measurement for Parallel Production Systems. European Journal of Operational Research [J]. 2009, 196 (3): 1107 – 1112.

[206] Kao C., Hwang S. N. Efficiency Measurement for Network Systems: IT Impact on Firm Performance [J]. Decision Support System, 2010, 48 (3): 437 – 446.

[207] Keller W. Geographic Localization of International Technology Diffusion [J]. American Economy Review, 2002 (92): 120 – 142.

[208] Khanna M., Deltas G., Harrington D. R. Adoption of Pollution Prevention Techniques: The Role of Management Systems and Regulatory Pressures [J]. Environmental and Resource Economics, 2009, 44 (1): 85 – 106.

[209] Kim L. Stages of Development of Industrial Technology in a Developing Country: A Model [J]. Research Policy, 1980 (9): 254 – 277.

[210] Lambertini L., Poyago – Theotoky J., Tampieri A. Cournot Competition and Green Innovation: An Inverted – U Relationship [J]. Energy Economics, 2017, 68 (1): 116 – 123.

[211] Lucas R. E. On the Mechanics of Economic Development [J]. Journal of Monetary Economics, 1988, 22 (1): 3 – 42.

[212] Lu Y. H., Shen C. C., Ting C. T., Wang C. H. Research and Development in Productivity Measurement: An Empirical Investigation of the High Technology Industry [J]. African Journal of Business Management, 2010, 4 (13): 2871 – 2884.

[213] Maskus K. The Role of Intellectual Property Rights in Encouraging Foreign Direct Investment and Technology Transfer [J]. Duke Journal of Comparative and International Law, 1998, 109 (9): 109 – 161.

[214] Mirata M., Emtairah T. Industrial Symbiosis Networks and the Contribution to Environmental Innovation: The Case of the Landskrona Industrial Symbiosis Programme [J]. Journal of Cleaner Production, 2005, 13 (10): 993 – 1002.

[215] Moreno R., Paoi R., Usai S. Spatial Spillovers and Innovation Activity in European Regions [J]. Environment and planning, 2005 (37): 1793 – 1812.

[216] Nelson R. R. The Simple Economics of Basic Scientific Research [J]. Journal of Political Economic, 1959, 67 (3): 297 – 300.

[217] O'Donnell C., Rao D., Battese G. Meta – frontier Frameworks for the Study of Firm – level Efficiency and Technology Ratios [J]. Empirical Economics, 2008, 34 (2): 231 – 255.

[218] Olson E. L. Perspective: The Green Innovation Value Chain: A Tool for Evaluating the Diffusion Prospects of Green Product [J]. Journal of Product Innovation

Management, 2013, 30 (4): 782 - 793.

[219] Park W. International Patent Protection: 1960 - 2005 [J]. Research Policy, 2008, 37 (4): 761 - 766.

[220] Pavitt K., Robson M., Townsend J. The Size Distribution of Innovating Firms in the UK: 1945 - 1983 [J]. Journal of Industrial Economics, 1987, 35 (3): 297 - 316.

[221] Pedro C., Manuel V. H., Pedro S. V. Are Environmental Concerns Drivers of Innovation? Interpreting Portuguese Innovation Data to Foster Environmental Foresight [J]. Technological Forecasting and Social Change, 2006, 73 (3): 266 - 276.

[222] Perkmann K., Tatari V., Mckelvey M., et al. Academic Engagement and Commercialization: A Review of the Literature on University - Industry Relations [J]. Research Policy, 2012, 42 (2): 423 - 442.

[223] Porter, M. E., Vander L. C. Toward a New Conception of the Environment Competitiveness Relationship [J]. Journal of Economic Perspectives, 1995b, 9 (4): 97 - 118.

[224] Romer P. Increasing Returns and Long - run Growth [J]. Journal of Political Economy, 1986, 94 (5): 1002 - 1037.

[225] Roper S., Du J., Love J. H. Modeling the Innovation Value Chain [J]. Research Policy, 2008, 37 (6/7): 961 - 977.

[226] Salerno M. S., Gomes L., Silva D., Bagno R, Freitas S. Innovation Process: Which Process for Which Project? [J]. Technovation, 2015 (35): 59 - 70.

[227] Scherer F. M., Ross D. Industrial Market Structure and Economic Performance [M]. Boston: Houghton Mifflin Company, 1990: 125 - 134.

[228] Schneider P. International Trade, Economic Growth and Intellectual Property Rights: A Panel Data Study of Developed and Developing Countries [J]. Journal of Development Economics, 2005, 78 (2): 529 - 547.

[229] Segerstrom P. S. Innovation, Imitation and Economic Growth [J]. Journal of Political Economy, 1991 (99): 807 - 819.

[230] Seiford L. M., Zhu J. Modeling Undesirable Factors in Efficiency Evaluation [J]. European Journal of Operational Research, 2002, 142 (1): 16 - 20.

[231] Sharma S., Thomas V. J. Inter - country R&D Efficiency Analysis: An Ap-

plication of Data Envelopment Analysis [J]. Scientometrics, 2008, 76 (3): 483-501.

[232] Shu C. L., Zhou K. Z., Xiao Y. Z., Gao S. X. How Green Management Influences Product Innovation in China: The Role of Institutional Benefits [J]. Journal of Business Ethics, 2016, 133 (3): 471-485.

[233] Spanos Y. E., Vonortas N. S., Voudouris I. Antecedents of Innovation Impacts in Publicly Funded Collaborative R&D Projects [J]. Technovation, 2015, 36/37 (1): 53-64.

[234] Streb J. Shaping the National System of Inter-industry Knowledge Exchange: Vertical Integration, Licensing and Repeated Knowledge Transfer in the German Plastics Industry [J]. Research Policy, 2003, 32 (6): 1125-1140.

[235] Sullivan M. Finance and Innovation [M]. Fagerberg J, Mowery D, Nelson R. The Oxford Handbook of Innovation. England: Oxford University Press, 2006: 240-265.

[236] Tadesse S. Financial Architecture and Economic Performance: International Evidence [J]. Financial Development and Technology, 2002 (11): 429-454.

[237] Tariq A., Badir Y. F., Tariq W., Bhutta U. S. Drivers and Consequences of Green Product and Process Innovation: A Systematic Review, Conceptual Framework, and Future Outlook [J]. Technology in Society, 2017, 51 (1): 8-23.

[238] Thomas V. J., Seema S., Sudhir K. J. Using Patents and Publications to Access R&D Efficiency in the States of the USA [J]. World Patent Information, 2011, 33 (1): 4-10.

[239] Tone K. A Slacks-based Measure of Efficiency in Data Envelopment Analysis [J]. European Journal of Operational Research, 2001, 130 (3): 498-509.

[240] Verspagen B., Schoenmakers W. The Spatial Dimension of Patenting by Multinational Firms in Europe [J]. Journal of Economic Geography, 2004 (4): 23-42.

[241] Wallsten S. J. The Effects of Government-industry R&D Programs on Private R&D: The Case of the Small Business Innovation Research Program [J]. Rand Journal of Economics, 2000, 31 (1): 82-100.

[242] Yan H., Wei Q. L., Hao G. DEA Models for Resource Reallocation and Production Input/Output Estimation [J]. European Journal of Operational Research,

2002, 136 (1): 19 - 31.

[243] Yang G., Maskus K. E. Intellectual Property Rights, Licensing and Innovation in an Endogenous Product - cycle Model [J]. Journal of International Economics, 2001, 53 (1): 169 - 187.

[244] Yang Y. S., Ma B. J., Koike M. Efficiency Measuring DEA Model for Production System with K Independent Subsystems [J]. Journal of the Operations Research Society of Japan, 2000, 43 (3): 343 - 354.

[245] Zhang A., Zhang Y., Ronald Z. A Study of the R&D Efficiency and Productivity of Chinese Firms [J]. Journal of Comparative Economics, 2003, 31 (3): 444 - 464.

[246] Zhou Y., Xing X., Fang K. Environmental Efficiency Analysis of Power Industry in China based on an Entropy SBM Model [J]. Energy Policy, 2013, 57 (7): 68 - 75.